Το βιβλίο αυτό αφιερώνεται στους δάσκαλους και τους μαθητές
της ελληνικής γλώσσας ως ξένης.

This book is dedicated to the teachers and students of Greek
as a foreign language.

Ένα πρόγραμμα της Ε.Ε.
Πρόγραμμα: Δια Βίου Παιδεία (LLP) - ΚΑ2 Γλώσσες
Τίτλος του έργου: BIMELEG – ΕΛΛΗΝΙΚΑ, ΓΙΑΤΙ ΟΧΙ;
Δίγλωσση σειρά εκμάθησης της ελληνικής ως ξένης γλώσσας
Αριθμός αναφοράς: 511657-LLP-1-2010-1-GR-KA2-KA2MP

An EU programme
Programme: Lifelong Learning (LLP)-KA 2 Languages
Title: BIMELEG - GREEK, WHY NOT?
A bilingual series of books of learning Greek as a foreign language
Reference number: 511657-LLP-1-2010-1-GR-KA2-KA2MP

Ευαγγελία Γεωργαντζή
Ελεάνα Ραυτοπούλου

Επιστημονική επιμέλεια
Ειρήνη Τσαμαδού - Jacoberger

Με τη συνεργασία της
Βασιλικής Κυριακοπούλου

Evagelia Georgantzi
Eleana Raftopoulou

Linguistic consultant
Irini Tsamadou - Jacoberger

Team Co-ordinator
Vassiliki Kyriakopoulou

Ελληνικά για σας Α0
ανάγνωση - γραφή - προφορά - τονισμός

Greek for you A0
reading - writing - pronunciation - accentuation

ΒΙΒΛΙΟ Α0
τελείως αρχάριοι

Δίγλωσση έκδοση
ελληνικά - αγγλικά

Με τη συνεργασία
του Κολλεγίου St Lawrence
Το Βρετανικό σχολείο στην Ελλάδα

BOOK A0
early beginners

Bilingual edition
Greek - English

With the collaboration
of St. Lawrence College
The British School in Greece

Τη σειρά *Ελληνικά για σας Α0* επιμελήθηκαν:

Γραφικοί σχεδιασμοί & σελιδοποίηση: Μαρίνα Χατζηπαναγιώτου
Σκίτσα: Θανάσης Δήμου
Εξώφυλλο: Μαρίνα Χατζηπαναγιώτου

Σχεδιασμός ιστοσελίδας: Omega Technology
E-learning: eFront

ISBN: 978-960-7307-66-8

Κάθε γνήσιο αντίτυπο φέρει την υπογραφή των συγγραφέων:

Ευαγγελία Γεωργαντζή   Ελεάνα Ραυτοπούλου

Copyright ©

NEOHEL - Εταιρεία Νεοελληνικών-Ευρωπαϊκών Μελετών & Εκδόσεων. 1η έκδοση 2012. Το παρόν έργο πνευματικής ιδιοκτησίας προστατεύεται κατά τις διατάξεις της ελληνικής νομοθεσίας (Ν.2121/1993 όπως έχει τροποποιηθεί και ισχύει σήμερα) και τις διεθνείς συμβάσεις περί πνευματικής ιδιοκτησίας. Απαγορεύεται απολύτως άνευ γραπτής άδειας του εκδότη ή κατά οποιονδήποτε τρόπο ή μέσο (ηλεκτρονικό, μηχανικό ή άλλο) αντιγραφή ή φωτοανατύπωση και εν γένει αναπαραγωγή, εκμίσθωση ή δανεισμός, μετάφραση, διασκευή, αναμετάδοση στο κοινό σε οποιαδήποτε μορφή και η εν γένει εκμετάλλευση του συνόλου ή μέρους του έργου.

NEOHEL PUBLICATIONS

Διάθεση - Παραγγελίες
NEOHEL - Αγίου Κωνσταντίνου 40, Μαρούσι 15124, Αθήνα, Ελλάδα
Τηλ.: (0030) 210 6198903 (εσωτ. 229), 210 6231271
Φαξ: (0030) 210 6178140
E-mail: info@neohel.com / asteriasbooks@qualco.gr
Ιστοσελίδα: www.neohel.com / www.greekforyou.eu / www.asteriasbooks.com

Distribution - Orders
NEOHEL - 40 Agiou Konstantinou str., Maroussi 15124, Athens, Greece
Tel: (0030) 210 6198903 (ext. 229), 210 6231271
Fax: (0030) 210 6178140
E-mail: info@neohel.com / asteriasbooks@qualco.gr
Website: www.neohel.com / www.greekforyou.eu / www.asteriasbooks.com

Η Ελλάδα   Greece

Επιφάνεια:	131,990 km2
Κάτοικοι:	10.787.690 (απογραφή του 2011)
Γλώσσα:	Ελληνικά
Νόμισμα:	Ευρώ
Πολίτευμα:	Προεδρευόμενη Κοινοβουλευτική Δημοκρατία
Πρωτεύουσα:	Αθήνα

Μέλος της Ευρωπαϊκής Ένωσης από το 1981 και της Ευρωζώνης από το 2001

Μέλος του ΝΑΤΟ από το 1952

Area:	131,990 km2
Population:	10.787.690 (census of 2011)
Language:	Greek
Currency:	Euro
Political System:	Presidential Parliamentary Democracy
Capital City:	Athens

Member of the European Union since 1981 and the Euro zone since 2001
Member of NATO since 1952

http://www.visitgreece.gr/portal/site/eot/

Η δίγλωσση σειρά *Ελληνικά για σας* περιλαμβάνει:

✓ *Ελληνικά για σας Α0:*
- Βιβλίο του μαθητή Α0 + Ασκήσεις + CD mp3
- E-learning ασκήσεις: www.greekforyou.eu

✓ *Ελληνικά για σας Α1:*
- Βιβλίο του μαθητή Α1 + CD mp3
- Τετράδιο ασκήσεων Α1
- Βιβλίο του δασκάλου Α1 στο διαδίκτυο*
- Λύσεις ασκήσεων Α1 στο διαδίκτυο*
- Λίστα με τραγούδια Α1 στο YouTube**

✓ *Ελληνικά για σας Α2:*
- Βιβλίο του μαθητή Α2 + Ασκήσεις + CD mp3
- Βιβλίο του δασκάλου Α2 στο διαδίκτυο*
- Λύσεις ασκήσεων Α2 στο διαδίκτυο*
- Λίστα με τραγούδια Α2 στο YouTube**

Η δίγλωσση σειρά *Ελληνικά για σας* κυκλοφορεί στις παρακάτω γλώσσες:

ελληνικά - αγγλικά	Α0, Α1, Α2
ελληνικά - γαλλικά	Α0, Α1, Α2
ελληνικά - ρωσικά	Α0, Α1, Α2
ελληνικά - τουρκικά	Α0, Α1
ελληνικά - αλβανικά	Α0, Α1

The bilingual series *Greek for you* includes:

✓ *Greek for you A0:*
- Textbook A0 + Exercises + CD mp3
- E-learning ασκήσεις: www.greekforyou.eu

✓ *Greek for you A1:*
- Textbook A1 + CD mp3
- Workbook A1
- Teacher's book A1 online*
- Key book A1 online*
- Playlist with songs A1 on YouTube**

✓ *Greek for you A2:*
- Textbook A2 + Exercises + CD mp3
- Teacher's book A2 online*
- Key book A2 online*
- Playlist songs A2 on YouTube**

The bilingual series *Greek for you* is available in the following languages:

Greek - English	A0, A1, A2
Greek - French	A0, A1, A2
Greek - Russian	A0, A1, A2
Greek - Turkish	A0, A1
Greek - Albanian	A0, A1

* www.neohel.com   ** https://goo.gl/BZHvqA

Τα σύμβολα - κλειδιά του βιβλίου

The key - symbols of the book

Ακούω
I listen

Προφέρω
I pronounce

Πληροφορούμαι
I am informed

Διαβάζω
I read

Τονίζω
I accentuate

Ανακαλύπτω τη γλώσσα
I explore the language

Γράφω
I write

Τραγουδώ
I sing

Πληροφορούμαι από το διαδίκτυο
I learn from the Internet

Πρόλογος
Prologue

Η σειρά ***Ελληνικά για σας*** απευθύνεται σε όσους μαθαίνουν την ελληνική ως ξένη γλώσσα, ηλικίας 15 ετών και άνω και μένουν στην Ελλάδα ή στο εξωτερικό.

Είναι ένα υλικό δίγλωσσο, ένας βοηθός για τον καθηγητή, αλλά και ένας δάσκαλος στο σπίτι για τον αρχάριο σπουδαστή, εφόσον κάθε νέο φαινόμενο ή λέξη καθώς και τα παραγγέλματα που παρουσιάζονται, γίνονται αμέσως κατανοητά.

Πρέπει να γίνει σαφές ότι η διγλωσσία του εγχειριδίου δεν απαιτεί δίγλωσση διδασκαλία εκ μέρους του διδάσκοντος αλλά είναι απλώς και μόνο ένα ουσιαστικό βοήθημα, ιδιαιτέρως σε ένα πολυπολιτισμικό περιβάλλον.

Το **επίπεδο Α0** έχει ως στόχο την ανάπτυξη των δεξιοτήτων ανάγνωσης, γραφής, προφοράς και τονισμού.

Σχετικά τώρα με τη χρήση και την αποτελεσματικότητα του εγχειριδίου ***Ελληνικά για σας Α0*** μέσα σε τάξη προτείνουμε:

✓ να διδάσκεται παράλληλα με το επίπεδο αρχαρίων Α1, οποιασδήποτε μεθόδου, αφού η επικοινωνία και η διδασκαλία της γραμματικής δεν καλύπτονται από το παρόν βιβλίο.

✓ όταν, κατ' επιλογήν του διδάσκοντος, διδάσκεται αυτοτελώς, πριν από το Α1, θα πρέπει ο διδάσκων να μη χρονοτριβεί εμμένοντας στα επικοινωνιακά στοιχεία του βιβλίου, αφού, όπως ελέχθη, χρησιμεύουν απλώς και μόνο ως όχημα για την εφαρμογή ασκήσεων ανάγνωσης, γραφής, προφοράς και τονισμού.

Η δυνατότητα αυτονομίας στη μάθηση χάρη στο δίγλωσσο υλικό, στο cd και τις e-learning ασκήσεις συμβάλλει επίσης στη γρήγορη κατάκτηση των εν λόγω δεξιοτήτων.

Greek for you is intended for everyone who is learning Greek as a foreign language, aged 15 years and above, and lives in Greece or abroad.

It is bilingual educational material, that is not only a teacher's aid but can also be used as a personal aid for a beginner student, since every new grammatical phenomenon or word, as well as the instructions that are presented can be immediately understood.

To avoid any misunderstanding, it has to be made clear that the bilingual presentation of this text book does not require bilingual teaching on behalf of the teacher but is an essential aid, especially in a multicultural environment.

The A0 level aims at developing reading, writing, pronunciation and accentuation skills.

Regarding the use and efficiency of ***Greek for You A0*** Level in a classroom, we suggest:

✓ that it to be taught in parallel to the A1 beginner's text book of any teaching method, since communication and grammar are not covered.

✓ if the instructor chooses to teach it independently, before an A1 text book, he should not waste his time insisting on the communicative particulars, since, as it has already been mentioned, they are only used to practise reading, writing, pronunciation and accentuation.

The acquisition of the above mentioned skills may be perfected through the bilingual text book, the CD and the e-learning exercises that support independent learning.

Το υλικό αυτό υλοποιήθηκε μέσα στα πλαίσια του προγράμματος LLP (Life Long Programme) ΚΑ2 Languages της Ε.Ε.:

Συντονιστής:
1. **NEOHEL** - Εταιρεία Νεοελληνικών - Ευρωπαϊκών Μελετών και Εκδόσεων, Ελλάδα.

    Υπεύθυνη συντονισμού:
    Ευαγγελία Γεωργαντζή

    Ομάδα εργασίας:
    Ευαγγελία Γεωργαντζή, Ελεάνα Ραυτοπούλου, Ειρήνη Μπαλύκινα, Καμίλλα Γιουσούποβα, Ταμάρα Γιουσούποβα, Λίνα Παϊδούση.

Εταίροι:
2. **Κολέγιο Saint Lawrence.** Το βρετανικό σχολείο στην Ελλάδα.
    Υπεύθυνη συντονισμού: Βασιλική Κυριακοπούλου
    Ομάδα εργασίας: Βασιλική Κυριακοπούλου, Ντόρα Γκιαούρη, Ιωάννα Σαπουντζάκη, Ελισάβετ Τσιριγώτη.

3. **Université de Strasbourg**
    Τμήμα Νεοελληνικών Σπουδών, Γαλλία
    Υπεύθυνη συντονισμού: Ειρήνη Τσαμαδού - Jacoberger
    Ομάδα εργασίας: Ειρήνη Τσαμαδού - Jacoberger, Μαρία Ζέρβα.

4. **Πανεπιστήμιο της Άγκυρας**
    Τμήμα Νεοελληνικών Σπουδών, Τουρκία
    Υπεύθυνη συντονισμού: Damla Demirozu
    Ομάδα εργασίας: Damla Demirozu, Ηρακλής Μήλλας.

5. **Κρατικό Πανεπιστήμιο Μαριούπολης**
    Τμήμα Νεοελληνικών Σπουδών, Ουκρανία
    Υπεύθυνη συντονισμού: Victoria Chelpan
    Ομάδα εργασίας: Victoria Chelpan, Irina Balykina.

6. **Εκπαιδευτικός οργανισμός Velazerimi**
    Κολλέγιο Όμηρος στην Κορυτσά, Αλβανία
    Υπεύθυνος συντονισμού: Παναγιώτης Μπάρκας
    Ομάδα εργασίας: Παναγιώτης Μπάρκας, Valentina Boboli.

Η συμβολή του καθηγητή, κύριου Χρήστου Παπάζογλου στην επιστημονική επιμέλεια του υλικού ήταν πολύτιμη και του οφείλουμε ένα μεγάλο ευχαριστώ.

Ευχαριστούμε επίσης θερμά για τη βοήθειά της την κυρία Martine Breuillot, αναπληρώτρια καθηγήτρια στο Πανεπιστήμιο του Στρασβούργου καθώς και την κυρία Kate Brown, καθηγήτρια στο St. Lawrence College.

Η εφαρμογή του υλικού πριν από την έκδοσή του, πραγματοποιήθηκε σε τάξεις αρχαρίων σπουδαστών στα μαθήματα ελληνικών της NEOHEL, σε τμήματα του Βρετανικού εκπαιδευτικού οργανισμού St Lawrence, σε τμήματα αρχαρίων του Πανεπιστημίου του Στρασβούργου, του Πανεπιστημίου της Μαριούπολης, του Πανεπιστημίου της Άγκυρας, του εκπαιδευτικού οργανισμού Vellazerimi - Όμηρος στην Αλβανία και σε τμήματα του Σχολείου ελληνικής γλώσσας του Πανεπιστημίου Αθηνών.

Οι παρατηρήσεις των συναδέλφων είναι ευπρόσδεκτες...

Ευελπιστούμε ότι με τη σωστή εφαρμογή του, το υλικό Α0 θα καταστεί και για τους διδάσκοντες αλλά και για τους διδασκόμενους ένα εργαλείο χρήσιμο, εύχρηστο και κυρίως αποτελεσματικό.

Οι συγγραφείς

This teaching method was created within the framework of Life Long Learning Programme KA2 Languages.

Project Co-ordinator:
1. **NEOHEL** - Society of Modern Greek – European Studies and Publications, Greece.

    Team co-ordinator:
    Evangelia Georgantzi

    Working Team:
    Evangelia Georgantzi, Eleana Raftopoulou, Eirini Balykina, Camilla Yiousoupova, Tamara Yiousoupova, Lina Paidousi

Participants:
2. **Saint Lawrence College.** The British School in Greece
    Team co-ordinator: Vassiliki Kyriakopoulou
    Working Team: Vassiliki Kyriakopoulou, Theodora Giaouri, Ioanna Sapountzaki, Elizabeth Tsirigoti.

3. **University of Strasbourg**
    Department of Modern Greek Studies, France
    Team co-ordinator: Eirini Tsamadou - Jacoberger
    Working Team: Eirini Tsamadou - Jacoberger, Maria Zerva.

4. **Ankara University**
    Department of Modern Greek Studies, Turkey
    Team co-ordinator: Damla Demirozu
    Working Team: Damla Demirozu, Iraklis Millas.

5. **State University of Mariupol**
    Department of Modern Greek Studies, Ukraine
    Team co-ordinator: Victoria Chelpan
    Working Team: Victoria Chelpan, Eirini Balykina.

6. **Educational Institute Velazarimi**
    Homer College in Korytsa, Albania
    Team co-ordinator: Panayiotis Barkas
    Working Team: Panayiotis Barkas, Valentina Boboli.

The contribution of Professor Christos Papazoglou in the editing of this educational material has been valuable and we owe him a great thank you.

We are also grateful for their help to Ms Martine Breuillot, Associate professor in the University of Strasbourg as well as to Ms Kate Brown, St Lawrence College.

This material was applied to beginners' Greek classes in NEOHEL, the British School in Greece St. Lawrence College, the University of Strasbourg, the Mariupol University, the Ankara University, the educational insitute Vellazerimi - Omiros in Albania and in the Greek Language School of Athens University.

Any comments made by colleagues are welcome...

We hope that with the appropriate use, A0 Level will prove to be a useful, handy and most of all effective tool for both teachers and students.

The authors

Εισαγωγή

Σε ποιους απευθύνεται η σειρά *Ελληνικά για σας (A0 - A1 - A2)*

✓ **Σε τελείως αρχαρίους**, οι οποίοι δε γνωρίζουν ούτε το αλφάβητο.
✓ **Σε σπουδαστές**, οι οποίοι έχουν προβλήματα ανάγνωσης, γραφής, τονισμού, προφοράς και παρακολουθούν τα επίπεδα εκμάθησης της ελληνικής γλώσσας Α2, Β1, Β2, Γ1, Γ2.

Οι σπουδαστές αυτοί μπορεί να είναι:
✓ **Φοιτητές** σε πανεπιστήμια εξωτερικού / σε προγράμματα Erasmus σε ελληνικά πανεπιστήμια.
✓ **Μαθητές** από 15 ετών και άνω.
✓ **Σπουδαστές ενήλικες** σε σχολές διά βίου μάθησης, στην Ελλάδα και στο εξωτερικό.
✓ **Μετανάστες** που ζουν στην Ελλάδα.
✓ **Παλιννοστούντες Έλληνες** και **Έλληνες δεύτερης, τρίτης** κ.λπ. γενιάς στο εξωτερικό.
✓ Ιδιαιτέρως οι έχοντες ως πρώτη γλώσσα μία από τις γλώσσες αναφοράς του υλικού.

Στόχοι

Βασικοί στόχοι για τη δημιουργία της σειράς βιβλίων για ενηλίκους, *Ελληνικά για σας (A0 - A1 - A2)* είναι:

✓ Να πλουτίσει η ελληνική, ως ξένη γλώσσα, με ένα υλικό που να είναι εφάμιλλο με τα εγχειρίδια που κυκλοφορούν για την εκμάθηση των περισσότερο διαδεδομένων ευρωπαϊκών γλωσσών και ως προς την επιστημονική του εγκυρότητα και ως προς την ελκυστικότητα και την ευχρηστία του.

✓ Να συμβάλει στη διάδοση της ελληνικής γλώσσας με ένα υλικό καινοτόμο, ελκυστικό, φιλικό στο χρήστη, το οποίο να μπορεί να χρησιμοποιηθεί και στην τάξη με τη βοήθεια του διδάσκοντος αλλά και αυτόνομα από το σπουδαστή.

✓ Να καλύψει την ύλη που αντιστοιχεί στις εξετάσεις για το πιστοποιητικό Ελληνομάθειας, που διενεργούνται από το Κ.Ε.Γ. (Κέντρο Ελληνικής Γλώσσας) του Υπουργείου Παιδείας, διαθέτοντας ένα υλικό προσαρμοσμένο στο Κοινό Ευρωπαϊκό Πλαίσιο Αναφοράς για τις Γλώσσες (Common European Framework of Reference for Languages) στο οποίο βασίζονται οι εξετάσεις.

✓ Να δημιουργήσει στέρεες βάσεις για τη μελλοντική ολοκλήρωση της μεθόδου με τα επίπεδα Β1, Β2, Γ1, Γ2.

Καινοτομίες και ιδιαιτερότητα της σειράς *Ελληνικά για σας (A0 - A1 - A2)*

✓ **Η διγλωσσία.** Διευκολύνει την εκμάθηση της γλώσσας και εξοικονομεί χρόνο προς όφελος και των διδασκομένων αλλά και των διδασκόντων. Στο βιβλίο *Ελληνικά για σας A0* οι ασκήσεις, τα κείμενα, οι λέξεις κάτω από τις φωτογραφίες, τα σκίτσα και τις πινακίδες ακολουθούνται από τη μετάφρασή τους με σκοπό την άμεση κατανόησή τους, έτσι ώστε να μη χρονοτριβεί ο σπουδαστής ψάχνοντας στο λεξιλόγιο, τη στιγμή που ο εμπλουτισμός του και η επικοινωνία δεν ανήκουν στους βασικούς στόχους του παρόντος βιβλίου και χρησιμεύουν μόνο ως όχημα για την κατάκτηση της γραφής, της ανάγνωσης, του τονισμού και της προφοράς.

Στα επίπεδα Α1 και Α2 η διγλωσσία θα λειτουργεί με διαφορετικό τρόπο από ό,τι στο Α0 και θα περιοριστεί κυρίως στη μετάφραση του λεξιλογίου, των παραγγελμάτων και των κανόνων, ώστε να διευκολύνει το σπουδαστή να λειτουργεί κατευθείαν στην ελληνική γλώσσα χρησιμοποιώντας τις δομές και τις εκφράσεις της.

✓ **Η διαδραστικότητα.** Εκτός από το έντυπο υλικό οι διαδραστικές ασκήσεις στο διαδίκτυο (e-learning) επιτρέπουν στο σπουδαστή να εξασκηθεί μόνος του σε φαινόμενα στα οποία έχει κάποιες ελλείψεις.

✓ **Αυτονομία στην εκμάθηση.** Η αυτονομία επιτυγχάνεται, διότι το υλικό διαθέτει εργαλεία που διευκολύνουν το σπουδαστή να εργαστεί μόνος του.

Τα εργαλεία αυτά είναι:

1. Η μετάφραση των λέξεων, των κειμένων και των κανόνων στη μητρική γλώσσα.
2. Το CD.
3. Οι λύσεις των ασκήσεων.
4. Οι ασκήσεις στο διαδίκτυο (e-learning).

✓ **Η προσαρμογή** στο **Κ.Ε.Π.Α.Γ.** (Κοινό Ευρωπαϊκό Πλαίσιο Αναφοράς για τις Γλώσσες).

✓ **Η δημιουργία** για πρώτη φορά ενός εισαγωγικού βιβλίου *επιπέδου Α0*, για την εκμάθηση της ελληνικής ως ξένης γλώσσας, που επικεντρώνεται σε θέματα προφοράς, τονισμού, γραφής και ανάγνωσης.

Ποια η ανάγκη για τη δημιουργία του βιβλίου *Ελληνικά για σας Α0*

Η δημιουργία του εγχειριδίου *Ελληνικά για σας Α0* προέκυψε ως παιδαγωγική ανάγκη μετά τον εντοπισμό βασικών παγιωμένων λαθών σε ομάδες σπουδαστών της ελληνικής ως ξένης γλώσσας, όχι μόνο στα αρχικά αλλά ακόμη και στα προχωρημένα επίπεδα. Σ' αυτή τη διαπίστωση κατέληξε η ομάδα καθηγητών που διδάσκουν στα εντατικά μαθήματα, τα οποία οργανώνει η **NEOHEL** επί σειρά ετών. Στην ίδια διαπίστωση κατέληξαν και οι διδάσκοντες στα τμήματα φοιτητών και ενηλίκων των **Πανεπιστημίων του Στρασβούργου** (Γαλλία), **της Μαριούπολης** (Ουκρανία), **της Άγκυρας** (Τουρκία), στα τμήματα του **Βρετανικού κολεγίου St Lawrence** στην Ελλάδα καθώς επίσης και στα τμήματα ενηλίκων και μαθητών του **σχολείου Όμηρος** (Αλβανία).

Λήφθηκαν επίσης υπ' όψιν η μελέτη και η καταγραφή λαθών από την ομάδα του καθηγητή, κυρίου Σπύρου Μοσχονά, σχετικά με την παραγωγή υλικού για τους τουρκόφωνους μουσουλμανόπαιδες*, καθώς και τα συμπεράσματα από την ανάλυση λαθών σε σώματα κειμένων μαθητών από την καθηγήτρια, κυρία Άννα Αναστασιάδη - Συμεωνίδου, τα οποία παρουσιάστηκαν στο 7ο Παγκόσμιο Συνέδριο για την Ελληνική Γλώσσα, στο Μεσολόγγι το 2008 με θέμα « Τα γλωσσικά λάθη στο γραπτό λόγο παλιννοστούντων και αλλοδαπών μαθητών ».

Έχει διαπιστωθεί από μελέτες ανάλυσης λαθών σε επίπεδα Γ1 και Γ2 ότι στο επίπεδο των αρχαρίων εγκαθίστανται λάθη που, προέρχονται από συνήθειες και ιδιότητες της μητρικής γλώσσας. Επίσης παρατηρούνται λάθη, τα οποία, εάν δεν εντοπιστούν και προοδευτικά εξαλειφθούν, διατηρούνται και απολιθώνονται**. Με τον καιρό όλα αυτά τα λάθη παγιώνονται, εμποδίζοντας το σπουδαστή να εκφράζεται με την ορθότητα που απαιτεί το επίπεδο στο οποίο βρίσκεται.

Σκοπός του βιβλίου *Ελληνικά για σας Α0*, είναι να καλύψει την έλλειψη που υπάρχει στη σύγχρονη βιβλιογραφία σ' αυτό τον τομέα, έτσι ώστε τα λάθη να προλαμβάνονται εξαρχής και να αποφεύγεται η παγίωσή τους.

Η δομή του βιβλίου *Ελληνικά για σας Α0*

Τα 5 βήματα

Η βασική ύλη του βιβλίου κατανέμεται **σε πέντε ενότητες (5 βήματα)**. Ο άξονας γύρω από τον οποίο έχει δομηθεί η ύλη κάθε βήματος είναι η προφορά των γραμμάτων, η προφορά των συνδυασμών τους με τις ιδιαιτερότητες που παρουσιάζουν και ο τονισμός των λέξεων. Στην ανάπτυξη των παραπάνω ακολουθείται η λογική της αυξανόμενης δυσκολίας. Στη βασική αυτή δομή προστίθενται **η στίξη, στοιχεία γραμματικής, πολιτιστικά στοιχεία, τραγούδια** και **πληροφορίες**. Το υλικό συμπληρώνεται **με πολλές και ποικίλες ασκήσεις**.

---

* *Δράση "Γραμματική και διδασκαλία"*
"Διαγνωστικές ασκήσεις και παρακολούθηση εκπαιδευτικού υλικού"
Επιστημονικός υπεύθυνος: Σπύρος Α. Μοσχονάς (Σύμβουλος: Ει. Φιλιππάκη-Warburton) www.media.uoa.gr/language

** Han, Z. (2003) "Fossilization: from simplicity to complexity". International Journal of Bilingual Education and Bilingualism 6: 96 (95-128)

Τα περιεχόμενα κάθε βήματος είναι εν συντομία τα εξής:

Βήμα 1 - Εισαγωγικό κεφάλαιο
Παρατίθεται μια γενική παρουσίαση

1. του ελληνικού αλφάβητου
2. των δίψηφων φωνηέντων αι - οι - ει - ου
3. των συνδυασμών αυ & ευ
4. των διφθόγγων
5. των δίψηφων συμφώνων μπ - ντ - γκ - γγ - τσ - τζ
6. της στίξης
7. των βασικών κανόνων τονισμού
8. του τονισμού δίψηφων & συνδυασμών φωνηέντων.

Βήματα 2 έως 5 - Αναλυτική προσέγγιση
Στα βήματα 2, 3, 4, 5, που ακολουθούν, τα φαινόμενα αναλύονται διεξοδικά και συνοδεύονται από ποικίλες ασκήσεις, ως επί το πλείστον ακουστικές.

Βήμα 2:
1. Τα φωνήεντα α - ε - ι - η - υ - ο - ω.
2. Τα δίψηφα φωνήεντα αι - οι - ει - ου.
3. Οι συνδυασμοί αυ & ευ.

Βήμα 3:
1. Τα απλά σύμφωνα σε συνδυασμό με απλά και δίψηφα φωνήεντα.
2. Τα σύμφωνα κ - γ - χ πριν από /e/ ή /i/.

Βήμα 4:
1. Τα δίψηφα σύμφωνα μπ - ντ - τσ - τζ - γγ - γκ - γχ.
2. Τα απλά και δίψηφα σύμφωνα πριν από άτονο /i/ + φωνήεν.
3. Ο εγκλιτικός τόνος.

Βήμα 5:
1. Συνδυασμοί συμφώνων.
2. Τονισμός δίψηφων φωνηέντων με διαλυτικά.

Οι ασκήσεις προφοράς, τονισμού, ανάγνωσης και γραφής

Οι 175 ασκήσεις, όπως εμφανίζονται στον πίνακα κατανομής στο τέλος της Εισαγωγής, έχουν άμεσους και έμμεσους στόχους.

Α. Άμεσοι στόχοι: Ανάγνωση, Γραφή, Τονισμός, Προφορά, Διερεύνηση της ελληνικής γλώσσας.

Β. Έμμεσοι στόχοι: Με την ποικιλία του υλικού που έχει χρησιμοποιηθεί (πινακίδες καταστημάτων, διαφημίσεις, εξώφυλλα βιβλίων, περιοδικών, πρωτοσέλιδα εφημερίδων, προγράμματα και αφίσες θεάτρων / ταινιών, πληροφορίες πολιτιστικού περιεχομένου, τραγούδια, πίνακες ζωγραφικής, κείμενα λογοτεχνίας, μικροί διάλογοι κ.λ.π.) προσεγγίζονται εμμέσως η επικοινωνία, το λεξιλόγιο, η γραμματική και ο πολιτισμός.

Προφορά

Οι ασκήσεις αυτές κατέχουν μία ιδιαίτερη θέση στο υλικό του βιβλίου και καλύπτουν συστηματοποιημένες όλες τις δυσκολίες προφοράς. Για την πρώτη επαφή με την προφορά της ελληνικής γλώσσας έχει χρησιμοποιηθεί το Διεθνές Φωνητικό Αλφάβητο (ΔΦΑ) ιδίως στους πίνακες προφοράς του Βήματος 1. Τα Βήμα 1, ως εισαγωγικό κεφάλαιο, περιλαμβάνει όλα τα φαινόμενα προφοράς. Τα ίδια φαινόμενα μελετώνται αναλυτικά και με περισσότερες και συστηματικές ασκήσεις στα υπόλοιπα Βήματα. Επίσης μόνο στο Βήμα 1 έχουν χρησιμοποιηθεί λέξεις από τις γλώσσες αναφοράς, (μητρική ή αγγλική γλώσσα) των οποίων η προφορά ταιριάζει κατά προσέγγιση με την προφορά των ελληνικών.

Οι **Πίνακες προφοράς** (1.5 & 1.13), οι οποίοι έχουν τον τίτλο *Ένα βήμα εμπρός,* δεν είναι απαραίτητο να διδαχθούν σ' αυτό το βήμα, εφόσον μελετώνται αναλυτικά και κατά φαινόμενο στα βήματα που ακολουθούν. Περιλαμβάνονται στο Εισαγωγικό κεφάλαιο για όσους θέλουν εξαρχής να έχουν μία συνολική εικόνα των φαινομένων προφοράς της ελληνικής γλώσσας.

Στα **κείμενα για ανάγνωση**, στα οποία παρουσιάζονται φαινόμενα, τα οποία τυχαίνει να μην έχουν ακόμα διδαχθεί, υπάρχει υποσημείωση, όπου με βάση το ΔΦΑ παρατίθεται η προφορά τους. Βεβαίως όλα τα φαινόμενα και η ορθή προφορά όλου του υλικού, που περιλαμβάνει το βιβλίο Α0, βρίσκονται στο CD. Έτσι ο σπουδαστής που δε θέλει να ασχοληθεί με την έντυπη παρουσίαση της προφοράς των εκάστοτε φωνητικών φαινομένων, μπορεί να χρησιμοποιήσει μόνο το CD, το οποίο καλύπτει πλήρως τις ανάγκες του.

Οι **ασκήσεις προφοράς** παρουσιάζονται με τη λογική της αυξανόμενης δυσκολίας αρχίζοντας από την προφορά των φωνηέντων και των συνδυασμών τους στο Βήμα 2. Οι περισσότερες ασκήσεις είναι ακουστικές και οι σπουδαστές καλούνται να ακούσουν, να αναγνωρίσουν ή να συμπληρώσουν γράμματα και συλλαβές σε λέξεις, σε φράσεις και σε κείμενα.

Στο **τέλος των Βημάτων 3, 4 & 5** υπάρχει ένα δισέλιδο με τον τίτλο *Θέλω κι άλλες ασκήσεις,* για όποιο σπουδαστή χρειάζεται περισσότερη εξάσκηση στα θέματα προφοράς. Στο **Παράρτημα 1,** στο τέλος του βιβλίου, παρατίθενται όλα τα φαινόμενα προφοράς με τις ήδη γνωστές λέξεις που αντιστοιχούν σε αυτά, για επανάληψη και εμπέδωση όλων των δυσκολιών.

Οι **ασκήσεις του βιβλίου Α0** μπορούν να χρησιμοποιούνται και στα πιο προχωρημένα επίπεδα, όταν οι σπουδαστές έχουν προβλήματα.

E-learning ασκήσεις

Οι ασκήσεις εμπέδωσης και αξιολόγησης που συνοδεύουν το υλικό του βιβλίου στο διαδίκτυο είναι ένα πολύτιμο βοήθημα για το σπουδαστή και συμβάλλουν στην αυτόνομη άσκηση και εμπέδωση των ποικίλων φαινομένων του βιβλίου Α0. Βλέπε: www.greekforyou.eu /e-learning

Τονισμός

Ιδιαίτερη έμφαση έχει δοθεί στις ασκήσεις τονισμού, τμήμα της γραμματικής σαφώς αμελημένο στα υπάρχοντα εγχειρίδια ελληνικών για ξένους, αν και ιδιαιτέρως σημαντικό για τη διδασκαλία της ελληνικής ως ξένης γλώσσας. Στο βιβλίο αυτό ο τονισμός κατέχει τη θέση που του αρμόζει.

Οι ασκήσεις τονισμού είναι πολλές και ποικίλλουν. Στην αρχή ο σπουδαστής καλείται να τονίσει απλές λέξεις, στη συνέχεια προτάσεις και τέλος μικρούς διαλόγους και μικρά κείμενα.

Ανάγνωση

Στην αρχή παρουσιάζεται το ελληνικό αλφάβητο με τη φωνητική μεταγραφή κάθε γράμματος, βάσει του ΔΦΑ. Στη συνέχεια οι Πίνακες προφοράς συστηματοποιούν όλα τα φαινόμενα με παραδείγματα για κάθε γράμμα και την ιδιαίτερη προφορά του, ανάλογα με τους συνδυασμούς γραμμάτων που προηγούνται ή έπονται. Ακολουθούν ασκήσεις ανάγνωσης, στην αρχή απλών λέξεων, στη συνέχεια φράσεων και στο τέλος κειμένων, αυθεντικών ή δημιουργημένων.

Η μετάφραση των κειμένων στην εκάστοτε γλώσσα αναφοράς έχει ως στόχο την κατανόησή τους και την όσο το δυνατόν ορθότερη ανάγνωση. Όταν δεν υπάρχει παραπομπή σε επίσημη μετάφραση, τα λογοτεχνικά κείμενα έχουν μεταφραστεί από την ομάδα εργασίας της εκάστοτε γλώσσας. Η μετάφραση αυτή δεν είναι λογοτεχνική και αποβλέπει απλώς στην κατανόηση του περιεχομένου.

Γραφή

Η γραφή διδάσκεται αρχίζοντας από τον τρόπο σχηματισμού των γραμμάτων, κεφαλαίων και πεζών. Ακολουθούν ασκήσεις ταύτισης κεφαλαίων και πεζών γραμμάτων, αντιγραφής από κεφαλαία σε πεζά και το αντίθετο, συμπλήρωσης κενών με τα μελετώμενα γράμματα και τους συνδυασμούς τους, καθώς και απλής αντιγραφής λέξεων, τα οποία συμπληρώνουν το σύνολο των ασκήσεων γραφής.

Στο Βήμα 1, μία σελίδα είναι αφιερωμένη στις χειρόγραφες μορφές γραμμάτων (1.16).

Διερεύνηση της ελληνικής γλώσσας και της σχέσης της με τη μητρική

Οι ασκήσεις αυτές κεντρίζουν το ενδιαφέρον του σπουδαστή και τον προκαλούν να διερευνήσει την ελληνική γλώσσα, να ανακαλύψει στοιχεία της και χαρακτηριστικά της και να τη συγκρίνει με τη μητρική γλώσσα του. (Π.χ.: 2.10 & 2.15).

Πολιτιστικά στοιχεία του βιβλίου Α0

Διάσπαρτα σε όλο το βιβλίο αναδεικνύονται ποικίλα πολιτιστικά θέματα και πληροφορίες, που αφορούν τόσο το ιστορικό παρελθόν όσο και τη σημερινή καθημερινή ελληνική ζωή. Μεταξύ άλλων αναφέρονται τα ελληνικά βότανα (3.19), τα προϊόντα της ελληνικής γης (4.29), τα προστατευόμενα είδη της Ελλάδας (2.28), οι μεγάλοι μουσικοί, Μάνος Χατζιδάκις και Μίκης Θεοδωράκης (5.29 & 5.30) και άλλα πολιτιστικά στοιχεία όπως η αναφορά στο νέο Μουσείο της Ακρόπολης (2.26). Όλα αυτά τα θέματα κεντρίζουν το ενδιαφέρον των σπουδαστών και αποτελούν κίνητρο για περαιτέρω διερεύνησή τους. Αναφορές σε ιστοσελίδες συμπληρώνουν το εν λόγω υλικό παρέχοντας χρήσιμες πληροφορίες.

Ελληνικά καθ' οδόν

Μία καινοτομία του βιβλίου είναι η πλούσια εικονογράφησή του με ένα μεγάλο αριθμό φωτογραφιών, οι περισσότερες από τις οποίες είναι φωτογραφίες που αποτυπώνουν αυτά που θα συναντούσε ο σπουδαστής περπατώντας στους δρόμους της Ελλάδας.

Ο στόχος είναι ο σπουδαστής να δέχεται, από το πρώτο επίπεδο εκμάθησης των ελληνικών, ζωντανά ερεθίσματα, να εξοικειώνεται με κάθε είδους μορφές γραμμάτων, γραμματοσειρές, χειρόγραφα έτσι ώστε η ανάγνωση και η επαφή με τη γλώσσα να είναι μία πρόκληση και ένα πεδίο προς εξερεύνηση.

Τραγούδια

Συμπλήρωμα του όλου υλικού αποτελούν τα τραγούδια, τα οποία με το ρυθμό και τη μελωδία τους συνιστούν ένα βασικό εργαλείο για την εκμάθηση μιας γλώσσας. Παράλληλα στο παρόν βιβλίο έχουν επιλεγεί και προτείνονται στο σπουδαστή ποικίλες ασκήσεις προφοράς μέσω αυτών.

Παραρτήματα

Τα Παραρτήματα συμπληρώνουν το υλικό με τις εξής υποενότητες:
- ✓ Επαναληπτική ανάγνωση. (Άσκηση επανάληψης όλων των φαινομένων προφοράς).
- ✓ Ελληνογενείς λέξεις στις ξένες γλώσσες. Ένας πίνακας με λέξεις που χρησίμευσαν ως βάση για τη δημιουργία λέξεων στις γλώσσες αναφοράς του βιβλίου. Με τον πίνακα αυτό ο σπουδαστής διαπιστώνει ότι γνωρίζει ήδη ένα μεγάλο μέρος του ελληνικού λεξιλογίου.
- ✓ Πίνακας χωρών, κατοίκων, γλώσσας τους και εθνικών επιθέτων.
- ✓ Πίνακας με τους αριθμούς από το μηδέν ως το ένα δισεκατομμύριο.
- ✓ Λύσεις των ασκήσεων.
- ✓ Λεξιλόγιο.

Λεξιλόγιο

Το λεξιλόγιο είναι αλφαβητικό και περιλαμβάνει όλες τις λέξεις των πέντε βημάτων (εκτός από τις λέξεις των δίγλωσσων κειμένων και των μικρών κειμένων που παρέχουν πληροφορίες). Δίπλα σε κάθε λέξη σημειώνεται ο κωδικός αριθμός του κεφαλαίου, στο οποίο απαντάται η λέξη για πρώτη φορά.

Το λεξιλόγιο περιλαμβάνει 1785 λέξεις. Από αυτές τα 2/3 περίπου ανήκουν στα επίπεδα Α1 και Α2. Το υπόλοιπο λεξιλόγιο αποτελούν λέξεις των επιπέδων Β και Γ σύμφωνα με το Κοινό Ευρωπαϊκό Πλαίσιο Αναφοράς για τις Γλώσσες.

Οι λέξεις που ανήκουν σε ένα ανώτερο επίπεδο εκμάθησης της γλώσσας, είναι είτε λέξεις που παρουσιάζουν δυσκολία στην ανάγνωση (π.χ. αγχώδης, ευφυΐα), είτε λέξεις που συμβάλλουν στην επιτυχία των ασκήσεων προφοράς, όντας ηχητικά παρόμοιες (π.χ. κοντά / αρχοντιά). Θα πρέπει να σημειωθεί ότι, σύμφωνα με τις προδιαγραφές που έχουν καθοριστεί σχετικά με την ανάγνωση από το Κοινό Ευρωπαϊκό Πλαίσιο Αναφοράς για τις γλώσσες, οι σπουδαστές στο επίπεδο Α1 θα πρέπει να μπορούν να διαβάζουν στα ελληνικά ένα κείμενο, ανεξάρτητα από το αν τους είναι κατανοητό ή όχι και ανεξάρτητα από το αν περιλαμβάνει λέξεις με δύσκολη προφορά. Γι'αυτόν το λόγο στο βιβλίο Α0, έγινε προσπάθεια να καλυφθούν όλες οι περιπτώσεις προφοράς, ακόμα και με τις δυσκολίες που μπορεί να παρουσιάζουν ορισμένες λέξεις.

Ελληνογενείς και ξένης προέλευσης λέξεις χρησιμοποιούνται ιδιαιτέρως στα δύο πρώτα Βήματα, γιατί η κατανόηση της σημασίας τους διευκολύνει τους σπουδαστές στην πρώτη τους επαφή με τη γλώσσα και πολλαπλασιάζει την αποτελεσματικότητα των ασκήσεων προφοράς, γραφής και ανάγνωσης.

Παρ'όλο που, όπως έχει ήδη αναφερθεί, η κατάκτηση λεξιλογίου δεν αποτελεί άμεσο στόχο του επιπέδου Α0, έχει γίνει προσπάθεια οι λέξεις των ασκήσεων, των διαλόγων και των κειμένων να περιστρέφονται γύρω από θέματα που αφορούν το επίπεδο Α, όπου βεβαίως αυτό είναι δυνατό. Οι ημέρες και οι μήνες, επαγγέλματα, είδη διατροφής και ενδυμασίας, μεταφορικά μέσα, καθημερινές δραστηριότητες και άλλα αποτελούν ένα σημαντικό τμήμα του λεξιλογίου των ασκήσεων.

Παράλληλα το υλικό διανθίζεται με φωτογραφίες από πινακίδες, διαφημίσεις, οδικά σήματα, ονομασίες εκπαιδευτικών ιδρυμάτων, πανεπιστημίων, σχολείων, Υπουργείων, δημοσίων υπηρεσιών κ.α., το λεξιλόγιο των οποίων είναι χρήσιμο για όποιον ταξιδεύει ή εγκαθίσταται στην Ελλάδα.

Πληροφορίες, γεωγραφικά και πολιτιστικά στοιχεία έχουν σκοπό να κεντρίσουν το ενδιαφέρον των σπουδαστών σχετικά με την ελληνική πραγματικότητα, την καθημερινή ζωή και τον πολιτισμό, έτσι ώστε οι άμεσοι στόχοι να επιτυγχάνονται με έναν τρόπο ελκυστικό και ενδιαφέροντα.

CD

Το CD περιλαμβάνει τα κείμενα, τους διαλόγους, 5 τραγούδια – ασκήσεις και 160 ακουστικές ασκήσεις [Βήμα 1 (14) - Βήμα 2 (26) - Βήμα 3 (42) - Βήμα 4 (41) - Βήμα 1 (42)].

Το CD είναι ένα απολύτως απαραίτητο εργαλείο για όσους μελετούν μόνοι τους την ελληνική γλώσσα. Το Διεθνές Φωνητικό Αλφάβητο αποτελεί ένα ουσιαστικό βοήθημα αλλά δεν μπορεί να υποκαταστήσει το CD.

Χρήση του βιβλίου

Στον Πρόλογο έχει ήδη αναφερθεί ότι το παρόν υλικό θα πρέπει να διδάσκεται **παράλληλα** με το Βιβλίο Α1. Προτείνουμε όμως το Εισαγωγικό Βήμα 1, όπου παρουσιάζονται συνοπτικά το αλφάβητο, η προφορά και η γραφή των γραμμάτων και των συνδυασμών τους, να χρησιμοποιείται ως το εναρκτήριο βήμα για τη διδασκαλία της ελληνικής γλώσσας.

Τα βιβλίο Α0 μπορεί επίσης να χρησιμοποιηθεί **παράλληλα** με οποιοδήποτε άλλο εγχειρίδιο εκμάθησης ελληνικών, πέρα από τη σειρά **Ελληνικά για σας**.

Το βιβλίο Α0, όντας ένα **εργαλείο ευέλικτο**, μπορεί να χρησιμοποιηθεί από τον διδάσκοντα ανάλογα με τις ανάγκες αλλά και τις απαιτήσεις της ομάδας των διδασκομένων, είτε είναι φοιτητές που επιθυμούν να διεισδύσουν στην ελληνική γλώσσα και στις ιδιαιτερότητες της προφοράς της, είτε είναι σπουδαστές που επιθυμούν απλώς να μάθουν να επικοινωνούν για θέματα καθημερινά.

Παράλληλα το βιβλίο Α0, προσεγμένο, όσον αφορά τη σελιδοποίησή του, την επιλογή των εικόνων και φωτογραφιών του, τη δημιουργία των εκφραστικών και χιουμοριστικών σκίτσων του από το Θανάση Δήμου, αποτελεί ένα πολύτιμο υλικό που προσφέρει στο αρχάριο σπουδαστή μία έντονη γεύση Ελλάδας μέσα από την καθημερινή ζωή.

Λαμβάνοντας υπ' όψιν όλα όσα ειπώθηκαν, ελπίζουμε ότι, όσοι χρησιμοποιήσουν αυτό το βιβλίο θα κατακτήσουν από το πρώτο κιόλας επίπεδο τέσσερις πολύ σημαντικούς στόχους, **την ανάγνωση, τη γραφή, τον τονισμό και τη σωστή προφορά** της ελληνικής γλώσσας και θα προχωρήσουν με αυτοπεποίθηση και κέφι στα επόμενα στάδια εκμάθησης των ελληνικών.

Introduction

Greek for you (A0 - A1 - A2) is addressed to:

✓ **early beginners,** who don't even know the alphabet.

✓ **students**, who have difficulty with reading, writing, accentuation and pronunciation, and follow the Greek language learning levels A2, B1, B2, C1, C2.

These students may be:
✓ **Students** at universities abroad / students under the Erasmus programme in Greek universities.

✓ **Pupils** 15years old and above.

✓ **Adult students** in lifelong learning programmes in Greece and abroad.

✓ **Immigrants** in the host country (Greece).

✓ **Greeks returning to Greece** after a long period abroad and Greeks of 2nd, 3rd etc. generations abroad.

✓ In particular anybody who has, as a mother tongue, one of the five reference languages.

Objectives

The main objectives for the creation of the book series *Greek for You (A0 - A1 - A2)* for adults are:

✓ To enrich the learning process of Greek as a foreign language
   a) by using material of a standard equal to that used to teach other European languages
   b) by using an easily understood format.

✓ To contribute to the increase in the number of people who want to learn and who can use the material either on their own or in a classroom situation.

✓ To cover the materia which corresponds to the examinations for the Greek certificate which is issued by the K.E.Γ. (Greek Language Center) of the Ministry of Education, offering material adjusted to the Common European framework for the Languages (CEFR) on which the exams are based.

✓ To create stable foundations for the completion of the method at the levels B1, B2, C1, C2.

Originality of the series of books *Greek for you (A0 - A1 - A2)*

✓ **The translation** of the material. This aids language learning and consequently time is saved both by the teacher and student. In the book *Greek for you A0* the exercises, texts, captions, sketches, signs and information boxes are accompanied by translations so that the students do not spend time unnecessarily searching through irrelevant information. Since vocabulary skills and communication are cut of the scope of the current book, translation is used only as a vehicle to acquire writing, reading, accentuation and pronunciation skills.

   At levels A1 & A2, the translations will be limited to vocabulary, instructions and rules in order to help the student to easily put into use the Greek language, structure and expression.

✓ **Interactivity.** Apart from the course book, the interactive exercises on the network (e-learning) allow the students to practise on their own those areas of the language where they have difficulties.

✓ **The material** also has tools which allow the students to study on their own. These are:
  1. The translation of words and rules into the appropriate mother tongue.
  2. CD.
  3. The answer keys.
  4. The Internet exercises (e-learning.)

✓ **The adaptation** to the Common European Framework for the Languages (CEFR).

✓ **The creation,** for the first time, of an introductory book for learning Greek as a foreign language, *Greek for you A0,* which focuses on pronunciation, accentuation, writing and reading.

The need for the creation of *Greek for You A0*

The creation of the book was deemed necessary after basic fixed errors made by groups of students learning Greek as a foreign language were spotted, not only at beginners but also at advanced levels in language courses organised by NEOHEL. The same conclusion was drawn by teachers of Modern Greek to students of adult groups at the following institutions:

The University of Strasbourg (France)
The University of Mariupol (Ukraine)
The University of Ankara (Turkey)
The British School St. Lawrence College (Greece)
The Omiros School (Albania).

The following studies were also taken into account:

✓ the study and recording of mistakes by the research group of Professor Spyros Moschonas, concerning the production of material for Turkish-speaking muslims;*

✓ the conclusions from error analysis in students' texts by Professor Anna Anastasiadi - Symeonidou which were presented at the 7th International Conference on the Greek Language in Mesolongi in 2008 - the subject of the research being "Language mistakes by repatriated Greeks and immigrant students".

It has been stressed in studies on error analysis at levels C1 & C2 that mistakes are usually derived from learning habits at the beginners' level and from characteristics of the mother tongue. These errors, if not corrected immediately, remain (Fossilization - Han 2003:96) preventing the student from expressing himself correctly at the level of language he is studying.

The aim of the book Greek for you A0, is to fill the gap amongst the books currently available in this area of language learning so that errors are anticipated and corrected right from the beginning.

*Action "Grammar and Teaching"
"Diagnostic exercises and monitoring of educational material"
Scientific consulta   Spyros A. Moschonas (Cosultant: E. Philippaki-Warburton) www.media.uoa.gr/language

**Han, Z. (2003)"Fossilization: from simplicity to complexity". International Journal of Bilingual Education and Bilingualism 6: 96 (95-128)

The structure of the book *Greek for you A0*

The 5 steps

The book is divided into 5 chapters (5 steps). The objectives of the book are:
the pronunciation of the letters, the letter combinations as well as their pronunciation peculiarities and the accentuation of the words. These are structured with increasing difficulty. **Punctuation, grammar elements, cultural issues, songs and other information are added to this basic structure.**
A great variety of exercises completes the book's material.

The contents of each step are:

Step 1 – Introductory Chapter
General presentation:

1. The Greek alphabet
2. Vowel digraphs αι - οι - ει - ου
3. The combinations αυ and ευ
4. Dipthongs
5. Consonant digraphs μπ - ντ - γκ - γγ - τσ - τζ
6. Punctuation
7. Basic accentuation rules
8. Accentuation of vowel and consonant digraphs.

Steps 2-5 Analytical presentation

In **steps 2,3,4,5** which follow, the above mentioned language issues are presented in detail with a variety of exercises, mainly audio.

Step 2:

1. The vowels α - ε - ι – η - υ - ο - ω.
2. The vowel digraphs αι - οι - ει - ου.
3. The combinations αυ & ευ.

Step 3:

1. The simple consonants in combination with simple vowels and vowel digraphs.
2. The consonants κ - γ - x followed by /e/ or /i/.

Step 4:

1. The consonant digraphs μπ - ντ - τσ - τζ - γγ - γκ - γx.
2. Simple consonants and consonant digraphs followed by unaccented /i/ + vowel.
3. The enclitics.

Step 5:

1. Consonant combinations.
2. Accentuation of vowel digraphs with dieresis.

Pronunciation, accentuation, reading and writing exercises

The 175 exercises, as presented in the table at the end of the introduction, have their direct and indirect targets:

A. Direct targets: reading, writing, accentuation, pronunciation, exploration of Greek language.

B. **Indirect targets:** indirect approach to communication, vocabulary and culture through the variety of material used (signs, advertisements, book and magazine front covers, newspaper cover pages, theatre programmes, movie information, cultural issues, songs, paintings, short dialogues and texts etc.).

Pronunciation

The pronunciation exercises have a special place in the material of the book and present all the pronunciation difficulties systematically. The International Phonetic Alphabet (IPA) has been used for the first encounter with the pronunciation of the Greek language, especially in the pronunciation tables in step 1.

The introductory Step 1 includes all the pronunciation issues. The same issues are presented analytically with more systematic exercises in the following steps.

Moreover, words with similar pronunciation have been used from the reference language, English or mother tongue.

The pronunciation tables (1.5 & 1.13) which have the title *"One step forward"* are not to be taught necessarily in this step, since they are presented analytically and systematically in the steps that follow. They are included in the introductory chapter for those who want from the beginning to have an overview of the pronunciation issues of the Greek language.

At the end of the steps 3,4 & 5 there are two pages with the title *I want more exercises,* for those students who need more practice on pronunciation. However, the A0 book exercises can be also used at more advanced levels, for those students who face difficulties. Concerning the pronunciation exercises, there is a gradation of difficulty starting from the pronunciation of vowels and vowel combinations at step 2. Most of them are audio exercises and the students are invited to listen, distinguish and recognize the missing sounds in written words, phrases and passages.

In the reading texts, where issues of language may appear without having been taught, there is a footnote indicating the pronunciation based on the IPA. All the issues and the correct pronunciation of the material included in the book A0 can be found on the CD. Thus the students, who do not wish to follow the printed presentation of the pronunciation issues, can use the CD on its own and this covers their needs in full.

E-learning exercises

The exercises which accompany the material of the book in the network are valuable help to the student and encourage individual practice on the various issues presented in the book A0 See: www.greekfor you.eu/e-learning.

In Appendix 1, at the end of the book, all the pronunciation issues with the same words are set out, for revision and consolidation.

Accentuation

Special emphasis has been given to accentuation exercises. This is a part of grammar that has been neglected in the Greek textbooks for foreigners, although it is especially important for the teaching of Greek as a foreign language. In this book accentuation is properly taught. The exercises are many and varied. Initially the student is asked to accentuate simple words and sentences and then short dialogues and texts.

Reading

In the beginning the Greek alphabet is presented with the phonetic transcription of each letter, according to the International Phonetic Alphabet (IPA). The accentuation tables systematize all the phenomena with examples of each letter and the specific pronunciation, depending on the combination of letters that follow or precede each letter. There are reading exercises of simple words, phrases and texts, either authentic or created ones.

The translation of texts into the reference language aims at easy understanding as well as at the correct reading of it. In the cases where no bibliographical reference is indicated, the texts have been translated by the team of the reference language. These translations simply aim at the understanding of the texts and they have no literary value

Writing

Writing is taught starting with the way each letter (capital or small) is formed. In step 1, one page is "devoted" to handwriting. There are many writing exercises: matching capital to small letters, copying words from capitals to small letters and vice versa, filling in the blanks with the letters that are being studied at the moment as well as their combinations, or the simple copying of words.

Exploration of the Greek language in relation to the mother tongue

These exercises attract the student's interest and challenge him to investigate the Greek language further, to discover its principles and characteristics and to compare it to his own mother tongue. (2.10. & 2.15.)

Cultural details of the book A0

Throughout the book many cultural issues (topics) and information arise regarding the historical past as well as contemporary everyday Greek life. Various links on Internet provide useful information on the above. Among others, Greek herbs and their nutritional value (3.19), Greek products (4.29), protected species of Greece (2.28), the great musicians Manos Hatzidakis and Mikis Theodorakis (5.29 & 5.30) are mentioned. There is an account of cultural tradition *The new Acropolis Museum* (2.26) and *Myrtis* (5.24), who face to face with her past, transfers us to Athens in 430 BC during the period of plague. All these challenge the students and become a motive for further investigation of each topic.

Greek on the road

An innovation of this book is the large number of photographs used, mainly taken in the streets. They aim to provide the students with authentic reading material from the early stage of learning Greek and familiarising them with various kinds of writing, in such a way that both reading and the contact with the language are a challenge and a field to explore as well.

Songs

The songs are a supplement to all the material. Their rhythm and melody are a basic tool for learning a language. In the book various pronunciation exercises through the songs have been selected and presented.

Appendix

The appendix complements the teaching material with the following sub-units:

- ✓ Revision of reading.
- ✓ Greek words in foreign languages. A table with words used as a basis for the production of words in the reference languages of the book. With this table the student realises that he/she already knows a great deal of the Greek vocabulary.
- ✓ Table of countries, citizens, languages and adjectives describing nationality.
- ✓ Table with numbers from zero up to one billion.
- ✓ Answer keys.
- ✓ Vocabulary of 1785 words in alphabetical order. Next to each word there is a code number of each chapter, in which each word is used for the first time.

Vocabulary

The vocabulary includes all the words that appear in the 5 STEPS, except those of the bilingual texts and the short passages that provide information (info). It consists of 1785 words. The two thirds (2/3) of these words belong to A1 & A2 levels. According to the CEFR, the rest of the vocabulary represents words of levels B & C.

The advanced vocabulary words, are on the one hand words with difficulty in reading (e.g. αγχώδης - stressed, ευφυία - intelligence) and on the other words that contribute to the success of the pronunciation exercises in that they are phonetically similar (e.g. κοντά – near, αρχοντιά –nobility).

It should be noted that according to the specifications of the Common European Framework for the Languages, as far as reading is concerned, the A2 level students should be able to read a Greek text, regardless of whether they understand it or not and regardless of whether it includes words with reading difficulties. For this reason in A0 book there has been an attempt to cover all the cases of pronunciation, despite their difficulties.

Greek words and words of foreign origin are particularly used in the first two steps, as the understanding of their meaning facilitates the students in their first contact with the language and strengthens the effectiveness of the pronunciation, reading and writing exercises.

As has already been mentioned, vocabulary learning is not among the main objectives of the level A0. However, an attempt has been made so that the words which appear in the exercises, the dialogues and the texts refer to the A level topic areas. Days, months, jobs, diet / food, clothing, means of transportation, daily routine and others represent an important part of the exercises vocabulary.

Moreover, the material is enriched with photographs of signs, advertisements, road signposts, names of educational institutions, universities, schools, Ministries, public services etc., because this sort of vocabulary is useful to those who travel or establish themselves in Greece.

Information, geographical and cultural elements aim at focusing on the Greek reality, the everyday life and the culture so that the main objectives are achieved in an interesting and attractive way.

CD

The CD includes the texts, the dialogues, 5 songs – exercises and 160 audio exercises. [Step 1(14) – Step 2 (26) – Step 3 (42) – Step 4 (41) – Step 5 (42)]. Our suggestion to the teacher is to use this audio material in teaching, because we consider that it is much more effective for the student to listen to the language spoken by many different native speakers.

During the CD recording, special attention has been made to the details of the correct pronunciation.

The CD is also regarded as a necessary tool for those who learn the language on their own. The International Phonetic Alphabet is very helpful, but it cannot replace the CD in any way

Use of the book

In the prologue it has already been mentioned that A0 should be taught along with the A1 book, except from the introductory step 1, where the alphabet, the pronunciation and the writing of the letters are presented in brief. This can be used as a stepping stone for the learning of the Greek language.
A0 book can also be used in parallel to any other series of Greek learning books.
A0 book is a flexible tool that may be used to meet the different needs of the students and fit various learner types.
Finally, A0 book provices the beginner student with 'a full flavour' of everyday Greece through the rich illustrations and the humorous sketches by Thanassis Dimou.

Taking into consideration what has been set out so far, it is believed that the students who use this book will acquire confidence in their knowledge, having reached four very important targets: reading, writing, accentuation and correct pronunciation of the Greek language.

ΠΙΝΑΚΑΣ ΚΑΤΑΝΟΜΗΣ ΑΣΚΗΣΕΩΝ

ΑΡΙΘΜΟΣ ΑΣΚΗΣΕΩΝ

BHMA 1 = 20 ΑΣΚΗΣΕΙΣ
BHMA 2 = 30 ΑΣΚΗΣΕΙΣ
BHMA 3 = 44 ΑΣΚΗΣΕΙΣ
BHMA 4 = 39 ΑΣΚΗΣΕΙΣ
BHMA 5 = 42 ΑΣΚΗΣΕΙΣ
ΣΥΝΟΛΟ = 175 ΑΣΚΗΣΕΙΣ

Α. ΑΜΕΣΟΙ ΣΤΟΧΟΙ = 208
Β. ΕΜΜΕΣΟΙ ΣΤΟΧΟΙ = 73

- ■ Ασκήσεις με ένα στόχο
- ■ Ασκήσεις με δύο στόχους
- ■ Ασκήσεις με τρεις ή τέσσερις στόχους
- ■ Info - πληροφορίες
- ■ Σύνολο ασκήσεων

TABLE OF EXERCISES

NUMBER OF EXERCISES

STEP 1 = 20 EXERCISES
STEP 2 = 30 EXERCICES
STEP 3 = 44 EXERCISES
STEP 4 = 39 EXERCISES
STEP 5 = 42 EXERCISES
TOTAL = 175 EXERCISES

A. DIRECT OBJECTIVES = 208
B. INDIRECT OBJECTIVES = 73

- ■ Exercises with one objective
- ■ Exercises with two objectives
- ■ Exercises with three or four objectives
- ■ Info
- ■ Exercises in total

A. ΑΜΕΣΟΙ ΣΤΟΧΟΙ   DIRECT OBJECTIVES

	ΠΡΟΦΟΡΑ ΣΥΛΛΑΒΙΣΜΟΣ PRONUNCIATION SYLLABIFICATION	ΤΟΝΙΣΜΟΣ ΣΤΙΞΗ ACCENTUATION PUNCTUATION	ΑΝΑΓΝΩΣΗ READING	ΓΡΑΦΗ WRITING	1. ΔΙΕΡΕΥΝΗΣΗ ΤΗΣ Γ2 2. ΣΧΕΣΗ ΜΕ ΤΗ Γ1 1. EXPLORATION OF C2 2. RELATION WITH C1
ΒΗΜΑ 1 STEP 1	7 (1, 3 ,5, 11, 13, 18, 19)*	4 (9, 14, 15, 17)	2 (7, 12)	8 (4, 6, 7, 8, 10, 12, 15, 16)	1 (2)
ΒΗΜΑ 2 STEP 2	11 (1, 2, 3, 5, 6, 7, 8 16, 17, 24, 30)	6 (3, 8, 11, 12, 13, 23.β.)	8 (14, 18, 22, 23.α. 26, 27, 28, 29)	6 (4, 16, 17, 23.β. 25, 26)	5 (9, 10, 14, 15, 26)
ΒΗΜΑ 3 STEP 3	22 (5, 6, 8, 10, 11, 12, 13 17, 22, 23, 26, 27, 31, 32 33, 34, 35, 36, 37, 38, 39 21, 40)	4 (9, 12, 24, 29)	12 (1, 3, 4, 7, 14 15, 19, 20, 21 25, 28, 31)	8 (3, 6, 14, 16, 20 25, 28, 29)	2 (14, 16)
ΒΗΜΑ 4 STEP 4	21 (2, 4, 8, 9, 12.α., 13 14, 15, 16, 18, 21, 23, 31 32, 33, 34, 35, 36, 37, 38 39)	6 (4, 10, 23, 24, 26, 28)	18 (2, 3, 5, 6, 11 12.β., 13, 15, 17 19, 20, 22, 24, 25, 29, 30, 31)		
ΒΗΜΑ 5 STEP 5	31 (3, 4, 5, 7, 8, 9, 11 12, 13, 14, 16, 17, 18, 19, 21, 25, 27, 29, 30 31, 32, 33, 34, 35, 36 37, 38, 39, 40, 41, 42)	7 (3, 7, 8, 11, 20 22, 23)	14 (1, 2, 6, 8, 10 13, 15, 18, 19 23, 24, 26, 27 28.α.)	1 (28.β.)	
ΣΥΝΟΛΟ TOTAL	93	27	54	26	8

B. ΕΜΜΕΣΟΙ ΣΤΟΧΟΙ   INDIRECT OBJECTIVES

	ΕΠΙΚΟΙΝΩΝΙΑ COMMUNICATION	ΛΕΞΙΛΟΓΙΟ VOCABULARY	ΓΡΑΜΜΑΤΙΚΗ GRAMMAR	ΚΟΙΝΩΝΙΟΓΛΩΣΣΙΚΑ ΣΤΟΙΧΕΙΑ SOCIOLINGUISTIC ELEMENTS	ΠΟΛΙΤΙΣΤΙΚΑ ΣΤΟΙΧΕΙΑ, INFO CULTURAL ELEMENTS, INFO
ΒΗΜΑ 1 STEP 1	2 (18, 19)	1 (18)			
ΒΗΜΑ 2 STEP 2	2 (4, 22)	5 (18, 19, 20, 21, 25)			2 (26, 28, 30)
ΒΗΜΑ 3 STEP 3	2 (4, 15)	1 (1)	1 (2)	2 (8, 18)	8 (3, 19, 20, 21, 28, 29, 30, 32)
ΒΗΜΑ 4 STEP 4	7 (5, 6, 8, 12, 22, 23, 24)	6 (5, 6, 8, 11, 12, 23)	2 (18, 23)	1 (27)	8 (1, 3, 12, 17, 29, 30, 31, 32)
ΒΗΜΑ 5 STEP 5	2 (16, 18)	3 (11, 18, 19)			18 (1, 2, 4, 7, 8, 10, 11, 15, 16, 17, 18, 23, 24, 26, 27, 28, 29)
ΣΥΝΟΛΟ TOTAL	15	16	3	3	36

* Σε παρένθεση βρίσκονται οι αριθμοί των ασκήσεων κάθε βήματος με συγκεκριμένο στόχο.
* The numbers of the exercises of each step with a specific objective is in the parenthesis.

Περιεχόμενα
Table of contents

ΒΗΜΑ 1	ΕΙΣΑΓΩΓΙΚΟ ΚΕΦΑΛΑΙΟ	Σελίδες 27-40

1. Γενική παρουσίαση
   a. Τα 24 γράμματα του ελληνικού αλφάβητου
   β. Οι συνδυασμοί γραμμάτων
      Δίψηφα φωνήεντα αι - οι - ει - ου
      Συνδυασμοί αυ & ευ
      Δίφθογγοι
      Δίψηφα σύμφωνα μπ - ντ - γκ - γγ - τσ - τζ
2. Τονισμός Α:
   Βασικοί κανόνες
3. Τονισμός Β:
   Τονισμός δίψηφων φωνηέντων αι - οι - ει - ου
   Τονισμός συνδυασμών φωνηέντων αυ & ευ
4. Στίξη
5. Χειρόγραφες μορφές γραμμάτων

STEP 1	INTRODUCTION CHAPTER	Pages 27-40

1. General presentation
   a. The 24 letters of the Greek alphabet
   b. Letter combinations
      Vowel digraphs αι - οι - ει - ου
      Combinations αυ & ευ
      Diphthongs
      Consonant digraphs μπ - ντ - γκ - γγ - τσ - τζ
2. Accentuation A:
   Basic rules
3. Accentuation B:
   Accentuation of vowel digraphs αι - οι - ει - ου
   Accentuation of vowel combinations αυ & ευ
4. Punctuation
5. Types of handwriting

ΒΗΜΑ 2	Σελίδες 41-56

1. Τα φωνήεντα α - ε - ι - η - υ - ο - ω
2. Τα δίψηφα φωνήεντα αι - οι - ει - ου
3. Οι συνδυασμοί αυ & ευ
4. Ελληνογενείς λέξεις σε ξένες γλώσσες
5. Ελληνικές λέξεις από ξένες γλώσσες

STEP 2	Pages 41-56

1. Simple vowels α - ε - ι - η - υ - ο - ω
2. Vowel digraphs αι - οι - ει - ου
3. Vowel combinations αυ & ευ
4. Greek words in foreign languages
5. Greek words of foreign origin

ΒΗΜΑ 3	Σελίδες 57-76

1. Τα απλά σύμφωνα σε συνδυασμό με απλά και δίψηφα φωνήεντα
2. Τα σύμφωνα κ - γ - χ πριν από /e/ ή /i/
3. Το οριστικό άρθρο και τα τρία γένη των ονομάτων
4. Διάκριση ανάμεσα στα σύμφωνα
   π - β - φ / τ - δ - θ / κ - γ - χ / σ - ζ / δ - ζ / δ - θ / ξ - ψ / φ - θ

STEP 3	Pages 57-76

1. The simple consonants in combination with simple vowels and vowel digraphs
2. The consonants κ - γ - χ followed by /e/ or /i/
3. The definite article and the three genders of nouns
4. Distinction among the consonants
   π - β - φ / τ - δ - θ / κ - γ - χ / σ - ζ / δ - ζ / δ - θ / ξ - ψ / φ - θ

ΒΗΜΑ 4	Σελίδες 77-96

1. Τα δίψηφα σύμφωνα μπ - ντ - τσ - τζ - γγ - γκ - γχ
2. Απλά και δίψηφα σύμφωνα πριν από άτονο /i/ + φωνήεν
3. Τονισμός Γ:
   Ο εγκλιτικός τόνος
4. Διάκριση ανάμεσα στα σύμφωνα και στα δίψηφα σύμφωνα μπ - β / ντ - δ / γκ - γ - γγ

STEP 4	Pages 77-96

1. Consonant digraphs μπ - ντ - τσ - τζ - γγ - γκ - γχ
2. Simple consonants and consonant digraphs followed by unaccented /i/ + vowel
3. Accentuation C:
   Enclitics
4. Distinction between consonants and consonant digraphs μπ - β / ντ - δ / γκ - γ - γγ

ΒΗΜΑ 5	Σελίδες 97-121

1. Συνδυασμοί συμφώνων
2. Τονισμός Δ:
   Τονισμός δίψηφων φωνηέντων με διαλυτικά
3. Διάκριση ανάμεσα στα σύμφωνα
   κ - γ - χ / τ - δ - θ / π - β - φ / θ - φ

STEP 5	Pages 97-121

1. Consonant combinations
2. Accentuation D:
   Accentuation of vowel digraphs with dieresis
3. Distinction among the consonants
   κ - γ - χ / τ - δ - θ / π - β - φ / θ - φ

4. Διάκριση ανάμεσα στα απλά και δίψηφα σύμφωνα μπ - β / ντ - δ, τ / γκ - γ, τ 5. Διαφορετική προφορά του συμφώνου σ σ, s = [s] σ, s = [z]	4. Distinction among the simple consonants and the consonant digraphs μπ - β / ντ - δ, τ / γκ - γ, τ 5. Double pronunciation of the consonant σ σ, s = [s] σ, s = [z]

ΠΑΡΑΡΤΗΜΑΤΑ Σελίδες 122-147   **APPENDIX** Pages 122-147

1. Επαναληπτική ανάγνωση
2. Ελληνογενείς λέξεις σε ξένες γλώσσες
3. Χώρες
4. Αριθμοί
5. Λύσεις ασκήσεων
6. Λεξιλόγιο
7. Η προφορά της ελληνικής γλώσσας
   Το διεθνές φωνητικό αλφάβητο

1. Revision of reading
2. Greek words in foreign languages
3. Countries
4. Numbers
5. Answer keys
6. Greek - English vocabulary
7. Greek language pronunciation
   The International Phonetic Alphabet

Βήμα 1 εισαγωγικό κεφάλαιο
Step 1 introduction chapter

Παναγιώτης Τέτσης
"Λαϊκή αγορά"

Panayiotis Tetsis
"Open market"

Προφορά / Pronunciation
Γραφή / Writing
Ανάγνωση / Reading
Τονισμός / Accentuation
Ασκήσεις / Exercises

1. **Γενική παρουσίαση**

a. Τα 24 γράμματα του ελληνικού αλφάβητου
β. Οι συνδυασμοί γραμμάτων
   - Δίψηφα φωνήεντα αι - οι - ει - ου
   - Συνδυασμοί αυ & ευ
   - Δίφθογγοι
   - Δίψηφα σύμφωνα
     μπ - ντ - γκ - γγ - τσ - τζ

2. **Τονισμός Α:**
   Βασικοί κανόνες

3. **Τονισμός Β:**
   - Τονισμός δίψηφων φωνηέντων
   - Τονισμός συνδυασμών φωνηέντων

4. **Στίξη**

5. **Χειρόγραφες μορφές γραμμάτων**

1. **General presentation**

a. The 24 letters of the Greek alphabet
b. Combinations of letters
   - Vowel digraphs αι - οι - ει - ου
   - Combinations αυ & ευ
   - Diphthongs
   - Consonant digraphs
     μπ - ντ - γκ - γγ - τσ - τζ

2. **Accentuation A:**
   Basic rules

3. **Accentuation B:**
   - Accentuation of vowel digraphs
   - Accentuation of vowel combinations

4. **Punctuation**

5. **Types of handwriting**

Βήμα 1 / Step 1

Το ελληνικό αλφάβητο
The greek alphabet

Το ελληνικό αλφάβητο έχει 24 γράμματα (17 σύμφωνα και 7 φωνήεντα)

There are 24 letters in the Greek alphabet (17 consonants and 7 vowels)

1.1 Ακούστε. Listen.

Α α /a/ Άλφα [alfa]*	**Β β** /v/ Βήτα [vita]	**Γ γ** /γ/ Γάμα [γama]	**Δ δ** /ð/ Δέλτα [ðelta]	**Ε ε** /e/ Έψιλον [epsilon]	**Ζ ζ** /z/ Ζήτα [zita]
Η η /i/ Ήτα [ita]	**Θ θ** /θ/ Θήτα [θita]	**Ι ι** /i/ Γιώτα [jota]	**Κ κ** /k/ Κάππα [kapa]	**Λ λ** /l/ Λάμδα [lamða]	**Μ μ** /m/ Μι [mi]
Ν ν /n/ Νι [ni]	**Ξ ξ** /ks/ Ξι [ksi]	**Ο ο** /o/ Όμικρον [omikron]	**Π π** /p/ Πι [pi]	**Ρ ρ** /r/ Ρο [ro]	**Σ σ s** /s/ Σίγμα [siγma]
Τ τ /t/ Ταυ [taf]	**Υ υ** /i/ Ύψιλον [ipsilon]	**Φ φ** /f/ Φι [fi]	**Χ χ** /x/ Χι [çi]	**Ψ ψ** /ps/ Ψι [psi]	**Ω Ω ω** /o/ Ωμέγα [omeγa]

* *Στη φωνητική γραφή κάθε λέξης το τονισμένο φωνήεν σημειώνεται με μπλε χρώμα. Σχετικά με τον τονισμό στην ελληνική γλώσσα, βλέπε Τονισμός Α.*
In the phonetic writing of each word, the accented vowel is printed in blue colour. For the accentuation in Greek language see Accentuation A.

✓ Τα σύμφωνα **ξ** & **ψ** ονομάζονται **διπλά** σύμφωνα (ξ = κ + σ, ψ = π + σ).
   The consonants **ξ** & **ψ** are called **double** consonants (ξ = κ + σ, ψ = π + σ).

✓ Το **σ** στο τέλος της λέξης γράφεται **s**.
   The letter **σ** is written as **s** at the end of the word.

1.2 Βάλτε ένα σταυρό στα γράμματα του ελληνικού αλφαβήτου που διαφέρουν από αυτά της γλώσσας σας.
Put a cross under the Greek letters which are different from the Latin ones.

Α	Β	Γ	Δ	Ε	Ζ	Η	Θ	Ι	Κ	Λ	Μ	Ν	Ξ	Ο	Π	Ρ	Σ	Τ	Υ	Φ	Χ	Ψ	Ω
	✗	✗			✗		✗			✗		✗	✗			✗	✗		✗			+	✗

α	β	γ	δ	ε	ζ	η	θ	ι	κ	λ	μ	ν	ξ	ο	π	ρ	σ	τ	υ	φ	χ	ψ	ω
✗	✗	✗	✗	✗	✗	·	✗		✗	✗	✗		✗			✗	✗	✗		✗	✗	+	✗

✓ Τα ακόλουθα 4 κεφαλαία γράμματα Β, Η, Ρ, Χ έχουν την ίδια μορφή και στα δύο αλφάβητα αλλά προφέρονται διαφορετικά.
   B = /v/   H = /i/   P = /r/   X = /x/
   Π.χ.: βάζο [**v**azo], ημέρα [**i**mera], ράβω [**r**avo], χαρά [**x**ara].

   The following 4 capital letters B, H, P, X have the same form in both alphabets, but are pronounced differently.
   B = /v/   H = /i/   P = /r/   X = /x/
   Ex.: βάζο [**v**azo] vase, ημέρα [**i**mera] day, ράβω [**r**avo] I sew, χαρά [**x**ara] joy.

Πίνακας προφοράς
Pronunciation table

1.3 Ακούστε. Listen.

Γραφή	Προφορά	Παράδειγμα	Μετάφραση	Προφορά	Προφορά κατά προσέγγιση
Writing	Pronunciation	Example	Translation	Pronunciation	Similar pronunciation
Α α	[a]	Αθήνα	Athens	[aθina]	Athens
Β β	[v]	βάζο	vase	[vazo]	vase
Γ γ	[γ]	γάτα	cat	[γata]	wood
Δ δ	[ð]	δώρο	gift	[ðoro]	there
Ε ε	[e]	Ελλάδα	Greece, Hellas	[elaða]	ever
Ζ ζ	[z]	ζώο	animal	[zoo]	zoo
Η η	[i]	ήρωας	hero	[iroas]	police
Θ θ	[θ]	θέατρο	theatre	[θeatro]	theatre
Ι ι	[i]	Ιταλία	Italy	[Italia]	police
Κ κ	[k]	κάρτα	card	[karta]	card
Λ λ	[l]	λογότυπος	logo	[loγotipos]	logotype (logo)
Μ μ	[m]	μέτρο	metre	[metro]	metre
Ν ν	[n]	νεολιθικός	neolithic	[neoliθikos]	neolithic
Ξ ξ	[ks]	ταξί	taxi	[taksi]	taxi
Ο ο	[o]	μονότονος	monotonous	[monotonos]	ode
Π π	[p]	πρόβλημα	problem	[provlima]	problem
Ρ ρ	[r]	Ρώμη	Rome	[Romi]	Rome
Σ σ ς	[s]	σαλάτα	salad	[salata]	salad
Τ τ	[t]	τηλέφωνο	telephone	[tilefono]	telephone
Υ υ	[i]	ύπνος	sleep	[ipnos]	police
Φ φ	[f]	φως	light	[fos]	farm
Χ χ	[x]	χώρα	country	[xora]	apartheid
Ψ ψ	[ps]	ραψωδία	rhapsody	[rapsoðia]	rhapsody
Ω ω	[o]	ωδή	ode, song	[oði]	ode

1.4 Ταιριάξτε τα ΚΕΦΑΛΑΙΑ με τα πεζά. Match the CAPITAL letters with the lower case.

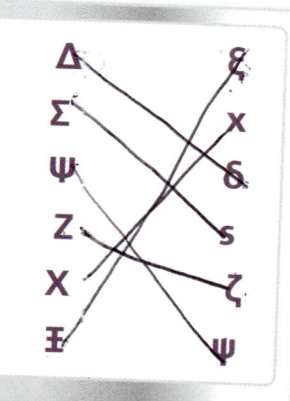
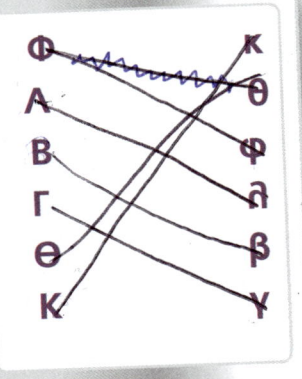

Ένα βήμα εμπρός
One step forward

Ο πίνακας προφοράς 1.5 συμπληρώνει τον πίνακα προφοράς 1.3 με κάποιες επιπλέον ιδιαιτερότητες (σε σκούρο φόντο).

Table 1.5 complements Table 1.3 with some additional pronunciation peculiarities (in darker background).

1.5 🎧 Ακούστε την προφορά των λέξεων που είναι σε σκούρο φόντο.
Listen to the pronunciation of the words which appear in the darker background.

Γραφή / Writing	Προφορά / Pronunciation	Παράδειγμα / Example	Μετάφραση / Translation	Προφορά / Pronunciation	Προφορά κατά προσέγγιση / Similar pronunciation
Α α	[a]	Αθήνα	Athens	[aθina]	Athens
Β β	[v]	βάζο	vase	[vazo]	vase
	[vj][1]	βιολί	violin	[vjoli]	violin
Γ γ	[γ]	γάτα	cat	[γata]	wood
	[j][2]	γέλιο	laugh, laughter	[jeʎo]	yellow
	[j][1]	γιαγιά	grandmother	[jaja]	yard
	[ŋ]	έλεγξα	I checked	[eleŋksa]	anxious there
Δ δ	[ð]	δώρο	present, gift	[ðoro]	the apple
	[ðj][1]	διαβάζω	I read	[ðjavazo]	ever
Ε ε	[e]	Ελλάδα	Greece, Hellas	[elaða]	ever
Ζ ζ	[z]	ζώο	animal	[zoo]	zoologist
	[zj][1]	γαλάζιος	light blue	[γalazjos]	zeal
Η η	[i]	ήρωας	hero	[iroas]	police
Θ θ	[θ]	θέατρο	theatre	[θeatro]	theatre
	[θς][1]	παραμύθια	fairy tales	[paramiθςa]	-
Ι ι	[i]	Ιταλία	Italy	[Italia]	police
Κ κ	[k]	κάρτα	card	[karta]	card
	[c][2]	κιλό	kilo	[cinito]	kilo
	[c][1]	κακιά	bad, evil	[kaca]	-
Λ λ	[l]	λογότυπος	logo	[loγotipos]	logotype (logo)
	[ʎ][1]	ήλιος	sun	[iʎos]	lukewarm
Μ μ	[m]	μέτρο	meter	[metro]	meter
	[mp][1]	καλαμιά	reed	[kalampa]	music
	[ɱ]	εμβαδόν	area (in geometry)	[eɱvaðon]	empire
Ν ν	[n]	νεολιθικός	neolithic	[neoliθikos]	neolithic
	[ɲ]	νιάτα	youth	[ɲata]	new
	[ŋ]	άνθος	flower, blossom	[aŋθos]	anthem
Ξ ξ	[ks]	ταξί	taxi	[taksi]	taxi
	[ksς][1]	μοναξιά	loneliness	[monaksςa]	looks young
Ο ο	[o]	μονότονος	monotonous	[monotonos]	ode
Π π	[p]	πρόβλημα	problem	[provlima]	problem
	[pς][1]	πιάνο	piano	[pςano]	piano
Ρ ρ	[r]	Ρώμη	Rome	[Romi]	Rome
	[rj][1]	ζυγαριά	scales	[ziγarja]	various
Σ σ ς	[s]	σαλάτα	salad	[salata]	salad
	[sς][1]	νησιά	islands	[nisςa]	dementia
	[z][3]	κοσμικός	social, cosmic	[kozmikos]	cosmic
Τ τ	[t]	τηλέφωνο	telephone	[tilefono]	telephone
	[tς][1]	χαρτιά	papers	[xartςa]	tiara
Υ υ	[i]	ύπνος	sleep	[ipnos]	police
Φ φ	[f]	φως	light	[fos]	farm
	[fς][1]	ομορφιά	beauty	[omorfςa]	future
Χ χ	[x]	χώρα	country	[xora]	apartheid
	[ç][2]	χέρι	hand	[çeri]	here
	[ç][1]	χιόνι	snow	[çoni]	-
Ψ ψ	[ps]	ραψωδία	rhapsody	[rapsoðia]	rhapsody
	[psς][1]	ανιψιά	niece	[anipsςa]	option
Ω ω	[o]	ωδή	ode, song	[oði]	ode

ΠΡΟΣΟΧΗ!
1. Πριν από /i/ άτονο ακολουθούμενο από φωνήεν.
2. Όταν το σύμφωνο ακολουθείται από /e/ ή /i/.
3. Πριν από τα ακόλουθα ηχηρά σύμφωνα: β, γ, δ, λ, μ, ν, ρ.

Οι περιπτώσεις 1 – 3 μελετώνται αναλυτικά στα κεφάλαια 3, 4 & 5 αντιστοίχως.

ATTENTION!
1. Before an unaccented /i/ followed by a vowel.
2. When the consonant is followed by /e/ or /i/.
3. Before the following voiced consonants: β, γ, δ, λ, μ, ν, ρ.

The cases 1-3 are presented in detail in the chapters 3, 4 & 5 respectively.

1.6 Γράψτε το αλφάβητο.   Write the alphabet.

Βήμα 1
Step 1

α   β   γ   δ
ε   ζ   η   θ
ι   κ   λ   μ
ν   ξ   ο   π
ρ   σ ς τ   υ
φ   χ   ψ   ω

Α   Β   Γ   Δ
Ε   Ζ   Η   Θ
Ι   Κ   Λ   Μ
Ν   Ξ   Ο   Π
Ρ   Σ   Τ   Υ
Φ   Χ   Ψ   Ο

Βήμα 1
Step 1

1.7 Αντιγράψτε τις λέξεις και μετά διαβάστε τες.
Copy the following words and then read them.

1. βάζο — vase
2. κινητό — mobile phone 
3. τηλέφωνο — telephone 
4. ψάρι — fish 
5. σαλάτα — salad 
6. γάτα — cat 
7. δώρο — present, gift 
8. ταξί — taxi 
9. Ελλάδα — Greece 
10. Ινδία — India 
11. ύπνος — sleep 
12. Αθήνα — Athens
13. θέατρο — theatre
14. ζώο — animal 
15. κάρτα — card 

1.8 Γράψτε με κεφαλαία γράμματα τις λέξεις. Write in capital letters the words of the labels or signs.

μαρμελάδα
φρούτα
του δάσους
& (και) μέλι

forest fruit jam and honey

η πόλη μου
με ποδήλατο

my city by bike

1.9.α. Τονισμός Α: Βασικοί κανόνες
Accentuation A: Basic rules

Βήμα 1
Step 1

Στα ελληνικά, στις **πολυσύλλαβες** λέξεις, μία συλλαβή* προφέρεται έναν τόνο ψηλότερα και τονίζεται. Ο τόνος σημειώνεται πάνω από το φωνήεν της τονισμένης συλλαβής. Μόνο οι τρεις τελευταίες συλλαβές μιας λέξης μπορούν να τονιστούν. Αρχίζοντας από το τέλος της λέξης, οι τρεις τελευταίες συλλαβές ονομάζοντα :

🎧 Ακούστε τα **παραδείγματα**.
Λήγουσα: αγο**ρά**
Παραλήγουσα: **δώ**ρο
Προπαραλήγουσα: **θά**λασσα

Στις **μονοσύλλαβες** λέξεις ο τόνος δε σημειώνεται εκτός από μερικές εξαιρέσεις, όπως τα ερωτηματικά: **Πώς**; **Πού**; και το διαζευκτικό **ή**. Π.χ.: με, **ποιος**;
Αλλά: **Πώς** είσαι; **Πού** πας; Μήλο **ή** πορτοκάλι;

Όταν γράφουμε μόνο με κεφαλαία γράμματα δε βάζουμε τόνο. Π.χ.: ΕΙΣΟΔΟΣ, ΕΞΟΔΟΣ

Ο τόνος όμως σημειώνεται και σε κεφαλαίο γράμμα, όταν αυτό είναι το πρώτο γράμμα λέξης γραμμένης με πεζά.
Π.χ.: **Έ**ξοδος. **Ό**ταν σε βλέπω…

* Συλλαβή μπορεί να είναι:
α. ένα φωνήεν ή δίψηφο μόνο του. Π.χ.: ο, οι
β. ένα, δύο, τρία σύμφωνα και ένα φωνήεν ή δίψηφο φωνήεν. Π.χ.: το, στο, ά-σπρο, νοί-κι, φρού-το, έ-θνος, Άν-να, άν-θος, άν-δρας, α-ριθ-μός, θά-λασ-σα.

In Greek, in the **polysyllable** words, one syllable* is pronounced with more emphasis than the others. The accent is written above the vowel of this syllable. Only the last three syllables of a word can be accented. Starting from the end of the word, the last three syllables are named:

🎧 Listen to the examples.
Final syllable: αγο**ρά** (market)
Penultimate: **δώ**ρο (gift)
Antepenultimate: **θά**λασσα (sea)

Monosyllable words are generally not accented apart from a few exceptions as the interrogative adverbs: **Πώς**; (How?), **Πού**; (Where?) and the disjunctive conjunction **ή** (or).
E.g.: με (by/with), **ποιος**; (who?)
But: **Πώς** είσαι; (How are you?), **Πού** πας; (Where are you going?), Μήλο **ή** πορτοκάλι; (An apple or an orange?)

When we write using capital letters only, we don't put accents. E.g.: ΕΙΣΟΔΟΣ (ENTRY), ΕΞΟΔΟΣ (EXIT)

However, we put accent on the first capital vowel of a word written in lower case.
E.g.: **Έ**ξοδος (Exit). **Ό**ταν σε βλέπω… (When I see you…)

* A syllable may be.
a) a vowel or a vowel digraph by itself.
  E.g.: o (the, singular), οι (the, plural)
b) one, two, three consonants and a vowel or a vowel digraph..
E.g. το (he, singular), στο (at the), ά-σπρο (white), νοί-κι (rent), φρού-το (fruit), έ-θνος (nation), Αν-να (Anna), άν-θος (flower), άν-δρας (man), α-ριθ-μός (number), θά-λασ-σα (sea).

1.9 🎧 **α. β. Ακούστε και τονίστε τις παρακάτω λέξεις.** Listen to the following words and put accents.

α.	ζωολογια zoology	ηρωας hero	λογοτυπος logo	φαρμα farm	μονοτονος monotonous
β.	χωρα country	νεολιθικος neolithic	ραψωδια rhapsody	βιολι violin	γιαουρτι yogurt
γ.	ωδη ode	διαβαζω I read	δωρο gift	γαλαζιο light blue	ζυγαρια scales
δ.	αληθεια truth	νησια islands	χερι hand	προβλημα problem	πιανο piano

βιολί

πιάνο

1.10 ✏️ 🎧 **ά** Γράψτε με πεζά ό,τι βλέπετε γραμμένο με κεφαλαία και με κεφαλαία γράμματα ό,τι βλέπετε με πεζά. Στη συνέχεια, ακούστε και τονίστε.
Rewrite the text in the other case (from capital to lower case or vice versa). Then, listen and put accents.

Welcome to Greece

PROGRAMME SUN AND WIND

* Ελλάδος: Λογιότερη μορφή της γενικής Ελλάδας. Και οι δύο μορφές χρησιμοποιούνται τώρα.

* Ελλάδος: Purist form of the genitive Ελλάδας. They are both in use nowadays.

NATIONAL BANK OF GREECE

Βήμα 1 / Step 1

Συνδυασμοί γραμμάτων
Letter combinations

1.11 🎧 Ακούστε. Listen.

α. Δίψηφα φωνήεντα
a. Vowel digraphs

Δύο γράμματα (φωνήεντα) που αντιστοιχούν σε ένα φθόγγο (φωνήεν).
Two letters (vowels) which represent a single sound (vowel).

αι	ει	οι	ου
/ e /	/ i /	/ i /	/ u /

✓ Συναντάται επίσης, αλλά πολύ σπάνια, το δίψηφο φωνήεν **υι**. Πχ.: υιοθετώ [ioθetο], υιοθεσία [ioθesia].
  The digraph **υι**, may also occur, but very rarely. Ex.: υιοθετώ [ioθetο] adopt, υιοθεσία [ioθesia] adoption.

Γραφή / Writing	Προφορά / Pronunciation	Παράδειγμα / Example	Μετάφραση / Translation	Προφορά / Pronunciation	Προφορά κατά προσέγγιση / Similar pronunciation
Αι αι	[e]	αίμα*	blood	[ema]	aesthetic, ever
		αισθητική	aesthetics	[esθitici]	
Οι οι	[i]	οικονομία	economy	[ikonomia]	police
		οικογένεια	family	[ikojenia]	
Ει ει	[i]	είμαι	I am	[ime]	
		κλειδί	key	[kliði]	
Ου ου	[u]	ουρανός	sky	[uranos]	zoo
		λουλούδι	flower	[luluði]	

β. Συνδυασμοί αυ και ευ
b. Combinations αυ & ευ

Δύο γράμματα (φωνήεντα) που αντιστοιχούν σε δύο φθόγγους (φωνήεν + σύμφωνο).
Two letters (vowels) which represent two sounds (vowel + consonant).

αυ / ευ	αυ / ευ
/ av / ή / ev /	/ af / ή / ef /
Μπροστά από φωνήεν και τα ηχηρά σύμφωνα: β, γ, δ, ζ, λ, μ, ν, ρ When followed by a vowel or a voiced consonant: β, γ, δ, ζ, λ, μ, ν, ρ	Μπροστά από τα άηχα σύμφωνα: θ, κ, ξ, π, σ, τ, φ, χ, ψ When followed by a voiceless consonant: θ, κ, ξ, π, σ, τ, φ, χ, ψ

ΑΥ αυ	[av]	σαύρα*, θαύμα	lizard, miracle	[savra], [θavma]	Bavaria
		Αύγουστος, αύριο	August, tomorrow	[avγustos], [avrio]	available
ΕΥ ευ	[ev]	Ευρώπη, γεύμα	Europe, meal	[evropi], [jevma]	ever
		Παρασκευή	Friday	[paraskevi]	
ΑΥ αυ	[af]	αυτοκίνητο, αυτί	car, ear	[aftocinito], [afti]	afternoon
ΕΥ ευ	[ef]	ευχαριστώ	thank you	[efxaristo]	effort
		πεύκο, Δευτέρα	pine-tree, Monday	[pefko], [ðeftera]	

✓ Ας σημειωθεί ότι υπάρχει και ο συνδυασμός **ηυ**, ο οποίος ωστόσο απαντάται πολύ σπάνια. Π.χ.: διηύθυνα [ðiifθina], απηύδησα [apivðisa].
  It has to be mentioned that the combination **ηυ**, also exists, but it occurs very rarely. E.g.: διηύθυνα [ðiifθina] I directed/managed, απηύδησα [apivðisa] I had enough.

* Για τον τονισμό συνδυασμών φωνηέντων: Βλέπε Τονισμός Β.   For the accentuation of the vowel combinations see Accentuation B.

Βήμα 1 / Step 1

γ. Δίφθογγοι / c. Diphthongs

Δύο φωνήεντα που προφέρονται σε μία συλλαβή αποτελούν μία δίφθογγο.
Π.χ.: κορόιδο, αηδόνι, γάιδαρος.

Two vowels that are pronounced as a single syllable make a diphthong.
E.g.: κορόιδο (fool), αηδόνι (nightingale), γάιδαρος (donkey).

δ. Δίψηφα σύμφωνα / d. Consonant digraphs

Δύο γράμματα (σύμφωνα) που αντιστοιχούν σε ένα φθόγγο (σύμφωνο).
Two letters (consonants) that represent a single sound (consonant).

μπ / b /	ντ / d /	τζ / dz /	τσ / ts /	γκ / g /	γγ / g /

ΜΠ μπ	[b]	μπίρα, μπλούζα	beer, blouse	[bira], [bluza]	beer, blouse
ΝΤ ντ	[d]	ντόμινο, ντομάτα	domino, tomato	[domino], [domata]	domino
ΤΖ τζ	[dz]	τζιπ, τζίτζικας	jeep, cicada	[dzip], [dzidzikas]	loads, beads
ΤΣ τσ	[ts]	τσέπη	pocket	[tsepi]	its, cats
ΓΚ γκ	[g]	γκαρσόνι	waiter	[garsoni]	good
ΓΓ γγ	[g]	φεγγάρι	moon	[fegari]	ugly

* Για περισσότερα σχετικά με τα μπ, ντ, τζ, τσ, γκ, γγ: Βλέπε ΒΗΜΑ 4.
For more details on μπ, ντ, τζ, τσ, γκ, γγ: See STEP 4.

1.12 Αντιγράψτε τις λέξεις και μετά διαβάστε τες.
Copy the words and then read them.

1. σαύρα — lizard
2. μπίρα — beer
3. αυτί — ear
4. τζιπ — jeep
5. Ευρώπη — Europe
6. είμαι Έλληνας — I am Greek
7. ντόμινο — domino
8. οικονομία — economy
9. φεγγάρι — moon
10. ουρανός — sky

11. γκαρσόνι — waiter
12. αυτοκίνητο — car 
13. ομπρέλα — umbrella 
14. κορίτσι — girl 
15. τσέπη — pocket 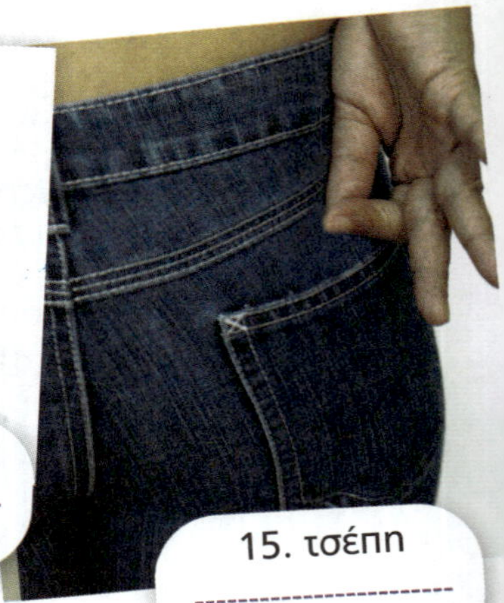
16. οικογένεια — family 
17. λουλούδι — flower 
18. κλειδί — key 
19. σημαία — flag 
20. μαχαίρι — knife 

Ένα βήμα εμπρός
σχετικά με τους συνδυασμούς συμφώνων

One step forward
in consonant combinations

Πέρα από τα παραπάνω δίψηφα σύμφωνα υπάρχει και ο συνδυασμός γx (μόνο στο μέσον της λέξης).

Apart from the above mentioned consonant digraphs, the combination γx also exists (only in the middle of a word).

γx
/ ŋx / ή / ŋç /

Το **γx** κατά κανόνα αντιστοιχεί σε δύο φθόγγους και προφέρεται ως [ŋx] ή [ŋç].
Π.χ.: άγxος [aŋxos], συγxωρώ [siŋxoro], εγxείρηση [eŋçirisi].

The combination **γx**, as a rule, represents two sounds and is pronounced as [ŋx] or [ŋç].
E.g.: άγxος [aŋxos] stress, συγxωρώ [siŋxoro] I forgive, εγxείρηση [eŋçirisi] operation/surgery.

1.13 Ακούστε. Listen.

γx	[ŋx]	άγxος, αγxώδης	stress, stressed	[aŋxos],[aŋxoðis]	
		συγxωρώ	I forgive	[siŋxoro]	**in**hospitable
		συγxαρητήρια	congratulations	[siŋxaritiria], [siŋxoro]	
		μελαγxολία	melancholy	[melaŋxolia]	
	[ŋç]*	εγxείρηση	operation/surgery	[eŋçirisi]	**in**human

* Όταν ακολουθεί /e/ ή /i/. When /e/ or /i/ follows.

Τονισμός Β: Τονισμός δίψηφων φωνηέντων & συνδυασμών φωνηέντων
Accentuation B: Accentuation of vowel digraphs & of vowel combinations

Βήμα 1 / Step 1

Όταν ο συνδυασμός φωνηέντων τονίζεται, ο τόνος μπαίνει πάντα πάνω από το δεύτερο φωνήεν.
Π.χ.: αίμα, είμαι, ποίημα, πεύκο, παύση, αύριο.

Ο συνδυασμός φωνηέντων παύει να λειτουργεί ως συνδυασμός:
1) όταν τονίζεται το πρώτο φωνήεν.
Π.χ.: ρολόι [roloi], μέιλ [meil].
2) όταν υπάρχουν διαλυτικά(¨) πάνω από το δεύτερο. Π.χ.: λαϊκή [laici], φαΐ [fai].

When a vowel combination is accented, the accent is written always above the second vowel.
E.g.: αίμα (blood), είμαι (I am), ποίημα (poem), πεύκο (pine tree), παύση (stop/pause), αύριο (tomorrow).

The vowel combination is not considered as a combination:
1) when the accent is written on the first vowel.
   E.g.: ρολόι [roloi] watch/clock, μέιλ [meil] mail.
2) When dieresis (¨) is written above the second vowel.
   E.g.: λαϊκή [laici] open market, φαΐ [fai] food.

In these two cases the vowels are pronounced separately.

1.14 Ακούστε και τονίστε. Listen and put the accents.

φρούτο
fruit

A.	Αυγουστος (August)	ειμαι (I am)	μειλ (mail)	πλουτος (wealth)
B.	λουλουδι (flower)	σαυρα (lizard)	αιμα (blood)	θαυμα (miracle)
Γ.	ρολοι (watch, clock)	αυριο (tomorrow)	ωδειο (conservatory)	πευκο (pine tree)
Δ.	φρουτο (fruit)	Ευα (Eυα)	Αιγυπτος (Egypt)	μπλουζα (blouse)

1.15 Γράψτε με πεζά ό,τι βλέπετε γραμμένο με κεφαλαία γράμματα και με κεφαλαία ό,τι βλέπετε γραμμένο με πεζά. Στη συνέχεια ακούστε και συμπληρώστε τους τόνους που λείπουν.
Rewrite the text in the other case (from capital to lower case or vice versa). Then, listen and put accents.

① ΗΡΩΔΕΙΟ
HERODEION (Odeon of Herodes Atticus)

② καλοκαιρι 2010 πλουτος ΑΡΙΣΤΟΦΑΝΗ
Summer 2010 *Plutus* (by) Aristophanes

③ MEDITERRANEAN SOS

http://en.wikipedia.org/wiki/Odeon_of_Herodes_Atticus
http://medsos.gr/medsos/medsos-network.html

Βήμα 1 / Step 1

Χειρόγραφες μορφές γραμμάτων
Types of handwriting

Σε ένα χειρόγραφο κείμενο μπορεί να βρεθούν διαφορετικοί τρόποι γραφής των γραμμάτων.
Various types of letter formation may appear in a handwritten text.

Προσέξτε ιδιαιτέρως:
Attention:

αλλά και = but also

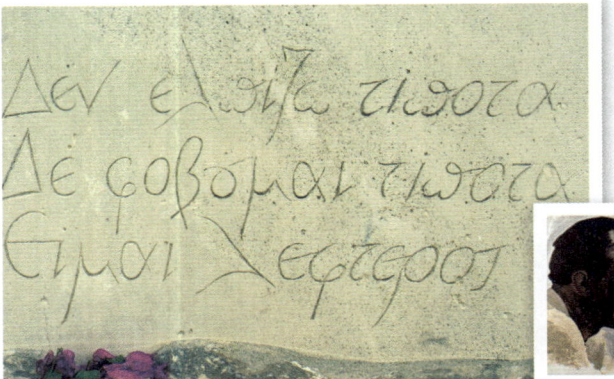

« Δεν ελπίζω τίποτα. Δε φοβάμαι τίποτα. Είμαι λέφτερος.* »
Γραμμένο πάνω στην επιτύμβια πλάκα στον τάφο του Νίκου Καζαντζάκη (συγγραφέας, 1883-1957)

« I hope nothing. I fear nothing. I am free. »
Written on Nikos Kazantzakis' tombstone.
Nikos Kazantzakis (writer, 1883-1957)

* λέφτερος = ελεύθερος (free)

http://www.amis-kazantzaki.gr/
http://www.kazantzakis-museum.gr/

1.16 🎧 ✏️ Ακούστε το κείμενο. Γράψτε το με κεφαλαία.
Listen to the text. Rewrite it in capital letters.

Shopping! Kosta, get: thyme for the fish, zucchini (1 kilo), milk (two bottles), bread, the child from school!!! Kisses xx

1.17.α. Στίξη / Punctuation

Βήμα 1 / Step 1

Στην ελληνική γλώσσα τα βασικά σημεία της στίξης είναι τα εξής:
Η τελεία: **.**   Η άνω τελεία: **·**   Το κόμμα: **,**   Το ερωτηματικό: **;**   Το θαυμαστικό: **!**

In Greek language the most common punctuation marks are:
the full stop: **.** the semicolon: **·** the comma: **,**
the question mark: **;** the exclamation mark: **!**

Pay attention:
In Greek, the question mark is written with a semicolon [;], whereas the semicolon is written with an upper dot [·].

Ακούστε τα παραδείγματα.

Π.χ.: ✓ Είμαι η Ελένη Παπαδοπούλου.
 ✓ Πού πας;
 ✓ Πάω στην Αθήνα, την πρωτεύουσα της Ελλάδας.
 ✓ Τι ωραία μέρα!
 ✓ Έφτασα αργά χτες το βράδυ στη Σύρο· το νησί αυτό το λατρεύω.

Listen to the examples.

Eg.: ✓ I am Eleni Papadopoulou.
 ✓ Where are you going?
 ✓ I'm going to Athens, the capital of Greece.
 ✓ What a nice day!
 ✓ I arrived in Syros late last night; I love this island.

Σύρος / Syros

1.17 β. Ακούστε τις φράσεις και συμπληρώστε τα σημεία της στίξης.
(Η μετάφραση των φράσεων βρίσκεται στη λύση 1.17.β).

b. Listen and punctuate the sentences.
(For the translation of the phrases, see the answer key 1.17.b.)

α.	Τι ωραίο λουλούδι
β.	Πώς είσαι
γ.	Πάμε στη Μύκονο ένα πολύ ωραίο νησί
δ.	Πήγα στην Ιταλία αυτή τη χώρα την αγαπώ πάρα πολύ
ε.	Τι κάνεις
ζ.	Είμαι η Μαρία η κόρη του Νικήτα
η.	Τι ωραίο φόρεμα Καινούργιο
θ.	Χτες είδα τον Πέτρο είχα να τον δω χρόνια

Μύκονος / Mykonos

φόρεμα / dress

1.18 Ακούστε τις μέρες της εβδομάδας και πείτε τες γράμμα-γράμμα. Π.χ.: μέρα: μι/έψιλον/ρο/άλφα.
Listen to the days of the week and spell them. E.g.: μέρα (day): μι/έψιλον/ρο/άλφα.

Τι μέρα είναι σήμερα;
What day is it today?

Σήμερα είναι Δευτέρα.
Today is Monday.

Εβδομαδιαίο πλάνο / Weekly planner

ΔΕΥΤΕΡΑ / MONDAY
ΤΡΙΤΗ / TUESDAY
ΤΕΤΑΡΤΗ / WEDNESDAY
ΠΕΜΠΤΗ / THURSDAY
ΠΑΡΑΣΚΕΥΗ / FRIDAY
ΣΑΒΒΑΤΟ / SATURDAY
ΚΥΡΙΑΚΗ / SUNDAY

Βήμα 1
Step 1

1.19 Ακούστε τις φράσεις. Ζητήστε από κάποιον να σας πει το όνομά του. Αν δεν καταλαβαίνετε, ζητήστε του να το πει γράμμα-γράμμα. Χρησιμοποιήστε τις ακόλουθες φράσεις.
Listen to the phrases. Ask someone to tell you his name. If you don't understand, ask him to spell it. Use the following phrases.

- Πώς λέγεστε;
- Μάνος Λούρης.
- Δεν καταλαβαίνω. Πιο αργά, παρακαλώ.
- Μά-νος Λού-ρης.
- Δεν καταλαβαίνω. Πώς γράφεται;
- Μι/άλφα/νι/όμικρον/σίγμα Λάμδα/όμικρον/ύψιλον/ρο/ήτα/σίγμα.

- What's your name?
- Manos Louris.
- I don't understand. Could you repeat it slowly, please?
- Ma-nos Lou-ris.
- I don't understand. Could you spell it, please?
- M/a/n/o/s L/o/u/r/i/s.

1.20 α. Ακούστε τους αριθμούς και επαναλάβετέ τους.
a. Listen to the numbers and repeat them.

0	μηδέν	[miðen]	7	επτά, εφτά	[epta], [efta]
1	ένα	[ena]	8	οκτώ, οχτώ	[okto], [oxto]
2	δύο	[ðio]	9	εννέα, εννιά	[enea], [eɲa]
3	τρία	[tria]	10	δέκα	[ðeka]
4	τέσσερα	[tesera]	11	έντεκα	[eŋdeka] & [edeka]
5	πέντε	[peŋde] & [pede]	12	δώδεκα	[ðoðeka]
6	έξι	[eksi]			

β. Διαβάστε τα τηλέφωνα λέγοντας τους αριθμούς έναν-έναν.
b. Read the phone numbers. Say every digit.

Κωδικός Ελλάδας: 0030
area code for Greece

Κωδικός Αθήνας: 210
area code for Athens

Κωδικός Θεσσαλονίκης: 2310
area code for Thessaloniki

210 8087595 (Αθήνα)   Athens

22970 22347 (Αίγινα)   Aegina

27410 56891 (Κόρινθος) Corinth

γ. Γράψτε και διαβάστε τα τηλέφωνά σας (κινητό και σταθερό).
c. Write and read your phone numbers (mobile and home number).

Βήμα 2
Step 2

Γιάννης Τσαρούχης
"Ναύτης που διαβάζει γράμμα"

Yiannis Tsarouhis
"Sailor reading a letter"

Προφορά / Pronunciation
Γραφή / Writing
Ανάγνωση / Reading
Τονισμός / Accentuation
Ασκήσεις / Exercises

1. Τα φωνήεντα
   α – ε – ι – η – υ – ο – ω

2. Τα δίψηφα φωνήεντα
   αι – οι – ει – ου

3. Οι συνδυασμοί αυ & ευ

4. Ελληνογενείς λέξεις σε ξένες γλώσσες

5. Ελληνικές λέξεις από ξένες γλώσσες

1. Simple vowels
   α - ε - ι - η - υ - ο - ω

2. Vowel digraphs
   αι - οι - ει - ου

3. Vowel combinations αυ and ευ

4. Greek words in foreign languages

5. Greek words of foreign origin

Βήμα 2 / Step 2

Απλά και δίψηφα φωνήεντα
Simple vowels and vowel digraphs

2.1 🎧 Ακούστε. Listen.

Τα απλά φωνήεντα **α - ε - ι - η - υ - ο - ω** και τα δίψηφα **αι - οι - ει - ου** αντιστοιχούν σε 5 φθόγγους: /a/-/e/-/i/-/o/-/u/

The simple vowels α - ε - ι - η - υ - ο - ω and the vowel digraphs αι - οι - ει - ου represent five sounds: /a/-/e/-/i/-/o/-/u/

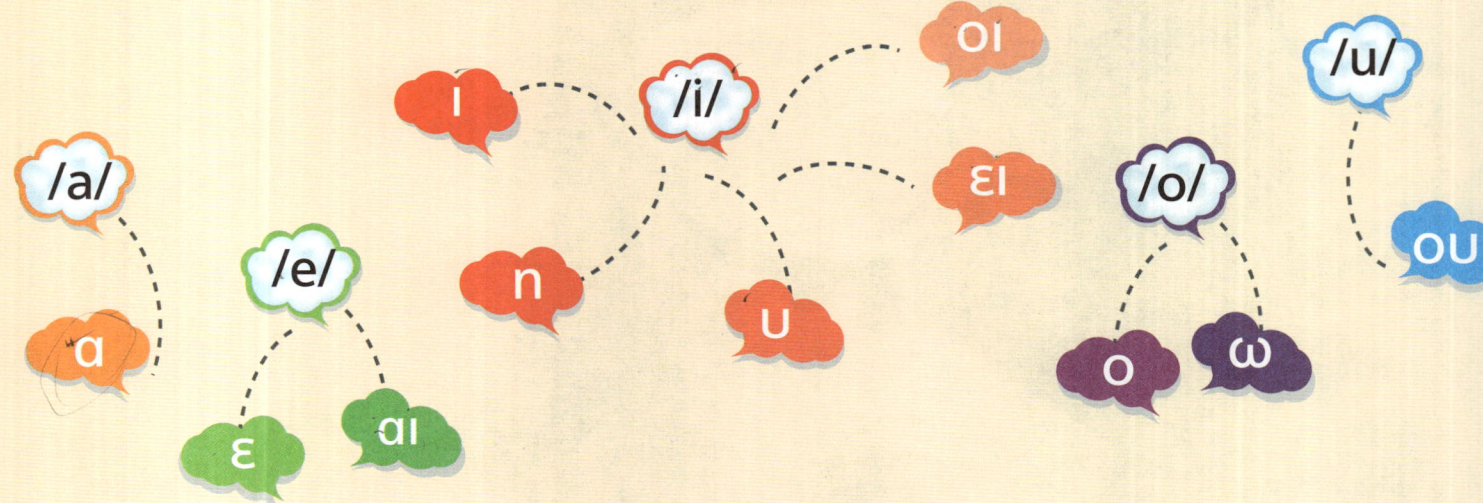

2.2 ✏️ Υπογραμμίστε τα απλά ή δίψηφα φωνήεντα που αντιστοιχούν στον καθένα από τους παρακάτω φθόγγους.
Underline the vowels (simple or digraphs) that represent each of the following sounds.

1.	/a/	: αεροπλ<u>α</u>νο, <u>αί</u>μα, μητέρ<u>α</u>, <u>ά</u>σκηση	1. airplane, blood, mother, exercise
2.	/e/	: παιδί, <u>εί</u>μαι, παιδ<u>εί</u>α, <u>ε</u>λληνικά	2. child, I am, education, Greek
3.	/i/	: <u>η</u>μέρα, υγ<u>εί</u>α, πλο<u>ί</u>ο, ο<u>ι</u>κονομ<u>ι</u>κός, ηλεκτρ<u>ι</u>κό, <u>ει</u>ρ<u>ή</u>νη, ν<u>ύ</u>χτα	3. day, health, ship, financial, electric, peace, night
4.	/o/	: <u>ώ</u>ρα, <u>ω</u>κεανός, αγοράζ<u>ω</u>, λέ<u>ω</u>	4. time/hour, ocean, I buy, I say
5.	/u/	: κ<u>ου</u>τί, λ<u>ου</u>λ<u>ού</u>δι, φ<u>ού</u>ρνος, ν<u>ού</u>μερο	5. box, flower, oven, number

2.3 🎧 ✏️ Ακούστε και συμπληρώστε τονίζοντας τις λέξεις.
Listen and fill in the missing vowels and put accents.

1.	**α ή ε** ; ή = or	__v__, one	τ__σσ__ρ__, four	__πτ__, seven	κ__vο space/ blank
2.	**α ή αι** ;	π__ζω, I play	κ__νω, I do	μαθ__νω, I learn	ωρ__ __ nice
3.	**ο ή ου** ;	ρ__χ__, garment	κ__λ__ρι, koulouri*	β__τυρ__, butter	παππ__s grandfather
4.	**η ή ε** ;	καλ__μ__ρα, good morning	φαγ__το, food	μαθ__μα, lesson	θ__ατρο theatre

ρούχο

φαγητό

*type of bread bun with a hole in the middle

2.4 Ακούστε. Συμπληρώστε τα δικά σας στοιχεία στην ετικέτα ΕΓΩ σύμφωνα με τα παρακάτω παραδείγματα. Γράψτε το όνομά σας με ελληνικούς χαρακτήρες. Συμβουλευτείτε τον πίνακα με τις εθνικότητες (βλέπε Παράρτημα 3) ή το λεξικό σας.

Listen. Fill in your personal information in the box ΕΓΩ according to the following examples and write your name in Greek. Look up in the nationality table (see Appendix 3) or in your dictionary.

Βήμα 2
Step 2

1.
Γεια σας! [jasas]
Με λένε Ελένη Νικολάου.
Είμαι Ελληνίδα.

1.
Hello!
My name is
Eleni Nikolaou.
I am Greek.

Όνομα: Ελένη
Name
Επώνυμο: Νικολάου
Surname

2.
Καλημέρα!
Με λένε Τομ Φόρελ.
Είμαι Καναδός.

2.
Good morning!
My name
is Tom Forel.
I am Canadian.

Όνομα: Τομ
Επώνυμο: Φόρελ

3. Γεια σας!
Είμαι η Μαρία Μινότι.
Είμαι Ιταλίδα.

Όνομα: Μαρία
Επώνυμο: Μινότι

3. Hello!
I am Maria Minoti.
I am Italian.

Εγώ
Me

Όνομα: _____
Επώνυμο: _____

2.5 Υπογραμμίστε τα /a/ /e/ /i/ /o/ /u/ κάθε λέξης, σύμφωνα με το παράδειγμα.
Underline the /a/ /e/ /i/ /o/ /u/ of every word as in the example.

1. μήλο: apple
   /a/   /e/   /i/   /o/   /u/

2. Αθήνα: Athens
   /a/   /e/   /i/   /o/   /u/

3. γεωμετρία: geometry
   /a/   /e/   /i/   /o/   /u/

4. ουρανός: sky
   /a/   /e/   /i/   /o/   /u/

5. ώρα: time/hour
   /a/   /e/   /i/   /o/   /u/

6. λεμόνι: lemon
   /a/   /e/   /i/   /o/   /u/

7. ακούω: I listen/I hear
   /a/   /e/   /i/   /o/   /u/

8. ειρήνη: peace
   /a/   /e/   /i/   /o/   /u/

9. τηλέφωνο: telephone
   /a/   /e/   /i/   /o/   /u/

10. ομελέτα: omelette
    /a/   /e/   /i/   /o/   /u/

11. πολυκατοικία: block of flats
    /a/   /e/   /i/   /o/   /u/

12. ωκεανός: ocean
    /a/   /e/   /i/   /o/   /u/

Βήμα 2
Step 2

2.6 Συμπληρώστε τα κουτάκια με τους παρακάτω φθόγγους και διαβάστε τις λέξεις.
Fill in the boxes with the appropriate sounds and read the words.

/a/ /e/ /i/ /o/ /u/

1. παιδεία — education
2. κάτοικος — resident
3. παίζω — I play
4. οικογένεια — family
5. Ειρηνικός — Pacific
6. τραγουδώ — I sing
7. συνοικία — neighbourhood
8. Οδύσσεια — odyssey
9. Λουλούδι — flower

2.7 Ακούστε και συμπληρώστε τις παρακάτω λέξεις με τα απλά ή δίψηφα φωνήεντα που λείπουν. Τονίστε. Listen and fill in the missing vowels (simple or digraphs). Put accents.

A α, ε, ι, ο
- πρ__γρ__μμ__ — programme
- φ__λ__λ__γ__ __ — literature
- κ__λ__ — theme
- θ__μ__ — theme
- __λλην__κ__ — Greek

B α, ε, η, ο, ου
- __π__χ__ — season
- μ__σικ__ — music
- κιν__σ__ — movement
- τ__λ__φων__ — telephone
- μ__δ__σ__ — jelly fish

Γ α, ε, υ, ω
- ηρ__ __s — hero
- __π__ρ — for/over
- __ν__λ__ση — analysis
- __π __ρχ__ — I exist
- τρ__γ__δι__ — tragedy

Δ α, οι, ο
- τ__χ__s — wall
- __κ__ν__μι__ — economy
- π__ητής — poet
- κ__τ__κ__s — resident
- ν__κι — rent

E α, αι, ει, ω, ου
- __μ__ — blood
- __μ__ — I am
- π__ζ__ — I play
- π__ν__ — I am hungry
- μ__σ__ __ο — museum

2.8 Ακούστε και συμπληρώστε τις λέξεις με τα απλά ή δίψηφα φωνήεντα: α – ε – ι – ο – ου και τονίστε τες.
Listen and fill in the missing vowels α – ε – ι – ο – ου and put accents.

1. χαρ__μι (harem), οικονομ__α (economy), __μπρελα (umbrella), ραψωδι__ (rhapsody), βιολ__ (violin)

2. κ__λο (kilo), κ__ντρο (centre), θε__τρο (theatre), μπρ__τζος (bronze), τηλ__φωνο (telephone)

3. μπλ__ζα (blouse), μπιρ__ (beer), λ__γικη (logic), __φρικη (Africa), αισθητ__κη (aesthetics)

44

Ελληνογενείς λέξεις σε ξένες γλώσσες
Words of greek origin in various languages

Βήμα 2
Step 2

2.9 Διαβάστε τις λέξεις και βρείτε την αντίστοιχη λέξη στη γλώσσα σας.
Read the following words and find the corresponding word in your language.

Α α	Αστρονομία Αρχαιολογία		Ν ν	Νεολιθικός Ναρκισσισμός	
Β β	Βάρβαρος Βιογραφία		Ξ ξ	Ξυλόφωνο Ξενοφοβία	
Γ γ	Γυμναστική Γαστρονομία		Ο ο	Ορχήστρα Ορθοπεδικός	
Δ δ	Διάλογος Δράμα		Π π	Πρόβλημα Πανικός	
Ε ε	Ενέργεια Ευρώπη		Ρ ρ	Ρυθμός Ρινόκερος	
Ζ ζ	Ζωολογία Ζώνη		Σ σ ς	Σύνθεση Σύμβολο	
Η η	Ήρωας Ηλεκτρισμός		Τ τ	Τεχνολογία Τηλέφωνο	
Θ θ	Θερμόμετρο Θεωρία		Υ υ	Υστερία Υγιεινός	
Ι ι	Ιδέα Ιστορία		Φ φ	Φαινόμενο Φιλανθρωπία	
Κ κ	Κρίση Κινητικός		Χ χ	Χημικός Χάος	
Λ λ	Λαβύρινθος Λυρικός		Ψ ψ	Ψυχολογία Ψευδώνυμο	
Μ μ	Μουσική Μαθηματικά		Ω ω	Ωκεανός Ωροσκόπιο	

2.10 Παρατηρήστε τις υπογραμμισμένες ελληνικές λέξεις. Βρείτε με τη βοήθεια λεξικού λέξεις στη γλώσσα σας, που να έχουν ως πρώτο συνθετικό τα παρακάτω: (δημ-), (αρχ-), (κεντρ-), (πολυ-), (φωτο-), (τυπο-), (γραφ-), (βιβλ-).

Look at the underlined Greek words. Using a dictionary find words in your language that have one of the following prefixes: δημ- (dem-), αρχ- (arch-), κεντρ- (centr-), πολυ- (poly-), φωτο- (photo-), τυπο- (typ-), γραφ- (graph-), βιβλ- (bibl-).

Προς <u>Δημ</u>αρχείο,
Πολιτιστικό <u>κέντρ</u>ο, <u>Πολυ</u>ϊατρείο

To Town Hall,
Cultural Centre, Medical Centre

<u>Φωτο</u>τυπικό <u>κέντρ</u>ο
<u>Φωτο</u>τυπίες σχεδίων
Δακτυλο<u>γραφ</u>ήσεις
<u>Βιβλ</u>ιοδεσίες

Photocopy Center
Photocopies
of graphic designs
Typing
Bookbinding

Βήμα 2 / Step 2

2.11 Ακούστε και τονίστε. Listen and put accents.

1. Αφρικη / Africa, μονογραμμα / monogram, μουσικη / music, ιστορια / history, Ασια / Asia, βαζο / vase, προβλημα / problem, εποχη / season, Ιταλια / Italy

2. μελωδια / melody, Αμερικη / America, ελεφαντας / elephant, οικογενεια / family, ιδεα / idea, μαθηματικα / mathematics, Μεξικο / Mexico, θεατρο / theatre

3. τηλεφωνο / telephone, χημικος / chemical, ξενοφοβια / xenophobia, Καναδας / Canada, κιλο / kilo, λογικη / logic, ορχηστρα / orchestra, μαγικος / magic

2.12 Ακούστε και τονίστε. Προσοχή! Σε κάποιες λέξεις ο τόνος δε σημειώνεται.
Listen and put accents. Attention! Some words are not accented.

Α
- ταξι / taxi
- μπλουζα / blouse
- μελωδια / melody
- υγεια / health
- μπιρα / beer
- ρομαντικος / romantic
- κεντρο / centre

Β
- τζιπ / jeep
- ρυθμος / rhythm
- εγχειρηση / operation
- ομπρελα / umbrella
- Σικελια / Sicily
- σχολειο / school
- τραπεζα / bank

Γ
- αντικα / antique
- οικονομια / economy
- Αιγυπτος / Egypt
- χαρεμι / harem
- κοσμικος / social
- συμπτωμα / symptom
- συγχαρητηρια / congratulations

Δ
- λεξικο / dictionary
- χολ / hallway
- ντομινο / domino
- αρχειο / archive/file
- μπρουτζος / bronze
- αισθητικη / aesthetics
- μελαγχολια / melancholy

σχολείο

λεξικό

Στην ελληνική γλώσσα ο τόνος μπορεί να διαφοροποιήσει τη σημασία της λέξης.
In the Greek language the accent can change the meaning of the word.

Π.χ.: πορτοκάλι → το φρούτο   πορτοκαλί → το χρώμα
E.g: πορτοκάλι   orange   πορτοκαλί   orange
                    (the fruit)   (the colour)

2.13 Ακούστε και τονίστε. Listen and put accents.

1. γερος / old man   γερος / strong   6. πολυ / very   πολη / city / town
2. νομος / prefecture   νομος / county   7. ποτε / when   ποτε / never
3. καλλος / beauty   καλος / good   8. περνω / I pass   παιρνω / I take
4. πεζο / prose   παιζω / I play   9. γερνω / I grow old   γερνω / I lean
5. πανω / up   πανο / banner   10. πινω / I drink   πεινω / I am hungry

Μερικές ελληνικές λέξεις από ξένες γλώσσες
Some Greek words of foreign origin

Βήμα 2 / Step 2

2.14 Ακούστε και μετά διαβάστε τις λέξεις.   Listen and then read the words.

Από την αγγλική γλώσσα — From English

κόμικ	comics	κομπιούτερ	computer
μπλου-τζιν	jeans	λούνα παρκ	fun fair
πουλόβερ	sweater	σούπερμαν	superman
πούλμαν	pullman, coach	βόλεϊ	volleyball
πάρκινγκ	parking	πόστερ	poster
μπέιμπι σίτερ	baby-sitter	μπαρ	bar

Από τη γαλλική γλώσσα — From French

γκαράζ	garage	σούπα	soup
γκαρσόνι	waiter	σοφέρ	chauffeur
εταζέρα	shelf	γκαρνταρόμπα	wardrobe
κραγιόν	lipstick	τατουάζ	tattoo
καλτσόν	tights	σουβενίρ	souvenir
καλοριφέρ	radiator	μπουκέτο	bouquet

Από την ιταλική γλώσσα — From Italian

φούστα	skirt	τρένο	train
πιτζάμα	pyjamas	ομπρέλα	umbrella
γραβάτα	tie	πολυθρόνα	armchair
πιάνο	piano	βαλίτσα	suitcase
μπότα	boot	μπουκάλι	bottle
παντόφλα	slipper	μπαλκόνι	balcony

Από την τουρκική γλώσσα — From Turkish

μπουρνούζι	bathrobe	χασάπης	butcher
καρπούζι	watermelon	μπακάλης	grocer
γιλέκο	vest	γιαούρτι	yogurt
παπούτσι	shoe	καφές	coffee
κεφτές	meatball	μπερντές	curtain
μπαξές	vegetable garden	ντουλάπα	cupboard

Από τη ρωσική & άλλες σλαβικές γλώσσες — From Russian and other Slavic languages

πιροσκί	piroski (kind of meat pie)	ρούχο	garment
πέστροφα	trout	νομενκλατούρα	nomenclature
μπαλαλάικα	balalaika (musical instrument)	βότκα	vodka
ζιβάγκο	turtleneck blouse	πογκρόμ	pogrom/prosecution

Από την αλβανική γλώσσα — From Albanian

φλογέρα	flute	γούβα	pothole, cavity
σβέρκος	neck	μπέσα	word of honor

Από το Ετυμολογικό Λεξικό της Νέας Ελληνικής Γλώσσας του Γ.Μπαμπινιώτη From the Etymological Modern Greek Dictionary by G. Bambiniotis

Βήμα 2
Step 2

2.15 Ποιες από τις παρακάτω λέξεις προέρχονται από ξένες γλώσσες;
Which of the following words are of foreign origin?

ΣΤΟΑ PORTICO

λουκουμάδες
doughnuts

	λέξη ξένης προέλευσης / word of foreign origin			λέξη ξένης προέλευσης / word of foreign origin	
λουκουμάδες		doughnuts	πρωινό		breakfast
βάφλες		waffles	πίτσα		pizza
κρέπες		crepes	τοστ	x	toast
παγωτά		ice creams	σοκολάτα		chocolate
ομελέτες		omelets	καφές		coffee
σαλάτες		salads			

2.16 Ακούστε και γράψτε στα ελληνικά τα παρακάτω ονόματα.
Listen and write the following nouns in Greek.

Ravel:	Chopin:
Picasso:	Matisse:
Ionesco:	Marx:
Fiat :	Rover:
Seat :	Ferrari:
Alpha Romeo:	Opel:

2.17
Πώς νομίζετε ότι γράφονται οι παρακάτω λέξεις στα ελληνικά;
Ακούστε και συμπληρώστε.
How do you think the following words are written in Greek?
Listen and fill in.

1. [gol]:
2. [meil]:
3. [taksi]:
4. [pulman]:
5. [tzin]:
6. [faks]:
7. [bar]:
8. [film]:
9. [video]:

Βήμα 2
Step 2

2.18 Ακούστε και διαβάστε τους αριθμούς. Συμπληρώστε τους αριθμούς που λείπουν.
Listen and read the numbers. Fill in the missing numbers.

1. Ένα	11. Έντεκα [e**η**deka] & [**e**deka]	21. Είκοσι ένα [ikosi**e**na]
2. Δύο	12. Δώδεκα	22. Είκοσι δύο [ikosi**d**io]
3. Τρία	13. Δεκατρία	23.
4. Τέσσερα	14. Δεκατέσσερα	24.
5. Πέντε [p**eη**de] & [p**e**de]	15. Δεκαπέντε	25.
6. Έξι	16. Δεκαέξι	26.
7. Επτά, εφτά	17. Δεκαεπτά, δεκαεφτά	27.
8. Οκτώ, οχτώ	18. Δεκαοκτώ, δεκαοχτώ	28.
9. Εννέα, εννιά	19. Δεκαεννέα, δεκαεννιά	29.
10. Δέκα	20. Είκοσι	30. τριάντα [tri**aη**da] & [tri**a**da]

2.19 Ακούστε και συμπληρώστε τους αριθμούς.   Listen and fill in the numbers.

α.	σούπερ-μάρκετ [super – marcet] supermarket	ι.	τζιν [tzin] jeans	ρ.	παζλ [pazl] jigsaw puzzle
β.	μέιλ [meil] e-mail	κ.	τοστ [tost]toast	σ.	πουλόβερ [pulover] sweater
γ.	τζιπ [tzip] jeep	λ.	γκαράζ [garaz] garage	τ.	σάντουιτς [sanduits] sandwich
δ.	ταξί [taksi] taxi	μ.	ευρώ [evro] euro	υ.	φαξ [faks] fax
ε.	τραμ [tram] tram	ν.	γκολ [gol] goal	φ.	μπαρ [bar] bar
ζ.	τρόλεϊ [trolei] trolley bus	ξ.	βίντεο [video]video	χ.	μαγιό [majo] swimsuit
η.	πούλμαν [pulman] coach, pullman	ο.	κομπιούτερ [kompçuter] ή [kobjuter] computer	ψ.	χολ [xol] hallway
θ.	καλτσόν [kaltson] tights	π.	φιλμ [film] film	ω.	ντοκιμαντέρ [docimaηter] ή [docimaηder] documentary

✓ Ορισμένα ονόματα ξένης προέλευσης, όπως τα παραπάνω, δεν κλίνονται.
Some names of foreign origin, as the ones above, are not declined (they have the same ending in all their cases).

✓ Μόνο για τρεις από τις παραπάνω λέξεις υπάρχουν αντίστοιχες ελληνικές λέξεις που χρησιμοποιούνται. Το **σούπερ μάρκετ** = η υπεραγορά, **το κομπιούτερ** = ο υπολογιστής, **το φιλμ** = η ταινία (αλλά για το **φιλμ** της φωτογραφικής μηχανής χρησιμοποιούμε μόνο τη λέξη **φιλμ**).
Among the above mentioned words of foreign origin, only three have equivalent Greek words that are in use. The supermarket = **το σούπερ μάρκετ & η υπεραγορά**, the computer = **το κομπιούτερ & ο υπολογιστής** and the film (movie) = **το φιλμ & η ταινία**. However for camera film only the word of foreign origin **το φιλμ** is used.

2.20 Ποιον αριθμό από κάθε ζεύγος ακούτε; Υπογραμμίστε τον.
Which number from each pair can you hear? Underline it.

Α.	5	<u>7</u>	Ε.	15	9	Ι.	15	18
Β.	2	6	Ζ.	3	4	Κ.	14	19
Γ.	1	8	Η.	11	13	Λ.	21	16
Δ.	10	12	Θ.	20	17	Μ.	3	18

2.21 Γράψτε τον αριθμό που ακούτε.   Write the number you listen.

α.		ε.		ι.		ν.		ρ.
β.		ζ.		κ.		ξ.		σ.
γ.		η.		λ.		ο.		τ.
δ.		θ.		μ.		π.		υ.

Οι συνδυασμοί φωνηέντων αυ και ευ
Vowel combinations αυ and ευ

αυ / ευ /av/ ή /ev/	αυ / ευ /af/ ή /ef/
Μπροστά από φωνήεν και τα ηχηρά σύμφωνα: β, γ, δ, ζ, λ, μ, ν, ρ In front of vowels and voiced consonants: β, γ, δ, ζ, λ, μ, ν, ρ	Μπροστά από τα άηχα σύμφωνα: θ, κ, ξ, π, σ, τ, φ, χ, ψ In front of voiceless consonants: θ, κ, ξ, π, σ, τ, φ, χ, ψ

✓ **ΕΥ:** Το **υ** στο **ευ** δεν προφέρεται όταν ακολουθεί **β** ή **φ**. Π.χ.: Εύβοια [evia], Ευφράτης [efratis], ευφυής [efiis].

ΕΥ: The letter **υ** in **ευ** is not pronounced when the consonants **β** or **φ** follow. Ex.: Εύβοια [evia] Evia, Ευφράτης [efratis] Euphrates, ευφυής [efiis] intelligent.

2.22 a. Ακούστε.
a. Listen.

Τι κάνεις; — What are you doing?

Ψαρεύω!

Χορεύω! — I am dancing!

Μαγειρεύω! — I am cooking!

Δουλεύω — I am working!

2.22 β. Ακούστε και διαβάστε τα παρακάτω ονόματα.
b. Listen and read the following names.

1. Ευρώπη	Europe	8. Καύκασος	Caucasus
2. Αυστραλία	Australia	9. Ναύπλιο	Nafplio
3. Αυστρία	Austria	10. Ναύπακτος	Nafpaktos
4. Λευκορωσία	Belarus	11. Επίδαυρος	Epidavros
5. Μαυρίκιος	St. Maurice	12. Δευτέρα	Monday
6. Μαυριτανία	Mauritania	13. Παρασκευή	Friday
7. Μαυροβούνιο	Montenegro	14. Αύγουστος	August

Ναύπλιο

2.23 α. Ακούστε και διαβάστε.   Listen and read.

1. PARKING FULL / VACANCY

2. ELEFTERIOU VENIZELOU STREET

3. Wedding flavours

4. CONCERT
Thursday 7 October, time 19:30
Old Parliament building
Composers: Mikis Theodorakis, Antonis Kalomiris, Nikos Scalkotas.
FREE ENTRANCE

5. SMOKING IS STRICTLY FORBIDDEN

6. GASMENT KAPLANI
My name is Europe

7. I cook tasty and healthy food

8. I fish

9. ANAVISSOS FOLK DANCE CLUB

10. Nutrition and wellness

β. Αντιγράψτε τις παρακάτω φράσεις με πεζά γράμματα. Ακούστε και τονίστε.
b. Rewrite the following phrases in the lower case. Listen and put accents.

ΑΠΑΓΟΡΕΥΕΤΑΙ ΑΥΣΤΗΡΑ ΤΟ ΚΑΠΝΙΣΜΑ _____

ΧΟΡΕΥΤΙΚΟΣ ΛΑΟΓΡΑΦΙΚΟΣ ΟΜΙΛΟΣ ΑΝΑΒΥΣΣΟΥ
_____

Βήμα 2
Step 2

2.24 Σημειώστε το κουτάκι με το σωστό ήχο. Στη συνέχεια ακούστε τις λέξεις και διορθώστε τυχόν λάθη.
Put a tick in the box with the correct sound. Then listen to the words and correct any mistakes you may find.

Α.	[v]	[f]
αυτί		
σταυρός		
ευτυχία		

Β.	[v]	[f]
συναυλία		
Αύγουστος		
αυτοκίνητο		
απόγευμα		

Γ.	[v]	[f]
υδραυλικός		
γεύση		
αύριο		

Δ.	[v]	[f]
Δευτέρα		
ευρώ		
ευγενικός		
γεύμα		

Ε.	[v]	[f]
πνεύμονας		
εύχομαι		
ερωτευμένος		

Ζ.	[v]	[f]
ευτυχώς		
ζευγάρι		
ευχαριστώ		

Η.	[v]	[f]
ναυτικός		
Παρασκευή		
μαύρο		
ταξιδεύω		

Θ.	[v]	[f]
εκπαίδευση		
συσκευή		
αυλή		
ελευθερία		

Α. ear, cross, happiness.
Β. concert, August, car, afternoon.
Γ. plumber, taste, tomorrow
Δ. Monday, euro, polite, lunch.
Ε. lung, I wish, in love.
Ζ. fortunately, pair / couple, thank you.
Η. seaman, Friday, black, I travel.
Θ. education, device / appliance, yard, freedom.

2.25 ΑΠΑΓΟΡΕΥΕΤΑΙ! Συμπληρώστε με τις λέξεις από το λεξιλόγιο 2.25.
NOT ALLOWED! FILL IN THE BLANKS USING WORDS FROM THE VOCABULARY 2.25.

 Απαγορεύεται το ____

 Απαγορεύεται το ____

 Απαγορεύεται η ____

 Απαγορεύεται το ____

 Απαγορεύεται η ____

 Απαγορεύεται το ____

HUNTING IS NOT ALLOWED
PARNITHA FOREST AUTHORITY

ENTRANCE WITHOUT A TICKET IS NOT ALLOWED
FROM THE PORT AUTHORITY

«NOT ALLOWED» IS NOT ALLOWED

SWIMMING IS NOT ALLOWED

Λεξιλόγιο 2.25 — Vocabulary 2.25

απαγορεύεται	not allowed	κολύμβηση	swimming
δασαρχείο	forest authority	κυνήγι	hunting
εισιτήριο	ticket	λιμεναρχείο	port authority
είσοδος	entrance	προσπέρασμα	overtaking
κάπνισμα	smoking	στάθμευση	parking
		χωρίς	without
		ψάρεμα	fishing

Το νέο Μουσείο της Ακρόπολης
The new Acropolis Museum

2.26
α. Υπογραμμίστε στο ελληνικό κείμενο τις λέξεις που αντιστοιχούν με τις υπογραμμισμένες λέξεις στο κείμενο στη μητρική σας γλώσσα.
β. Αντιγράψτε τις ελληνικές λέξεις που υπογραμμίσατε.
γ. Ακούστε και διαβάστε το ελληνικό κείμενο.

a. Underline in the Greek text the words which correspond to the underlined words in your mother tongue.
b. Copy the Greek words you underlined.
c. Listen and read the Greek text.

http://www.theacropolismuseum.gr/

Η είσοδος του Μουσείου
Museum entrance

Η είσοδος του Μουσείου και τα αρχαία ευρήματα
Museum entrance and ancient findings

Το Μουσείο βρίσκεται στην ιστορική περιοχή Μακρυγιάννη, απέναντι* από τον Παρθενώνα.** Η αίθουσα του Παρθενώνα στον τελευταίο** όροφο του κτηρίου έχει πανοραμική θέα στην Ακρόπολη και στη σύγχρονη* Αθήνα. Η οδός Διονυσίου Αρεοπαγίτου συνδέει το Μουσείο με την Ακρόπολη και άλλους σημαντικούς* αρχαιολογικούς χώρους της Αθήνας. Το Μουσείο διαθέτει 14.000 (δεκατέσσερις χιλιάδες) τετραγωνικά μέτρα εκθεσιακό χώρο και περιλαμβάνει περίπου 4.000 (τέσσερις χιλιάδες) εκθέματα από τους προϊστορικούς*** χρόνους έως και τη ρωμαϊκή*** περίοδο.

The **Museum** is situated in the **historic** area of **Makrygianni**, facing **Parthenon**. The **Parthenon** Gallery at the top of the building offers a **panoramic** view of the **Acropolis** and of modern **Athens**. Dionysiou Areopagitou street connects the **Museum** to the **Acropolis** and other important **archaeological** sites of **Athens**. The **Museum** provides 14,000 square **metres** of exhibition space and houses approximately 4,000 artifacts from **prehistoric times** to the **Roman period.**

* απέναντι [ap<u>e</u>naŋdi], σύγχρονη [si<u>ŋ</u>xroni], σημαντικούς [sima<u>ŋ</u>dik<u>us</u>]: Βλέπε Βήμα 4.   See Step 4.
** τον Παρθενώνα [to<u>m</u>bar<u>θ</u>en<u>o</u>na], στον τελευταίο [sto<u>ŋ</u>delef<u>te</u>o]: Βλέπε τελικό **ν, 5.25**.   See final **ν, 5.25**.
*** προϊστορικούς [proistorik<u>us</u>], ρωμαϊκή [romai<u>ci</u>]: Βλέπε Τονισμός Δ, Βήμα 5.   See Accentuation D, step 5.

2.27 Ακούστε το ποίημα και μετά διαβάστε το.   Listen to the poem and then read it.

Το πρόβλημα με τις αντωνυμίες*
Ποίημα του Τίτου Πατρίκιου

Λέμε εμείς κι εννοούμε εγώ
λέμε εσύ κι εννοούμε πάλι εγώ
λέμε αυτός κι εννοούμε πάλι εγώ.
Στην ουσία μόνο με το εγώ
μπορούμε να εννοήσουμε
κάποιον άλλο.

The problem with the personal pronouns
Poem by Titos Patrikios

We say us and we mean 'I'
we say you and we mean 'I' again
we say he and we mean 'I' again.
Basically only with 'I'
we are able to refer to someone else.

* [aŋdonim<u>ie</u>s] = pronouns

Τα προστατευόμενα είδη της Ελλάδας

Protected species in Greece

2.28 🎧 📖 Ακούστε και διαβάστε.   Listen and read.

Hellenic Republic

Η θαλάσσια χελώνα
(Καρέττα καρέττα)
The sea turtle
Caretta caretta

Το σκυριανό αλογάκι
(Equus cabalus skyriano)
The diminutive
Skyros pony

Η καφέ αρκούδα
(Ursus arctos)
The brown bear

Η μεσογειακή φώκια
(Μονάχους μονάχους)
(Monachus monachus)
The Mediterranean seal
Monachus monachus

Το κόκκινο κοράλλι
(Coralium zubrum)
The red coral

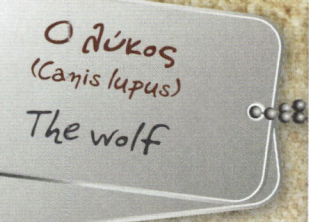
Ο λύκος
(Canis lupus)
The wolf

Το κόκκινο ελάφι
(Cervus elaphus)
The red deer

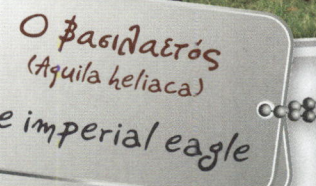
Ο βασιλαετός
(Aquila heliaca)
The imperial eagle

Ο Αιγαιόγλαρος
ο γλάρος του Αιγαίου
(Larus Audouinii)
Egeoglaros
the seagull of the Aegean Sea

2.29 🎧 📖 Ακούστε το κείμενο και μετά διαβάστε το.
Listen to the text and then read it.

Η **Ευγ**ενία **Παυ**λάτου είναι βιολόγος. Κάθε **Αύ**γουστο πάει στη Ζάκυνθο και δουλεύει στον οργανισμό ΑΡΧΕΛΩΝ* για τη θαλάσσια χελώνα Καρέττα καρέττα, ένα από τα προστατευόμενα είδη της Ελλάδας.

Η **Ευγ**ενία είναι πολύ **ευχ**αριστημένη από την εργασία της. Ο καιρός είναι ευχάριστος, οι παραλίες είναι θαύμα και κυρίως έχει την ευκαιρία να βοηθήσει ένα ζώο που λατρεύει: τη χελώνα Καρέττα καρέττα.

Αυτή τη χρονιά, μετά τη Ζάκυνθο, η **Ευγ**ενία θα πάει για πέντε μέρες, από Δευτέρα έως Παρασκευή, στη Λευκάδα. Το Σάββατο θα επιστρέψει στο Ναύπλιο, όπου κατοικεί τους τελευταίους έξι μήνες.

* Σύλλογος για την προστασία της θαλάσσιας χελώνας Καρέττα καρέττα.
την προστασία [timbrostasia]: Βλέπε τελικό **ν**, 5.25.

Evgenia Pavlatou is a biologist. Every August she goes to Zakinthos and she works for ARHELON*, an organisation whose aim is to help the sea turtle Caretta caretta, one of the protected species in Greece.

Evgenia is very pleased with her work. The weather is pleasant, the beaches are fantastic and most important she has the opportunity to help an animal that she adores: the sea turtle Caretta caretta.

This year, after Zakinthos, Evgenia will go to Lefkada for five days, Monday to Friday. On Saturday she will return to Nafplio where she has lived for the last six months.

* Club for the protection of the sea turtle Caretta caretta.
την προστασία [timbrostasia]: See final **ν**, 5.25.

Τραγούδι / Song

2.30 Ακούστε τα ονόματα των γραμμάτων στο τραγούδι και συμπληρώστε τα φωνήεντα που λείπουν από αυτά.

Listen to the names of the letters in the song and fill in the missing vowels.

Η αλφαβήτα

Μουσική, στίχοι, ερμηνεία:

Λουδοβίκος των Ανωγείων*

The alphabet

Lyrics, music, singing:

Loudovikos of Anogia

* Ανώγεια: Χωριό της Κρήτης   Anogia: Village in Crete

Άλφ__, β__τ__, γ__μ__, δ__λτ__	α / β / γ / δ
Σκόνη γίνεται κι η πέτρα.	Stone turns into dust.
__ψ__λ__ν, ζ__τ__, __τ__, θ__τ__	ε / ζ / η / θ
Μοιάζει η νίκη με την ήττα.	Victory looks like defeat.
Βι, γα, δε, ζι, θι	Βι, γα, δε, ζι, θι
κα, λα, μι, νι, ξι	κα, λα, μι, νι, ξι
πι, ρο, σίγμα, ταυ	πι, ρο, σίγμα, ταυ
φι, χι, ψι.	φι, χι, ψι.
Γιώτ__, κ__π__, λ__μδ__, μ__	ι / κ / λ / μ
Πόσο αξίζει μια στιγμή.	How much is a moment worth.
ν__, ξ__, __μ__κρ__ν, π__, ρ__	ν / ξ / ο / π / ρ
Φεύγω μα σε καρτερώ.	I'm leaving but I'm waiting for you.
Βι, γα, δε, ζι, θι	Βι, γα, δε, ζι, θι
κα, λα, μι, νι, ξι, πι, ρο, σίγμα, ταυ	κα, λα, μι, νι, ξιπι, ρο, σίγμα, ταυ
φι, χι, ψι.	φι, χι, ψι.
Σ__γμ__, τ__υ, __ψ__λ__ν, φ__	σ / τ / υ / φ
Μοναξιά στην κορυφή*	There's loneliness at the top
με το χ__, το ψ__, το __μ__γ__	with the χ / ψ / ω
Μια παλικαριά 'ναι** η φεύγα.	Leaving is bravery.
Βι, γα, δε, ζι, θι	Βι, γα, δε, ζι, θι
κα, λα, μι, νι, ξι	κα, λα, μι, νι, ξι
πι, ρο, σίγμα, ταυ	πι, ρο, σίγμα, ταυ
φι, χι, ψι.	φι, χι, ψι.

* στην κορυφή [stinġorifi]: Βλέπε τελικό ν, 5.25.   See final ν, 5.25.

** παλικαριά 'ναι = παλικαριά είναι.

Βήμα 3
Step 3

Κώστας Τσόκλης
"Η θάλασσα όπως τη θυμάμαι"

Kostas Tsoklis
"The sea as I remember it"

Προφορά / Pronunciation
Γραφή / Writing
Ανάγνωση / Reading
Τονισμός / Accentuation
Ασκήσεις / Exercises

1. Τα απλά σύμφωνα σε συνδυασμό με απλά και δίψηφα φωνήεντα

2. Τα σύμφωνα κ - γ - χ πρίν από /e/ ή /i/

3. Το οριστικό άρθρο και τα τρία γένη των ονομάτων

4. Διάκριση ανάμεσα στα σύμφωνα
   - π - β - φ
   - τ - δ - θ
   - κ - γ - χ
   - σ - ζ
   - δ - ζ
   - ξ - ψ
   - φ - θ

1. Simple consonants in combination with simple vowels and vowel digraphs

2. The consonants κ - γ - χ followed by /e/ or /i/

3. The definite article and the three genders of nouns

4. Distinction among the consonants
   - π - β - φ
   - τ - δ - θ
   - κ - γ - χ
   - σ - ζ
   - δ - ζ
   - ξ - ψ
   - φ - θ

Βήμα 3 / Step 3

Τα σύμφωνα
The consonants

Συνδυασμός συμφώνων με απλά ή δίψηφα φωνήεντα
Combination of consonants with simple vowels or vowel digraphs

/v/	/γ/	/ð/	/z/	/θ/	/k/	/l/	/m/	/n/
Β β	Γ γ	Δ δ	Ζ ζ	Θ θ	Κ κ	Λ λ	Μ μ	Ν ν

/ks/	/p/	/r/	/s/	/t/	/f/	/x/	/ps/
Ξ ξ	Π π	Ρ ρ	Σ σ ς	Τ τ	Φ φ	Χ χ	Ψ ψ

3.1 Ακούστε και διαβάστε τις λέξεις.   Listen and read the words.

Ένα βήμα... στη φύση   A step.... towards nature

1. ο ουρανός
2. το σύννεφο
   the sky
   the cloud

3. η θάλασσα
4. η παραλία
   the sea
   the beach

5. το βουνό
6. το δάσος
   the mountain
   the forest

7. ο ποταμός
   the river

8. η φύση
9. το φυτό
   the nature
   the plant

10. ο αέρας
11. ο άνεμος
    the air
    the wind

12. η Ελλάδα
    η χώρα
    Greece / Hellas
    the country

13. ο χάρτης
    the map

14. η Αθήνα
    η πόλη
    Athens
    the city

15. ο Πειραιάς
    το λιμάνι
    Piraeus
    the port

16. η Πάρος
    το νησί
    Paros
    the island

17. Δήμος Πάρου
    Municipality of Paros

Το οριστικό άρθρο και τα τρία γένη των ονομάτων
The definite article and the three genders of names

Στα ελληνικά υπάρχουν τρία γένη (αρσενικό, θηλυκό, ουδέτερο) και δύο αριθμοί (ο ενικός και ο πληθυντικός).

In Greek there are three genders (masculine, feminine, neuter) and two numbers (the singular and the plural).

Τα άρθρα
Στα ελληνικά υπάρχουν δύο άρθρα:
✓ Το οριστικό άρθρο: **ο, η, το**
✓ Το αόριστο άρθρο: **ένας, μια/μία, ένα**

The articles
Greek has two articles:
✓ the definite article: **ο, η, το** (the)
✓ the indefinite article: **ένας, μια/μία, ένα** (a/an)

	Αρσενικό / Masculine	Θηλυκό / Feminine	Ουδέτερο / Neuter
Ενικός αριθμός / Singular	**ο** / ο ποταμός / the river	**η** / η χώρα / the country	**το** / το βουνό / the mountain
Πληθυντικός αριθμός / Plural	**οι** / οι ποταμοί / the rivers	**οι** / οι χώρες / the countries	**τα** / τα βουνά / the mountains

3.2
Κατατάξτε τα ονόματα της άσκησης 3.1 στις παρακάτω στήλες ανάλογα με το γένος και τις καταλήξεις τους.
Put each noun of the exercise 3.1 in the appropriate column according to its gender and its ending.

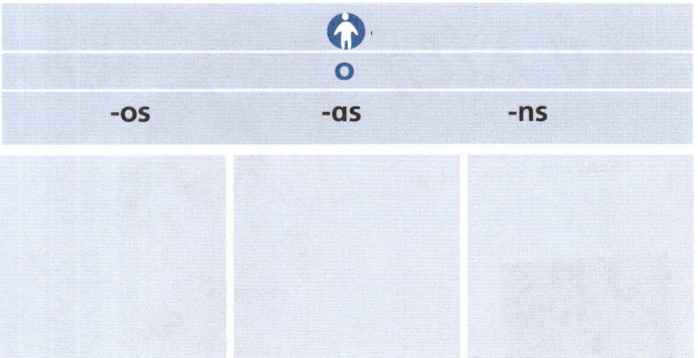

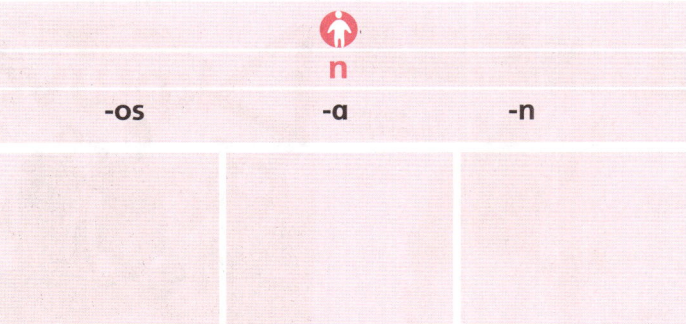

το			
-os	-μα	-ι	-ο

ο ουρανός

η φύση

η θάλασσα

το φυτό

Ελληνικά περιοδικά
Greek magazines

3.3 -Αντιγράψτε και διαβάστε τους τίτλους των περιοδικών. Ακούστε τους και βρείτε ποιες λέξεις απαντούν σε απλές ή σύνθετες λέξεις της γλώσσας σας.
Copy and read the titles of the magazines. Then listen and find which words represent simple or compound words in your language.

① Cuisine

② Nature

③ Fishing

④ Athinorama « Athens-vision »

⑤ CINEMA

⑥ Diphono (Duet)

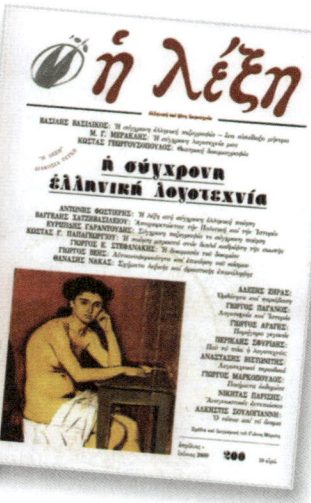
⑦ the word

⑧ My child and I

⑨ WEDDING

⑩ Chocolate

⑪ CITIZENS

⑫ Zodiac Signs

http://www.diadiktion.com/greekmgazines.htm

Βήμα 3 / Step 3

3.4 Ακούστε το διάλογο και διαβάστε τον. Listen to the dialogue and read.

Άλεξ: Καλημέρα! Πώς σε λένε;
Ελένη: Με λένε Ελένη. Εσένα;
Άλεξ: Άλεξ.
Ελένη: Από πού είσαι, Άλεξ;
Άλεξ: Είμαι από τη Σουηδία.

Alex: Good morning! What's your name?
Eleni: My name is Eleni. And yours?
Alex: Alex.
Eleni: Where are you from, Alex?
Alex: I am from Sweden.

3.5 Ακούστε και συμπληρώστε τα κενά με τα σύμφωνα.
Ακούστε μία δεύτερη φορά και τονίστε.
Listen and fill in the gaps with the missing consonants. Listen once more and put accents.

1. Ια__ω__ια Japan	2. __αλλια France	3. __ουη__ια Sweden	4. Ι__α__ια Italy
5. Βε__ε__ουελα Venezuela	6. __ανα__ας Canada		7. __ου__ανια Romania
8. Ελλα__α Greece/Hellas	9. Α__ρι__η Africa	10. Πο__ω__ια Poland	11. Με__ι__ο Mexico
12. Αι__ιο__ια Ethiopia	13. __ιλη Chile		14. __ω__ια Russia

3.6 Ακούστε τα ονόματα των χωρών και γράψτε τα στις αντίστοιχες σημαίες.
Listen to the names of the countries and write each one under the appropriate flag.

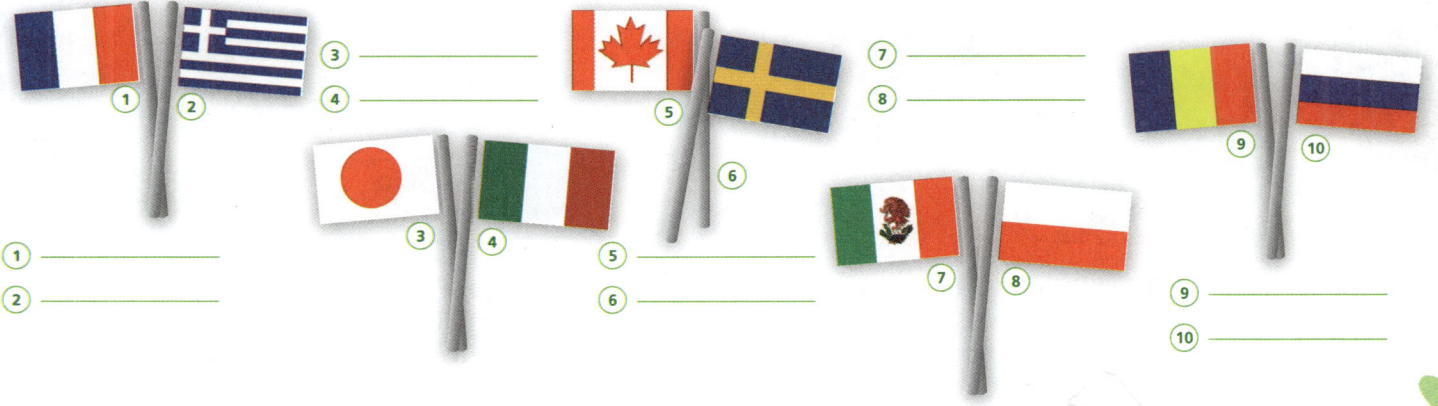

Βήμα 3 / Step 3

Διάκριση των συμφώνων π, β, φ
Distinction among the consonants π, β, φ

3.7 Ακούστε και διαβάστε.
Listen and read.

Παραδοσιακό καφενείο
Traditional coffee shop

Καφετέρια
Cafeteria

3.8 Ακούστε και συμπληρώστε με τα σύμφωνα **π, β, φ**.
Listen and fill in the gaps with the consonants π, β, φ.

- **π** η **π**όλη — the city
- **β** το **β**άζο — the vase
- **φ** ο **φ**άρος — The lighthouse

1. Η τυρό___ιτα
2. Η ___ασολάδα 
3. Η ___ά___α 
4. ___αρακαλώ, ένα ___οτήρι ___αγωμένο νερό! 
5. Το λεω___ορείο για τη ___ούλα. 
6. Ο ___όλος είναι ___αραλιακή ___όλη. 
7. Ένα ___άζο με τουλί___ες. 
8. Το ___ουνό ___ήλιο είναι ___άνω από το ___όλο. 
9. ___οτίζω το ___ασιλικό. 
10. Ένα ___ολύ μεγάλο κα___έλο. 
11. Το ___ουκάμισο είναι μο___. 
12. Το νυ___ικό είναι υ___έροχο. 

1. Cheese pie 2. Bean soup 3. Pea puree 4. Please, (may I have) a glass of cold water?
5. The bus to Voula. 6. Volos is a seaside town. 7. A vase with tulips. 8. The Pelion mountain is located over Volos.
9. I water the basil. 10. A very big hat. 11. The shirt is mauve. 12. The wedding dress is marvellous.

3.9 **α** Ακούστε και τονίστε το διάλογο. Listen to the dialogue and put accents.

Βήμα 3
Step 3

- Καλημερα! Πως σε λενε;
- Με λενε Ελενη. Εσενα;
- Αλεξ.
- Απο που εισαι, Αλεξ;
- Ειμαι απο τη Σουηδια.

Προφορά των συμφώνων κ, γ, χ πριν από /e/ ή /i/
Pronunciation of the consonants κ, γ, χ when they are followed by /e/, /i/

3.10 **b** Ακούστε. Listen.

κ + /e/, /i/	γ + /e/, /i/	χ + /e/, /i/
[ce] [ci]	[ɟe] [ɟi]	[çe] [çi]
κακός αλλά κερί, κιλό	γόμα αλλά γένος, γίγας	χάρη αλλά χέρι, χειμώνας
[kakos] but [ceri], [cilo]	[ɣoma] but [ɟenos], [ɟiɣas]	[xari] but [çeri], [çimonas]
bad wax - kilo	rubber gender, giant	grace hand, winter

3.11 **b** Ακούστε τις λέξεις ανά ζεύγη και υπογραμμίστε τις λέξεις στις οποίες τα σύμφωνα κ, γ, χ προφέρονται [c], [ɟ] ή [ç]. Ακούστε τις λέξεις πάλι επαναλαμβάνοντάς τες.
Listen to the pairs of the words and underline those in which the consonants κ, γ, χ are pronounced as [c], [ɟ] or [ç]. Then, listen to them again and repeat.

1. ο χάρακας
ruler

το μαχαίρι
knife

2. ο χορός
dance

το χέρι
hand

3. ο χυμός
juice

το χωνάκι
cone

4. η γόμα
rubber

η αγελάδα
cow

5. η γυναίκα
woman

η γούνα
fur

6. το γάλα
milk

η γέφυρα
bridge

7. η κανάτα
jug

το κινητό
mobile phone

8. το κουτί
box

το κεράσι
cherry

9. ο κιμάς
minced meat

το κοτόπουλο
chicken

10. ο κήπος
garden

το κουτάλι
spoon

11. η καθηγήτρια
the teacher
(feminine)

η Γαλλίδα
the French woman
(feminine)

ο καθηγητής
the teacher
(masculine)

ο Γάλλος
the French man
(masculine)

Βήμα 3 / Step 3

3.12 Ακούστε και συμπληρώστε τα κενά με τις συλλαβές που λείπουν, τονίζοντας τις λέξεις.
Listen and fill in the gaps with the missing syllables. Then put accents.

1. ο ___ρακας	το μα___ρι	5. η ___ναικα	η ___να	9. ο ___μας	το ___τοπουλο
2. ο ___ρος	το ___ρι	6. το ___λα	η ___φυρα	10. ο ___πος	το ___ταλι
3. ο ___μος	το ___νακι (παγωτό)	7. η ___νάτα	το ___νητο	11. η ___θη___τρια	η ___λλίδα
4. η ___μα	η α___λαδα	8. το ___τι	το ___ρασι	12. ο ___θη___τής	ο ___λλος

Διάκριση των συμφώνων κ, γ, χ
Distinction among the consonants κ, γ, χ

3.13 Ακούστε και συμπληρώστε με τα σύμφωνα κ, γ, χ.
Listen and fill in the gaps with the consonants κ, γ, χ.

1. __έρι hand	__έροι old men	__έφι fun/good mood
2. __άλλος French (man)	__άλλος beauty	__άρος death
3. __ώμα soil	__όμμα comma	__όμα rubber
4. __άμος wedding	__αμός loss	__αλός good (masc)
5. __αλί carpet/rug	__αλή good (fem)	__ατί cat

ο Γάλλος

3.14 Αντιγράψτε και διαβάστε τους τίτλους των περιοδικών. Ακούστε και βρείτε στη γλώσσα σας ετυμολογικά συγγενείς λέξεις.
Copy and read the following magazine titles. Listen and find the corresponding simple or compound words in your mother tongue.

WOMAN

MUSIC

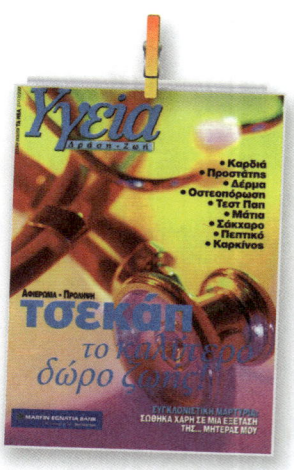
Health

3.15 🎧 📖 **Ακούστε το διάλογο και διαβάστε τον.**
Listen to the dialogue and read.

Βήμα 3
Step 3

Στην καφετέρια*

Αλίκη: Μου δίνετε μια τάρτα κεράσι;
Σερβιτόρος: Αμέσως, κυρία μου!
Αλίκη: Κι ένα** χυμό μήλο. Παγωμένο, παρακαλώ!
Σερβιτόρος: Βεβαίως. Κάτι άλλο;
Αλίκη: Όχι, ευχαριστώ.

In the cafeteria

Aliki: (Could you give me)
May I have a cherry tart (please)?
Waiter: Right away, Madam!
Aliki: And an apple juice. Chilled, please!
Waiter: Certainly. Anything else?
Aliki: No, thank you

* [stiŋgafeteria]: Βλέπε τελικό ν, 5.25.   See final ν, 5.25.
** κι ένα [cena]

Μου δίνετε μια τάρτα κεράσι;

Αμέσως, κυρία μου!

3.16 ✏️ 🔍 **a.** Αντιγράψτε όσα γράφει το εξώφυλλο του περιοδικού ΓΑΜΟΣ. Αντιγράψτε και τις λέξεις που ακολουθούν το γράμμα Π του περιοδικού ΠΟΛΙΤΕΣ.
β. Βρείτε σε ένα λεξικό τη σημασία των παρακάτω λέξεων: παραμύθι, μύθος, μυθιστόρημα, μυθολογία, μαγεία, μαγεύω, μάγος, πολιτεία, πολίτευμα, πολιτεύομαι.

a. Copy the text of the cover of the magazine ΓΑΜΟΣ (Wedding). Copy also the words that follow the letter Π on the magazine ΠΟΛΙΤΕΣ (Citizens).
b. Find in a dictionary the meaning of the following words: παραμύθι, μύθος, μυθιστόρημα, μυθολογία, μαγεία, μαγεύω, μάγος, πολιτεία, πολίτευμα, πολιτεύομαι.

Λεξιλόγιο 3.16

ΟΥΣΙΑΣΤΙΚΑ	NOUNS
η άνοιξη	spring
το αξεσουάρ	accessory
το καλοκαίρι	summer
η μουσική	music
το νυφικό	wedding dress
η πόλη*	city, town
ο πολίτης	citizen
η πολιτική	politics
ο πολιτισμός	civilisation, culture
η υγεία	health
το φόρεμα	dress

ΕΠΙΘΕΤΑ	ADJECTIVES
μαγικός-ή-ό	magical
ονειρεμένος-η-ο	dreamy
παραμυθένιος-ια-ιο	fabulous, fairy-like

* **η πόλις**: άλλη μορφή της λέξης πόλη.
η πόλις: another (archaic) form of the word πόλη.

Βήμα 3 / Step 3
Διάκριση των συμφώνων τ, δ, θ
Distinction among the consonants τ, δ, θ

3.17 Ακούστε και συμπληρώστε με τα σύμφωνα τ, δ, θ.
Listen and fill in the gaps with the consonants τ, δ, θ.

Α. τ ή θ;
τηλέφωνο — θησαυρός
1. ___ήκη   ___ύχη
2. ___υμάρι ___ηγάνι
3. ___οίχος ___είος
4. αε___ός   λά___ος

Β. δ ή θ;
Δίας — θεός
5. ___ένω   ___έλω
6. ___έμα   ___έμα
7. ___ύση   ___έση
8. μά___ημα ά___ικα

Γ. δ ή τ;
δώρο — τηλεόραση
9. ___άφος   ___άσος
10. ___ίχως ___οίχος
11. πο___ήλατο πο___ήρι
12. ομελέ___α φασολά___α

Α. **telephone - treasure** 1. case - luck 2. thyme - frying pan 3. wall - uncle 4. eagle - mistake
Β. **Zeus - god** 5. I tie - I want 6. subject - parcel 7. sunset - place 8. lesson - unfairly
Γ. **gift-television** 9. grave - forest 10. without - wall 11. bicycle - glass 12. omelette - bean soup

3.18 Στην υγειά σας!
Your health! Cheers!

Η θεά Υγεία
The godess health

Από την λέξη **Υγεία** έχει προέλθει ο χαιρετισμός **Γεια/Γεια σου/Γεια σας,** καθώς και η ευχή **Στην υγειά σου/σας/μας,** όταν τσουγκρίζουμε τα ποτήρια.

From the word **Υγεία** comes also the greeting **Γεια/Γεια σου/Γεια σας,** as well as the wish **Στην υγειά σου/σας/μας,** when we propose a toast.

Λεξιλόγιο 3.18		ΕΚΦΡΑΣΕΙΣ	EXPRESSIONS	στην υγειά σου	to your health
		γεια [ja]	hello	[stin ijasu]	
ΟΥΣΙΑΣΤΙΚΑ	NOUNS	γεια σου [jasu]	hello (to you)	στην υγειά μας	to our health
η υγεία [ijia]	health	γεια σας [jasas]	hello (to you – plural or polite form)	[stin ijamas]	
η θεά	godess			στην υγειά σας	to your health
				[stin ijasas]	(plural or polite form)

Αρωματικά φυτά και βότανα της Ελλάδας
Greek aromatic plants and herbs

3.19 🎧 Ακούστε και διαβάστε.
Listen and read.

(Thymus capitatus)

1. Το θυμάρι
για τον πυρετό.
Thyme for fever.
ον πυρετό [tombireto]
Βλέπε τελικό **ν**, 5.25.
See **v** final, 5.25.

(Origanum majorana)

2. Η ρίγανη
για τη σαλάτα.
Oregano for salad.

(Ocimum basilicum)

3. Ο βασιλικός
για την πέψη.
Basil for digestion.
την πέψη [timbepsi]
Βλέπε τελικό **ν**, 5.25.
See **v** final, 5.25.

(Apium graveolens)

4. Το σέλινο
για δίαιτα.
Celery for diet.

(Petroselinum crispum)

5. Ο μαϊντανός
για τόνωση.
[maidanos]
Parsley for strengthening.

(Matricaria chamomilla)

6. Το χαμομήλι
για το συνάχι.
Camomile for the cold.

(Anethum graveolens)

7. Ο άνηθος
για τη σαλάτα
και το ψάρι.
Dill for the salad
and the fish.

(Mentha viridis)

8. Ο δυόσμος
για τα γεμιστά.
[ðjozmos]
Spearmint
for stuffed vegetables.

(Valeriana officinalis)

9. Η βαλεριάνα
για χαλάρωση.
Valeriana
for relaxation.

(Malva sylvestris)

10. Η μολόχα
για το βήχα.
Mallow for the cough.

(Vervena citriodora)

11. Η λουίζα
για το ζάχαρο.
Lemon verbena
for diabetes.

(Foeniculum vulgare)

12. Ο μάραθος
για τη σπανακόπιτα.
Fennel
for the
spinach pie.

 http://www.winefest-dafnes.gr/botana.htm

Βήμα 3
Step 3

3.20 🎧 📖 ✏️ Ακούστε και διαβάστε. Αντιγράψτε το ποίημα.
Listen and read. Copy the poem.

Μαρίνα
Από τις « Μικρές Κυκλάδες » του Οδυσσέα Ελύτη

Δώσε μου δυόσμο να μυρίσω,
λουίζα και βασιλικό.
Μαζί μ' αυτά να σε φιλήσω,
και τι να πρωτοθυμηθώ.

Marina
Extract from « Mikres Cyclades » by Odysseas Elytis.

Give me spearmint to smell,
lemon verbena and basil.
Kissing you with all their perfume
and what should I remember first?

 Μελοποιημένο από το Μίκη Θεοδωράκη
Set to music by Mikis Theodorakis

Διάκριση των συμφώνων σ, ζ
Distinction between the consonants σ and ζ

3.21 🎧 📖 Ακούστε και διαβάστε. Listen and read.

Ούζο και μεζές
Ouzo and appetizer

ℹ️ **Μεζές:** έδεσμα με πικάντικη γεύση, το οποίο σερβίρεται είτε ως ορεκτικό είτε ως συνοδευτικό οινοπνευματωδών ποτών, συνήθως σε μικρή ποσότητα.

Mezes: spicy dish, which is served either as an appetizer or as a dish accompanying alcohol drinks, usually in small portions.

Ούζο: ελληνικό οινοπνευματώδες ποτό. Συνήθως πίνεται αραιωμένο με νερό και συνοδεύεται με μεζέδες.

Ouzo: Greek alcohol drink. Usually it is drunk watered down and is served with appetizers.

Μουσικό μεζεδοπωλείο

Mezedopolio* avec orchestre
* Restaurant where appetizers are served.

"Το Ουζερί"
πεζόδρομος πλατείας Βικτωρίας.

«The Ouzeri»*
Victorias Square pedestrian street.

* Restaurant where ouzo and appetizers are served.

3.22 🎧 ✏️ Ακούστε και συμπληρώστε με τα σύμφωνα σ ή ζ. Listen and fill in the gaps with the consonants σ or ζ.

σ	ζ
το σύκο	το ζάρι
fig	dice

1. __άχαρη	__αφάρι
2. __ιγά	__υγά
3. __υγίζω	__υγυρίζω
4. μι __ός	πε __ός
5. πό __α	πό __α
6. πά __α	μά __α

1. sugar - safari
2. slow - even
3. I weigh - I tidy up
4. half - pedestrian
5. how many - pose
6. pass - mass

Διάκριση των συμφώνων δ, ζ
Distinction between the consonants δ and ζ

Βήμα 3 / Step 3

3.23 Ακούστε και συμπληρώστε τα κενά με **δ** ή **ζ**.
Listen and fill in the gaps with the consonants δ or ζ.

το **δ**άσος — forest
η **ζ**άχαρη — sugar

1. __ω	ε__ώ
2. __ύμη	__ύση
3. __ανείζομαι	__αλίζομαι
4. φί__ι	ρύ__ι
5. πε__οί	παι__ί
6. __ειλός	__υγός

1. I live - here
2. plough - sunset
3. I borrow - I feel dizzy
4. snake - rice
5. pedestrians - child
6. coward - even

οι πε**ζ**οί

3.24 Ακούστε και τονίστε το διάλογο.
Listen and put accents in the following dialogue.

Στην καφετέρια

- Μου δινετε μια ταρτα κερασι;
- Αμεσως, κυρια μου!
- Κι ενα χυμο μηλο. Παγωμενο, παρακαλω!
- Βεβαιως. Κατι αλλο;
- Οχι, ευχαριστω.

3.25 Αντιγράψτε τις λέξεις των πινακίδων. Ακούστε και διαβάστε τες.
Copy the words of the signs. Listen and read them.

1. Airport, Piraeus

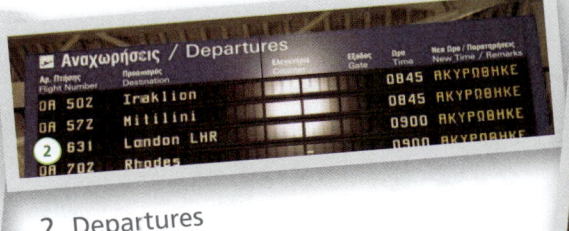

2. Departures

3. BAGGAGE CLAIM

ENOIKIAZETAI
TO LET

4. _____

ZHTEITAI
WANTED

5. _____

ΠΩΛΕΙΤΑΙ
FOR SALE

6. _____

Βήμα 3
Step 3

ΣΟΥΝΙΟ
SOUNION

ΕΝΟΙΚΙΑΖΕΤΑΙ ΜΟΝΟΚΑΤΟΙΚΙΑ ΜΕ ΠΙΣΙΝΑ ΚΑΙ ΘΕΑ ΠΡΟΣ ΤΗ ΘΑΛΑΣΣΑ

7. TO LET DETACHED HOUSE WITH SWIMMING POOL AND SEA VIEW

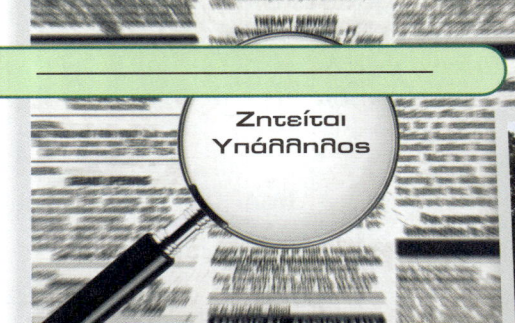

Ζητείται Υπάλληλος

8. Employee wanted

ΠΗΛΙΟ PELION

ΠΩΛΕΙΤΑΙ ΠΑΡΑΔΟΣΙΑΚΗ ΔΙΩΡΟΦΗ ΜΟΝΟΚΑΤΟΙΚΙΑ

9. FOR SALE TRADITIONAL TWO-STOREY DETACHED HOUSE

10. Ζητείται ψεύτης

10. LIAR wanted

Διάκριση των συμφώνων ξ, ψ
Distinction between the consonants ξ and ψ

3.26 Ακούστε και συμπληρώστε με τα σύμφωνα ξ ή ψ.
Listen and fill in the gaps with the consonants ξ or ψ.

ξ
ο **ξ**ενώνας
guest house

ψ
ο **ψ**αράς
fisherman

1. Το __ενοδοχείο
Hotel

2. Ο __ένος, η __ένη
Foreigner

3. Το τα__ί
taxi

4. Τα __ιλά
Change

5. Το __άρι
Fish

6. Δεν είναι __ηλός.
He is not tall.

7. Το __αλίδι
Scissors

8. Το __ωμί
Bread

9. Το __ύλο
Wood

10. Η __εναγός
Guide

Διάκριση των συμφώνων φ, θ
Distinction between the consonants φ and θ

Βήμα 3 / Step 3

3.27 Ακούστε και συμπληρώστε τα κενά με τα σύμφωνα φ ή θ.
Listen and fill in the gaps with the consonants φ or θ.

φ — το φύλλο / leaf
θ — το παράθυρο / window

1. __αΐ	__εοί
2. __υμάμαι	__οβάμαι
3. __ίλος	__είος
4. __υτό	__υμός
5. __άρος	__άρρος
6. __άλασσα	__άλαινα

1. food - gods
2. I remember - I am afraid / I fear
3. friend - uncle
4. plant - anger
5. lighthouse - courage
6. sea - whale

3.28 α. Ακούστε και μετά διαβάστε το κείμενο.
Listen and then read the text.

Ένα νησί στο Σαρωνικό: η Αίγινα

Η Αίγινα είναι ένα νησί στο Σαρωνικό κόλπο, μία ώρα περίπου με το φέρι από το λιμάνι του Πειραιά.
Η πρωτεύουσα του νησιού ήταν και η πρώτη πρωτεύουσα του νέου ελληνικού κράτους.
Το νησί έχει πολλά αξιοθέατα. Ανάμεσά τους και ο ναός της Αφαίας Αθηνάς, ένας από τους πιο ωραίους αρχαίους ναούς στην Ελλάδα.
Το νησί φημίζεται επίσης για τα κεραμικά του, τα φιστίκια του και το ήπιο κλίμα του.
Πολλοί Έλληνες και ξένοι, κι ανάμεσά τους πολλοί καλλιτέχνες, που θέλουν να μένουν μακριά και συγχρόνως* κοντά* στην Αθήνα, κατοικούν μόνιμα στο νησί.

*συγχρόνως [siŋxronos], κοντά [koŋda]: Βλέπε Βήμα 4.
See step 4.

An island in the Saronic Gulf: Aegina

Aegina is an island in the Saronic Gulf, almost an hour away by ferry-boat from Piraeus Port.
The capital of the island was also the first capital city of the modern Greek state.
There are many interesting sites to visit on the island. Among them there is the temple of Athena Aphaea, one of the most beautiful ancient temples in Greece.
The island is also famous for its ceramics, its peanuts and its mild climate.
Many Greeks and foreigners, among them many artists, who want to live away but also close to Athens, are permanent residents on the island.

3.28 β. Συμπληρώστε τις λέξεις που λείπουν. Fill in the gaps with the words of the text above.

Η Αίγινα _____ ένα _____ στο Σαρωνικό κόλπο, μία _____ περίπου με το φέρι από το _____ του _____. Η _____ του νησιού _____ και η πρώτη πρωτεύουσα του νέου _____ κράτους. Το νησί _____ πολλά _____. Ανάμεσά τους και ο _____ της Αφαίας Αθηνάς, _____ από τους πιο _____ αρχαίους ναούς στην _____. Το νησί _____ επίσης για τα _____ του, τα φιστίκια του και το ήπιο _____ του. Πολλοί _____ και ξένοι, κι _____ τους πολλοί καλλιτέχνες, που _____ να μένουν _____ και συγχρόνως _____ στην Αθήνα, _____ μόνιμα στο νησί.

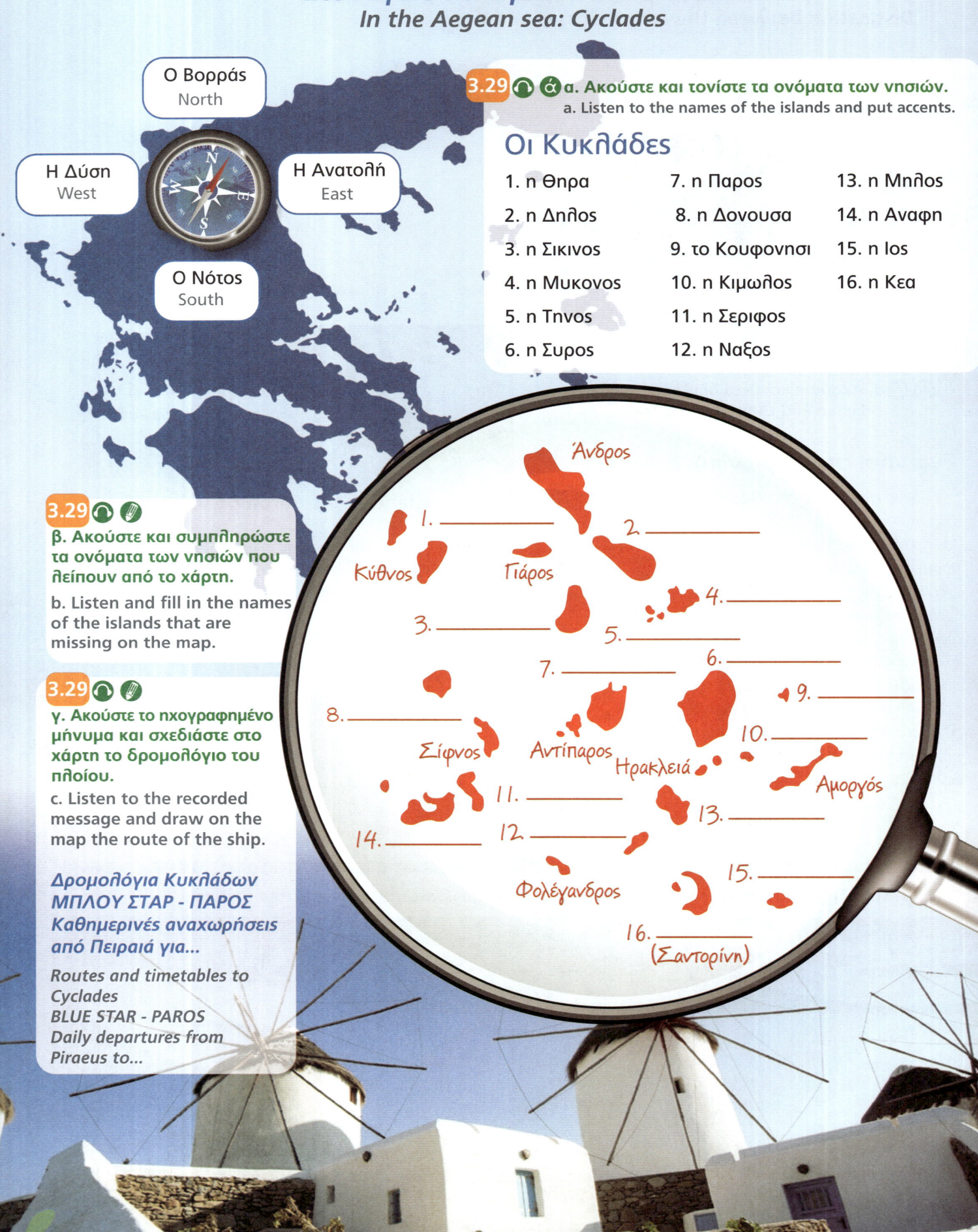

3.30 Οι Κυκλάδες   Cyclades

Οι **αρχαίοι γεωγράφοι** ονόμασαν τα νησιά αυτά **Κυκλάδες**, επειδή **σχηματίζουν κύκλο** με **κέντρο** το ιερό νησί Δήλος.
Σύμφωνα με τη μυθολογία, στη Δήλο **γ**εννήθηκαν ο θεός Απόλλωνας **και** η θεά Άρτεμις.
Στις **Κυκλάδες** αναπτύχθηκε ο **Κυκλαδικός πολιτισμός** (περίπου 3300 – 2000 π.Χ.).
π.Χ.= προ Χριστού

Ancient geographers named these islands Cyclades, because they form a circle around the sacred island of Delos.
According to mythology, god Apollo and goddess Artemis were born in Delos.
The Cycladic civilisation was developed in Cyclades (about 3300-2000 B.C.).

το νησί Δήλος, η Δήλος

the island of Delos

http://www.cycladic.gr/frontoffice/portal.asp?cpage=node&cnode=1&clang=1
http://www.ecyclades.com/   http://www.travelcyclades.com/ http://en.wikipedia.org/wiki/Cyclades

3.31 Ακούστε και διαβάστε το κείμενο. Υπογραμμίστε τις συλλαβές στις οποίες τα σύμφωνα **κ, γ, χ** προφέρονται [c], [ɟ] ή [ç]. (Βλέπε 3.10) Π.χ.: [ci] **Κυ**βέλη.

Listen and read the text. Underline the syllables where the consonants **κ, γ, χ** are pronounced [c], [ɟ] or [ç]. (see 3.10) For example: [ci] **Κυ**βέλη.

Γιατί μου αρέσει η Πάρος
Από την **Κυ**βέλη* Ευτυχίδου, μαθήτρια της τετάρτης** Δημοτικού.

Η Πάρος είναι το νησί της μαμάς μου.** Δηλαδή, δεν είναι δικό της αλλά από εκεί είναι οι γονείς της. Όταν κατεβαίνουμε από το καράβι σηκώνει τα χέρια της και λέει: «Αχ! το νησάκι μου!» Ο πατέρας μου** δε λέει τίποτα γιατί κουβαλάει πολλά πράγματα (και την κόκκινη* βαλίτσα μου).

Μου αρέσει η Νάουσα, όπου είναι το σπίτι της θείας Καίτης. Το καλοκαίρι έχει πολλούς ξένους και θόρυβο, λέει ο μπαμπάς, αλλά εμένα δε με πειράζει. Το σπίτι έχει ένα μεγάλο κήπο γεμάτο λουλούδια και πολλά ζώα, μία αγελάδα μαύρη με ροζ μύτη και δεκαέξι χελώνες. Μου αρέσει η θεία Καίτη. Γελάει συνέχεια και μιλάει δυνατά. Ο θείος Κίμωνας είναι ένας δικηγόρος** πολύ σπουδαίος. Μιλάει μόνο στο κινητό του και κουνάει το κεφάλι του. Ο μπαμπάς λέει κι άλλα πολλά για το θείο Κίμωνα αλλά εγώ δεν πρέπει* να τα λέω.

Μου αρέσει η κοιλάδα με τις πεταλούδες, το ψαροχώρι, όπου πηγαίνουμε για φαγητό, η θάλασσα και τα ψάρια. (Δηλαδή, μου αρέσει να τα κοιτάω μέσα στο νερό αλλά όχι να τα τρώω κι ας είναι πολύ υγιεινά).

Δε μου αρέσει το αρχαιολογικό μουσείο γιατί είναι πολύ μεγάλο και ο πατέρας** μου μένει πολλή ώρα μέσα και μου λέει συνέχεια «Ξέρεις αυτό;» και «Κοίτα το άλλο» κι εγώ θέλω να πάω στην παραλία.* Είναι όμως ένα μουσείο πολύ σπουδαίο.

Μου αρέσει η Πάρος και το χειμώνα. Είναι ήσυχα, έχει φοβερά κύματα και η θάλασσα είναι μοβ.

Why I like Paros
by Kyveli Eftyhidou, 4th grade pupil.

Paros is my mother's island. I mean, it's not her property, but it's the place where her parents come from. When we get off the boat, she raises her hands and says: "Ah! My little island!"
My father says nothing because he carries many things (including my red suitcase).
I like Naoussa, where my aunt Katie's house is. "In the summer, there are many foreigners and plenty of noise", my dad says, but I don't mind. The house has a big garden, full of flowers, and many animals, a black cow with a pink nose and sixteen turtles. I like aunt Katie. She laughs all the time and speaks loudly. Uncle Kimon is a very successful lawyer. He only speaks on his mobile phone and nods his head. Dad says many more things about uncle Kimon, but I am not supposed to say them.
I like the valley with the butterflies, the fishermen village, where we go for lunch, the sea and the fish. (I mean, I like watching the fish in the sea not eating them, although they are very healthy).
I don't like the archaeological museum, because it's very big and my dad spends a long time in it asking me all the time "Do you know this?" and saying "Look at that!" while I want to go to the beach. However, it's a very important museum.
I like Paros in winter, too. It's quiet, there are enormous waves and the sea is purple.

---

* την Κυβέλη [tiŋgiveli], την κόκκινη [tiŋgocini], δεν πρέπει [ðembrepi], στην παραλία [stimbaralia]: Βλέπε τελικό **ν**, 5.25.
See final **v**, 5.25.
**τετάρτης Δημοτικού [tetartizðimotiku], της μαμάς μου [tizmamazmou], πατέρας μου [paterazmu], ένας δικηγόρος [enazðiciɣoros]:
Βλέπε τελικό **s**, 5.9. See final **s**, 5.9.

Τραγούδι / Song

3.32 Ακούστε το τραγούδι και συμπληρώστε τα κενά με τις συλλαβές που λείπουν. Ακούστε το όσες φορές χρειάζεται. Ελέγξτε την ορθογραφία από τη λύση 3.32.
Listen to the song and fill in the gaps with the missing syllables. Listen to it as many times as needed. Correct the spelling of the words using the key 3.32.

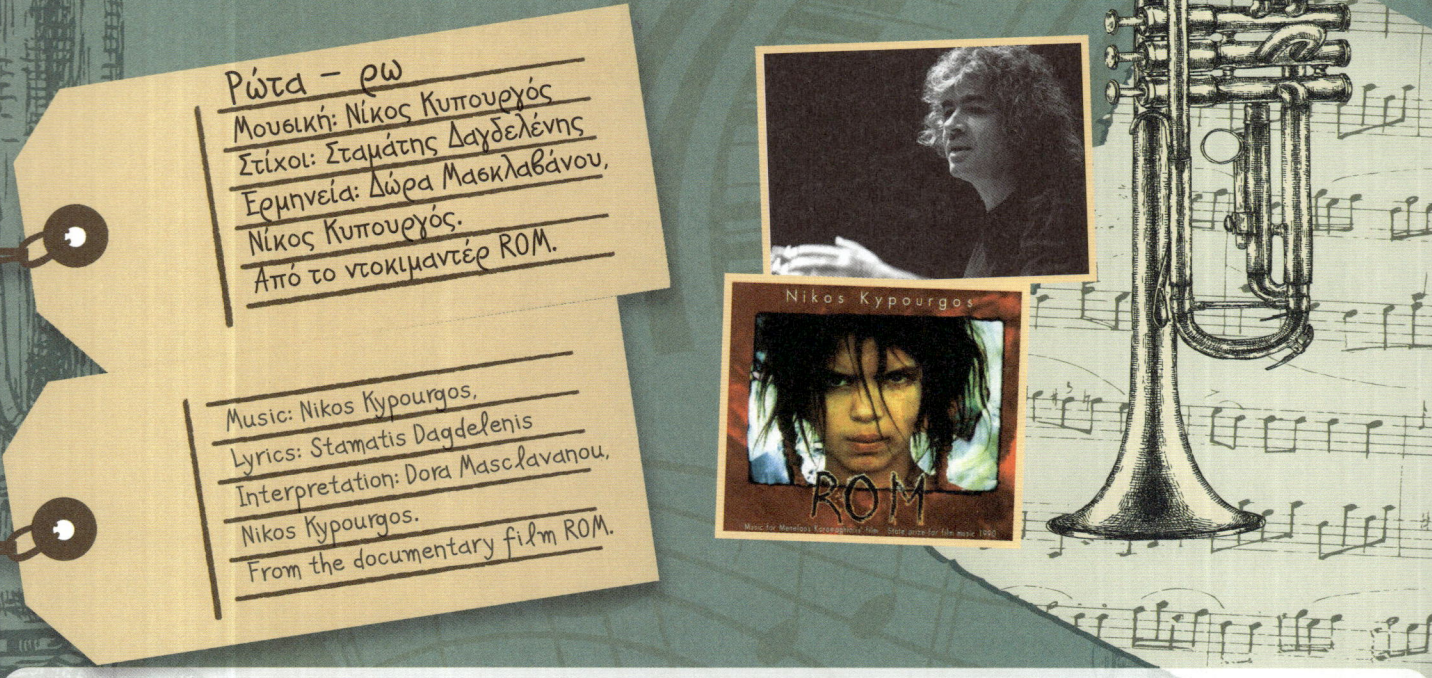

Ρώτα – ρω
Μουσική: Νίκος Κυπουργός
Στίχοι: Σταμάτης Δαγδελένης
Ερμηνεία: Δώρα Μασκλαβάνου,
Νίκος Κυπουργός.
Από το ντοκιμαντέρ ROM.

Music: Nikos Kypourgos,
Lyrics: Stamatis Dagdelenis
Interpretation: Dora Masclavanou,
Nikos Kypourgos.
From the documentary film ROM.

Ρώτα, ρώτα, ρώτα, ρώτα, ρω,	Ask,
ρώτα, ρώτα, ρώτα, ρω (δις)	ask (bis)
τα ___λιά που τα___δεύουν	the travelling birds
πώς γυρνάν ___ τον και___*. (δις)	how they return in time. (bis)
Ρώτα, ρώτα, ρώτα, ρώτα, ρω,	Ask,
ρώτα, ρώτα, ρώτα, ρω (δις)	ask (bis)
το νε___ που φεύγει μαύ___	the water that goes black
πώς γυ___ζει καθα___. (δις)	how it comes back clear. (bis)
Α, ___ρίζει η γη στο άπει___	Ah, the earth turns to infinity
με τ' άστρα** ___βεντιάζει	and talks with the stars
γιατί είναι πέτρα που ___λά	because it's a rolling stone
για ___μη ___ρταριάζει.	in order not to run to weeds.
Ρώτα, ρώτα, ρώτα, ρώτα, ρω,	Ask,
ρώτα, ρώτα, ρώτα, ρω (δις)	ask (bis)
Ρώτα πότε θα γυ___σει	Ask when is coming back
το κο___τσι που αγα___. (δις)	the girl that I love. (bis)

* τον καιρό [τοŋjero]: Βλέπε τελικό **ν**, 5.25. See final **v**, 5.25.
** τ'άστρα = τα άστρα

Θέλω κι άλλες ασκήσεις!!!

I want more exercises!!!

3.33 Ακούστε και συμπληρώστε με τα σύμφωνα π ή φ.
Listen and fill in the gaps with the consonants π or φ.

φ το **φ**όρεμα — dress
π το **π**ουλόβερ — sweater

1. __ώς how	__ως light	8. λό__ος hill	κό__ος effort
2. __ακός torch/lens	__άτος bottom	9. λί__ος fat	ύ__ος style, attitude
3. __αίνεται it seems	__αίζεται it is played	10. α__άθεια apathy	α__άνεια obscurity
4. __είνα famine	__ίνα fine	11. ά__οβος fearless	ά__ορος pauper
5. __όνος pain	__όνος murder	12. α__όρρητος confidential	α__όρητος unbearable
6. __ίλος friend	__ηλός clay	13. α__ορώ I concern	α__ορώ I wonder
7. __αζάρι bazaar, market	__ανάρι lantern	14. κά__ου somewhere	α__ού since

3.34 Ακούστε και συμπληρώστε με τα σύμφωνα β ή π.
Listen and fill in the gaps with the consonants β or π.

β το **β**απόρι — boat/ship
π το **π**οτήρι — glass

1. __ήμα step	__οίημα poem
2. __άθος passion	__άθος depth
3. __όλος marble	__όλος pole
4. __ουλί bird	__ουλή parliament
5. κά__ος cable	κά__ως somehow
6. κό__ος effort	φό__ος fear
7. λι__υκός Libyan	τυ__ικός typical
8. λι__αρός fatty/greasy	σο__αρός serious

3.35 Ακούστε και συμπληρώστε με τα σύμφωνα β ή φ.
Listen and fill in the gaps with the consonants β or φ.

β το **β**αρέλι — barrel
φ η **φ**άλαινα — whale

1. __ονικός lethal	__ολικός comfortable	5. ά__ωνος speechless	ά__ολος uncomfortable
2. __οή rumble	__ωνή voice	6. α__αθής shallow	α__ανής obscure
3. __υτό plant	__υθός seabed	7. κου__ός deaf	βου__ός mute
4. __άρος lighthouse	__άρος weight	8. φο__ία phobia	σο__ία wisdom

3.36 Σημειώστε σε ποια λέξη από κάθε ζεύγος τα σύμφωνα κ, γ, χ προφέρονται [c], [ʝ] ή [ç].
In the following pairs of words mark the one in which the consonants κ, γ, χ are pronounced [c], [ʝ] or [ç].

1. καλός good	κιλό kilo	+
2. κουφός deaf	κενό gap	
3. κύμα wave	κόμμα coma	
4. κελάρι cellar	κάνω I do	
5. κακός bad	κεσές pot	
6. γούνα fur	γίγας giant	
7. γεμίζω I fill	γόμα rubber	
8. τηγάνι frying pan	γύρος tour	
9. χέρι hand	χαρά joy	
10. χείλια lips	χώρα country	
11. αχούρι stable/stall	χελώνα turtle	
12. χώμα earth/dust	χυμός juice	

3.37 Ακούστε και συμπληρώστε με τα σύμφωνα κ, γ, χ.
Listen and fill in the gaps with the consonants κ, γ, χ.

1. ά__υρο straw	ά__υρο invalid/void
2. __ερός robust/healthy	__αιρός weather
3. __υμός juice	__οινός common
4. __άνω I do	__άνω I lose
5. __ίνα China	__ήνα goose
6. __εμάτος full	__ενός empty
7. α__ούρι stable/stall	__ούρι luck/charm
8. __οπή cut/cutting	__ωνί cone/funnel
9. __ίνομαι I become	__ύνομαι I flow/I boil over
10. __ιλό kilo	__υλός pap/porridge

3.38 Ακούστε και συμπληρώστε με τα σύμφωνα τ ή θ.
Listen and fill in the gaps with the consonants τ or θ.

τ το **τ**ηλέφωνο — telephone
θ ο **θ**ησαυρός — treasure

1. __άσος Tassos	__άσος Thassos
2. __έλος end	__έρος summer
3. __υφώνας typhoon	__αμώνας regular customer
4. αι__έρας ether/air	πα__έρας father
5. μύ__η nose	ή__η manners
6. μύ__ος myth	μί__ος vital lead/clue
7. παρα__ύρι window	πα__η__ήρι wine-press
8. α__ανασία immortality	α__αξία disorder/misconduct

3.39 Ακούστε και συμπληρώστε με τα σύμφωνα δ ή θ.
Listen and fill in the gaps the consonants δ or θ.

1. __άσος forest	__άσος Thassos	5. α__άνατος immortal	α__ύνατος thin/weak/impossible
2. __υμός anger	__ειλός coward	6. με__άνιο methane	__άνειο loan
3. __ηλώνω I declare	__υμώνω I am angry	7. πό__ι leg	πό__οι desires
4. ά__ετος untied/loose	ά__εος atheist/godless	8. α__ικώ I am unfair	α__ετώ I break a promise

3.40 Ακούστε και συμπληρώστε με τα σύμφωνα δ ή τ.
Listen and fill in the gaps with the consonants δ or τ.

A

1. __όνος accent	__όλος deceit, intent
2. __έος awe	__έως ex-
3. __ήμιος executioner	__ίμιος honest
4. __έρας monster	__έμα parcel
5. __ειλή coward	__υρί cheese
6. __ούλοι slaves	__ούλι tulle/voile
7. δια__οχή succession	ανα__ολή dawn
8. πολι__ική politics/policy	δηλα__ή namely, that is (to say)

B

1. ξενο__οχείο hotel	5. ποιη__ής poet
2. κινη__ό mobile phone	6. αγελά__α cow
3. περίπα__ος walk/promenade	7. κου__άλι spoon
4. παι__ί child	8. κου__ούνι bell

3.41 Ακούστε και συμπληρώστε με τα σύμφωνα σ ή ζ.
Listen and fill in the gaps with the consonants σ or ζ.

Σ το σύκο fig   Ζ το ζάρι dice

1. __αλεύω I move	__ηλεύω I envy	5. __άρα wrinkle/crinkle	__άλα living room
2. __υμώνω I knead	__ιμώνω I approach	6. ά__ημος insignificant	ά__υμος unleavened
3. __άλι shawl	__άλη dizziness	7. ά__ωτο azote, nitrogen	ά__ωτος prodigal
4. __ενάριο scenario	__ιζάνιο weed	8. μά__α nosh	γά__α gauze

3.42 Ακούστε και συμπληρώστε τα κενά με τα σύμφωνα δ ή ζ.
Listen and fill in the gaps with the consonant δ or ζ.

Δ το δάσος forest   Ζ η ζάχαρη sugar

1. __εν zen	__εν not	5. __ομή structure	__ωή life
2. __ήλος Delos	__ήλος zeal	6. μαγα__ί shop	επει__ή because
3. __ιψώ I am thirsty	__ητώ I ask/I demand/I seek	7. πό__α pose	ρό__α wheel
4. __υμώνω I knead	__ηλώνω I declare	8. δα__ί punk	μα__ί together

3.43 Ακούστε και συμπληρώστε με τα σύμφωνα ξ ή ψ.
Listen and fill in the gaps with the consonant ξ or ψ.

1. __ύλο wood	__ύλλος flea	6. __ένα foreign	__έμα lie
2. μετα__ωτός silky	__ητός roast	7. πυ__ίδα compass	α__ίδα arch
3. __ηλός tall	__ινός sour	8. __είρα louse	__ηρά land
4. ά__ενος inhospitable	ά__ητος non cooked/raw	9. __ήφος vote	__ίφος sword
5. __ήσιμο roasting/grilling	__ύλινο wooden	10. __ηλώνω I raise/I grow taller	__ηλώνω I unstitch

3.44 Ακούστε και συμπληρώστε τα κενά με τα σύμφωνα φ ή θ.
Listen and fill in the gaps with the consonant φ or θ.

1. __ωλιά nest	__ηλιά eyelet/noose
2. __έσι fez/tarboosh	__έση seat/position/location
3. __ηρίο beast	__ορείο stretcher
4. __όβος fear	__όλος dome
5. __ιλολογία philology	__εολογία theology
6. __ήκη case	__ύκι seaweed
7. __ηλυκό feminine	__ιλικό friendly
8. υ__αίνω I weave/I spin	μα__αίνω I learn
9. μύ__ος myth	ύ__ος style, attitude
10. Α__ήνα Athens	α__ήνω I leave/I let

Βήμα 4
Step 4

Γιάννης Μόραλης
"Ερωτικό"

Giannis Moralis
"Erotiko"

1. **Τα δίψηφα σύμφωνα**
   μπ - ντ - τσ - τζ - γγ - γκ - γχ

2. **Απλά & δίψηφα σύμφωνα**
   πριν από άτονο /i/ + φωνήεν

3. **Τονισμός Γ:**
   Ο εγκλιτικός τόνος

4. **Διάκριση ανάμεσα στα σύμφωνα**
   και στα δίψηφα σύμφωνα
   - μπ - β
   - ντ - δ
   - γκ/γγ - γ

1. **Consonant digraphs**
   μπ - ντ - τσ - τζ - γγ - γκ - γχ

2. **Simple consonants and consonant digraphs**
   followed by an unaccented /i/ + vowel

3. **Accentuation C:**
   Enclitics

4. **Distinction between consonants**
   and consonant digraphs
   - μπ - β
   - ντ - δ
   - γκ/γγ - γ

Βήμα 4 / Step 4

Τα δίψηφα σύμφωνα / Consonant digraphs

μπ	ντ	τζ	τσ	γκ	γγ	γχ
/ b /	/ d /	/ dz /	/ ts /	/ g /	/ g /	/ ηx /

4.1 🎧 📖 **Ακούστε και διαβάστε.** Listen and read.

1. ΟΔΟΣ ΜΠΟΥΜΠΟΥΛΙΝΑΣ*
BOUBOULINAS STREET

* οδός Μπουμπουλίνας
[οδ**ο**zbubu**l**inas]:
Βλέπε τελικό **s**, 5.9.
See final **s**, 5.9.

2.

ΤΣΑΙ ΤΟΥ ΒΟΥΝΟΥ
ΧΑΛΑΡΩΝΕΙ ΤΑ ΝΕΥΡΑ

"MOUNTAIN TEA"
RELAXES THE NERVES

3. Ένα φλιτζάνι τσάι του βουνού
A cup of mountain tea

4. ΠΛΑΤΕΙΑ ΜΑΝΟΥ ΧΑΤΖΙΔΑΚΙ
MANOU HATZIDAKI SQUARE

5. ΡΕΜΠΕΤΙΚΗ ΙΣΤΟΡΙΑ
REBETIKO STORY
(URBAN FOLK MUSIC)

6. ΠΡΟΓΡΑΜΜΑ
13η* Γιορτή Τσακώνικης Μελιτζάνας
PROGRAMME
13th festival of Tsakonia aubergine

*13 η = δέκατη τρίτη

7. Γκολ ! Μπράβο !
Goal! Well done!

ⓘ **Τσακωνιά:** περιοχή στην ανατολική Πελοπόννησο.
Μάνος Χατζιδάκις: ένας από τους σημαντικότερους Έλληνες συνθέτες.
Λασκαρίνα Μπουμπουλίνα: ηρωίδα της Ελληνικής Επανάστασης του 1821.

Tsakonia: Area in the eastern Peloponnese.
Manos Hatzidakis: One of the most significant Greek composers.
Laskarina Bouboulina: Heroine of the Greek revolution in 1821.

Μάνος Χατζιδάκις

Τσακωνιά

Μπουμπουλίνα

http://en.wikipedia.org/wiki/Bouboulina
http://en.wikipedia.org/wiki/Xatzidakis

8.

Στο φως του Φεγγαριού

Αρχαιολογικοί χώροι και μνημεία με την πανσέληνο. Είσοδος ελεύθερη.

In the moonlight.
Archaelogical sites and monuments under the full moon. Free admission.

Πίνακας προφοράς
Pronunciation table

Βήμα 4 / Step 4

4.2 Ακούστε και διαβάστε. Listen and read.

Γραφή / Writing	Προφορά / Pronunciation	Παράδειγμα / Examples	Μετάφραση / Translation	Προφορά / Pronunciation
ΜΠ μπ	[b]	μπίρα	beer	[bira]
		μπλούζα	blouse	[bluza]
	[mb] & [b]	ομπρέλα	umbrella	[ombrela] & [obrela]
		κάμπος	plain	[kambos] & [kabos]
	[mp][1]	σύμπτωμα	symptom	[simptoma]
		Πέμπτη	Thursday	[pempti]
	[mp][2]	κομπλιμέντο	compliment	[komplimento] & [komplimendo]
		κομπανία	group of musicians	[kompania]
ΝΤ ντ	[d]	ντόμινο	domino	[domino]
		ντομάτα	tomato	[domata]
	[nd] & [d]	κέντρο	centre	[cendro] & [cedro]
		ελέφαντας	elephant	[elefandas] & [elefadas]
		εντάξει	ok	[endaksi] & [edaksi]
		γάντι	glove	[ɣandi] & [ɣadi]
	[nt][2] & [nd]	αντίκα	antique	[antika] & [andika]
		κομπλιμέντο	compliment	[komplimento] & [komplimendo]
ΤΖ τζ	[dz]	τζιπ, τζίτζικας	jeep, cicada	[dzip], [dzidzikas]
ΤΣ τσ	[ts]	τσέπη	pocket	[tsepi]
		τσάντα	bag	[tsanda] & [tsada]
		κορίτσι	girl	[koritsi]
ΓΚ γκ	[g]	γκαρσόνι	waiter	[garsoni]
	[ŋg] & [g]	πάγκος	bench	[paŋgos] & [pagos]
	[ŋk][1]	ελεγκτής	controller/inspector	[eleŋktis]
	[ŋɟ][3] & [ɟ]	άγκυρα	anchor	[aŋɟira] & [aɟira]
		εγκαίρως	in time	[eŋɟeros] & [eɟeros]
	[ɟ][3]	γκέτο	ghetto	[ɟeto]
ΓΓ γγ	[ŋg] & [g]	αγγλικά	English	[aŋglika] & [aglika]
	[ŋɟ][3] & [ɟ]	άγγελος	angel	[aŋɟelos] & [aɟelos]
	[nɣ] & [ŋg]	συγγραφέας	writer/author	[sinɣrafeas] & [siŋgrafeas]
	[ŋx]	αγχώδης	stressed	[aŋxoðis]
γχ	[ŋx] & [x]	μελαγχολία	melancholy	[melaŋxolia]
		συγχαρητήρια	congratulations	[siŋxaritiria] & [sixaritiria]
		συγχωρώ	I forgive	[siŋxoro] & [sixoro]
	[ŋç][3]	εγχείρηση	operation	[eŋçirisi]

1. Μόνο πριν από το γράμμα τ.
2. Σε λέξεις ξένης προέλευσης.
3. Όταν ακολουθεί /e/ ή /i/.

1. Only before the letter τ.
2. In some words of foreign origin.
3. When /e/ or /i/ follows.

Βήμα 4 / Step 4

4.3 Αντιγράψτε σε πεζά ό,τι είναι γραμμένο με κεφαλαία και το αντίθετο. Ακούστε και διαβάστε. *Copy in small letters what is written in capital letters and vice versa. Listen and read.*

1. Ο τζίτζικας και ο μέρμηγκας*

Cicada and ant

* μύθος του Αισώπου
* Aesop's fable

2. Τα επαγγέλματα στην αρχαία Ελλάδα

Occupations in Ancient Greece

3. 13° ΔΙΕΘΝΕΣ ΦΕΣΤΙΒΑΛ Κουκλοθεατρου & Παντομιμας

13th INTERNATIONAL puppet and mime FESTIVAL

*13° = δέκατο τρίτο

4. ΣΥΓΧΑΡΗΤΗΡΙΑ

CONGRATULATIONS

5. Αγγελος Τερζάκης — Η Πριγκιπέσσα Ιζαμπώ

Anghelos Terzakis « Princess Izabo »

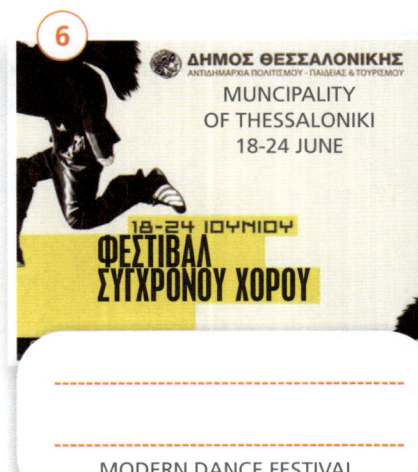

7. ΟΛΥΜΠΙΑΚΟΙ ΑΓΩΝΕΣ ATHÈNES 1896

OLYMPIC GAMES ATHENS 1896

8. ΟΙ ΟΜΠΡΕΛΕΣ

THE UMBRELLAS

Γιώργος Ζογγολόπουλος (1903 - 2004)
George Zogolopoulos (1903 - 2004)

6. ΔΗΜΟΣ ΘΕΣΣΑΛΟΝΙΚΗΣ — ΦΕΣΤΙΒΑΛ ΣΥΓΧΡΟΝΟΥ ΧΟΡΟΥ 18-24 ΙΟΥΝΙΟΥ

MUNCIPALITY OF THESSALONIKI 18-24 JUNE — MODERN DANCE FESTIVAL

i Το εξώφυλλο του επίσημου προγράμματος των πρώτων σύγχρονων Ολυμπιακών Αγώνων (1896, Αθήνα).

Front cover of the official programme of the first contemporary Olympic Games (1896 Athens).

4.4 Συμπληρώστε τα κενά με τα δίψηφα σύμφωνα που λείπουν και τονίστε.
Fill in the gaps with the missing consonant digraphs and put accents where needed.

1. Γιορτη της ___ακωνικης μελι___ανας.
2. Πλατεια Μανου Χα___ιδακι.
3. Η πρι___ιπεσα Ιζα___ω.
4. Συ___αρητηρια!
5. Τα επα___ελματα στην αρχαια Ελλαδα.
6. Διεθνες φεστιβαλ κουκλοθεατρου και πα___ομιμας.
7. Ο ___ι___ικας και ο μερμη___as.
8. Ενα φλι___ανι ___αι του βουνου.
9. ___ολ! ___ραβο!
10. Ολυ___ιακοι Αγωνες.

4.5 🎧 📖 **Ακούστε και διαβάστε.**   Listen and read.

Επαγγέλματα
Professions

Τι δουλειά [δυλα] κάνεις;   What is your profession?

Είμαι μπαλαρίνα
I am a ballet dancer

Είμαι μοντέλο
I am a model

Είμαι τσαγκάρης
I am a cobbler

Είμαι αγγειοπλάστης
I am a potter

Είμαι καφετζής
I am a coffee-shop owner

Είμαι οδοντίατρος
I am a dentist

Είμαι γκαρσόνι
I am a waiter

Είμαι αμπελουργός
I am a vine-grower

Βήμα 4
Step 4

4.6 🎧 📖 **Ακούστε και διαβάστε το διάλογο.**   Listen and read the dialogue.

Πού μένεις, Τζένη;

Μένω στο κέντρο.

Αγγελική: Πού μένεις, Τζένη;
Τζένη: Μένω στο κέντρο, στην οδό Μπουμπουλίνας. Εσύ, Αγγελική;
Αγγελική: Κι εγώ εκεί κοντά μένω, στην οδό Τοσίτσα.

Aggeliki: Where do you live, Jenny?
Jenny: I live in the centre, in Bouboulinas street. And you, Aggeliki?
Aggeliki: I live near there too, in Tositsa street.

Βήμα 4
Step 4

4.7 Ακούστε και γράψτε τα ονόματα τους στα ελληνικά.
Write their names in Greek.

1. Leonardo da Vinci
2. El Greco
3. Georges Bizet
4. Gaetano Donizetti
5. Idira Gandhi
6. Bill Gates
7. Beatles
8. Marlon Brando
9. Charlie Chaplin

4.8 Ακούστε και συμπληρώστε τα κενά με τα μπ, ντ, γκ, τσ, τζ.
Listen and fill in the gaps with μπ, ντ, γκ, τσ, τζ.

Τι φοράς;
What are you wearing?

Φοράω…
I am wearing…

- ✓ ένα ___ιν πα___ελόνι
- ✓ μια ___ορ___ό ___λούζα
- ✓ ένα ___λε κι ένα κόκκινο παπού___ι
- ✓ ___ρίζες κάλ___ες
- ✓ κι ένα πράσινο μα___ίλι.

- ✓ jeans
- ✓ a crimson red blouse
- ✓ a blue and a red shoe
- ✓ grey socks
- ✓ and a green scarf.

Βήμα 4
Step 4

Φοράω...
I am wearing...

- μία κο___ή φούστα
- ένα ___εζ___ουφάν
- μαύρες ___ότες
- κι ένα ___ορ___ό ___ερέ.
- Η ___ά___α μου είναι μαύρη κι η ζώνη μου κίτρινη.

Τι φοράς;
What are you wearing?

- a short skirt
- a beige jacket
- black boots
- and a crimson red beret.
- My bag is black and my belt is yellow.

4.9 Ακούστε και συμπληρώστε τα κενά.
Listen and fill in the gaps.

4.10 Ακούστε και τονίστε.
Listen and put accents.

- Που μενεις, Τζενη;
- Μενω στο κεντρο, στην οδο Μπουμπουλινας. Εσυ, Αγγελικη;
- Κι εγω εκει κοντα μενω, στην οδο Τοσιτσα.

Α. δ ή ντ;

1. ___ύνω / ___ίνω
   I dress / I give
2. ___ομάτα / ___ωμάτιο
   tomato / room
3. ___ηλαδή / ___ιβάνι
   that is / bed
4. κε___ώ / ε___ώ
   I embroider / here

Β. β ή μπ;

5. ___άζα / ___άλα
   vases / ball
6. ___ίδα / ___ίρα
   screw / beer
7. ___ορράς / ___όρα
   north / cloud burst/rain/shower
8. α___έλι / Κυ___έλη
   vineyard / Kyveli

Γ. γ ή γκ;

9. ___άλλος / ___άλοπ
   French man / gallop
10. ___άφα / ___άτα
    mistake/blunder / cat
11. ___η / ___ι
    earth/land / mistletoe
12. α___άθι / α___άπη
    thorn / love

Δ. γ ή γγ;

13. ε___ονός / ___ε___ονός
    grandchild / fact
14. ά___αμος / ε___ύηση
    single/not married / guarantee
15. α___ίζω / ζυ___ίζω
    I touch / I weigh
16. ά___ελος / ά___ιος
    angel / saint

4.11 Ακούστε και συμπληρώστε τα κενά με τα μπ, ντ, γκ, τζ.
Listen and fill in the gaps with μπ, ντ, γκ, τζ.

1. η ___ανάνα
   banana

2. το μα___αρίνι
   tangerine

3. η ___ομάτα
   tomato

ΛΑΧΑΝΙΚΑ
VEGETABLES

ΕΜΠΟΡΙΟ ΦΡΟΥΤΩΝ
FRUIT MARKET

4. ο μαϊ___ανός
   parsley

5. η α___ινάρα
   artichoke

6. το ___ρόκολο
   broccoli

7. η μελι___άνα
   aubergine, eggplant

Ο ΓΑΜΟΣ   THE WEDDING

4.12 a. Ακούστε και συμπληρώστε τα κενά με τα μπ, ντ, γκ, τσ, τζ, γχ.
a. Listen and fill in the gaps with μπ, ντ, γκ, τσ, τζ, γχ.

1. Το κορι___άκι μου πα___ρεύεται!
2. Η κου___άρα είναι πολύ κακο___υμένη.
3. Συ___αρητήρια!
4. Μακάρι να πιάσω το ___ουκέτο!
5. Μμμ... ωραίος ο γα___ρός!
6. Αχ! Είμαι πολύ συ___ινημένη.
7. Είμαι τόσο α___ωμένη!
8. Οι βέρες είναι στην ___έπη* μου;
9. Ωραία η κου___άρα! ___ένη τη λένε;

1. My little girl is getting married!
2. The best woman is very badly dressed.
3. Congratulations!
4. I hope I catch the bouquet!
5. The groom is good looking!
6. Oh! I am very moved.
7. I am so stressed!
8. Are the wedding rings in my pocket?
9. The best woman is pretty. Is her name Jenny?

* στην τσέπη [stiŋdzepi]: Βλέπε τελικό **ν**, 5.25.   See final **ν**, 5.25.

β. Τι σκέφτονται; Αντιγράψτε τις παραπάνω φράσεις στις σωστές θέσεις.
b. What are they thinking? Copy the above phrases in the appropiate space.

Σύμφωνο + /i/ άτονο + φωνήεν
Δίψηφα σύμφωνα + /i/ άτονο + φωνήεν

Consonant + unaccented /i/ + vowel. Consonant digraphs + unaccented /i/ + vowel

Βήμα 4 / Step 4

Πίνακας προφοράς
Pronunciation table

4.13 Ακούστε και διαβάστε. Listen and read.

Γραφή / Writing		Προφορά / Pronunciation	Παράδειγμα / Examples	Προφορά / Pronunciation	Μετάφραση / Translation
β		[vʝ]	βιάζομαι	[vʝazome]	I am in hurry
γ		[ʝ]	γιαγιά	[ʝaʝa]	grand mother
δ	+ / i / άτονο + φωνήεν	[ðʝ]	διαβάζω	[ðʝavazo]	I read
ζ		[zʝ]	μαγαζιά	[maɣazʝa]	shops
ρ		[rʝ]	ψάρια	[psarʝa]	fish
μπ	+ soundless /i/ + vowel	[bʝ]	κουμπιά	[kubʝa] & [kumbʝa]	buttons
ντ		[dʝ]	γάντια	[ɣadʝa] & [ɣaɳdʝa]	gloves
τζ		[dzʝ]	Τζιά	[dzʝa]	Tzia
π		[pç]	πάπια	[papça]	duck
φ		[fç]	ράφια	[rafça]	shelves
χ		[ç]	χιόνι	[çoni]	snow
τ	+ / i / άτονο + φωνήεν	[tç]	μάτια	[matça]	eyes
θ		[θç]	αλήθεια	[aliθça]	truth
σ		[sç]	βαφτίσια	[vaftisça]	baptism/christening
ξ		[ksç]	μοναξιά	[monaksça]	loneliness
ψ		[psç]	ανιψιά	[anipsça]	niece
τσ		[tsç]	κορίτσια	[koritsça]	girls
κ	+ / i / άτονο + φωνήεν	[c]	κουλουράκια	[kuluraca]	cookies
γκ	+ / i / άτονο + φωνήεν	[ɟ]	πουγκιά	[puɟa]	pouchers
λ	+ / i / άτονο + φωνήεν	[ʎ]	ελιά	[eʎa]	olive/olive tree
μ	+ / i / άτονο + φωνήεν	[mɲ]	μοιάζω	[mɲazo]	I look like/I resemble
ν	+ / i / άτονο + φωνήεν	[ɲ]	νιότη	[ɲoti]	youth

4.14 Ακούστε και συμπληρώστε τα κενά. Συμπλήρωσε τους τόνους όπου χρειάζεται.
Listen and fill in the gaps. Put accents where needed.

1. ___στικός (hasty, in a hurry)   ___ρετός (boring)
2. ___τί (why/because)   ___τί (kitten)
3. γά___ (gauze)   γαλά___ (light blue)
4. κου___ (buttons)   ακου___ (he/she touches)
5. σινε___ (cinema)   ζη___ (damage)
6. ___λας (already)   ___λλα (glue)
7. ___νι (pawn)   ___το (drink)
8. ___νι (snow)   ___ροί (dances)
9. φυ___ (plants)   φω___ (fire)
10. ομορ___ (beauty)   όμορ___ (beautifully)
11. μελα___ (swarthy)   ανι___ (nephew)
12. ή___ (sun)   μύ___ (mill)

Βήμα 4
Step 4

4.15 Ακούστε και συμπληρώστε τις λέξεις. Ακούστε ξανά και τονίστε.
Listen and fill in the words. Listen and put accents.

1. η γάτα — cat
η γιαγιά — grandmother

2. ο πα___ — priest

η πα___ — duck

3. το τα___ — taxi

η οξ___ — beech tree

4. η μα___ — mum

η καλα___ — reed/stubble

5. ο μπα___ — dad

η κα___ — caterpillar

6. τα μη___ — apples

η μη___ — apple tree

7. το λεμο___ — lemon

τα λεμο___ — lemons

η λεμο___ — lemon tree

8. το κερα___ — cherry

τα κερα___ — cherries

η κερα___ — cherry tree

9. το κορι___ — girl

τα κορι___ — girls

10. το παι___ — child

τα παι___ — children

Προσοχή! / Attention!

Ο κανόνας 4.13 δεν ισχύει στις λέξεις που έχουν λόγια προέλευση και σε ορισμένες λέξεις ξένης προέλευσης. Στην περίπτωση αυτή τα δύο φωνήεντα προφέρονται ξεχωριστά.

Π.χ.: οικογένεια [ikojenia], ποιότητα [piotita], σενάριο [senario], καφετέρια [kafeteria].

The rule 4.13 does not apply to the words of purist origin and some words of foreign origin. In this case the two vowels are pronounced separately.

E.g.: οικογένεια [ikojenia] family, ποιότητα [piotita] quality, σενάριο [senario] scenario, καφετέρια [kafeteria] cafeteria.

11. το αγο___ — boy

τα αγο___ — boys

4.16 Ακούστε και διαβάστε τις λέξεις. Listen and read the words.

οικογένεια — family	δάνειο — loan	δρομολόγια — itineraries	συγχαρητήρια — congratulations	βιολόγος — biologist	σενάριο — scenario/script
ποιότητα — quality	μεθάνιο — methane	γαμήλιος — bridal/wedding	διατροφή — nutrition	θαλάσσιος — sea (adj.)	
παραδοσιακός — traditional	ενοικιάζεται — for rent	Οδύσσεια — Odyssey	αύριο — tomorrow	Ναύπλιο — Nafplio (the city)	
κύριος — gentleman/sir	ήπιος — mild	ενέργεια — energy	κτίριο — building	Πήλιο — Pelion (the mountain)	
περιοδικό — magazine	δημιουργώ — I create/to create	ωροσκόπιο — horoscope	εκθεσιακός — exhibition (adj.)	παραλιακός — coastal/seaside	
ζώδιο — zodiac sign	διαδρομή — route	σχέδιο — design	εισιτήριο — ticket	καφετέρια — cafeteria	

Πήλιο — Pelio

4.17 🎧 📖 **Ακούστε και διαβάστε.** Listen and read.

Βήμα 4
Step 4

 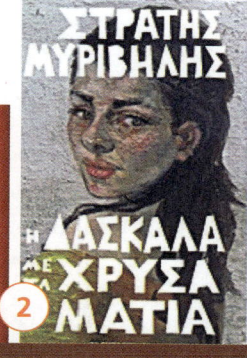 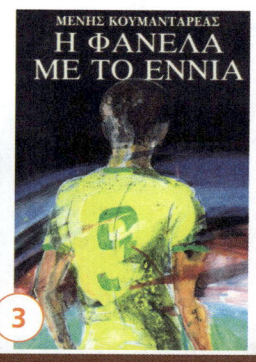 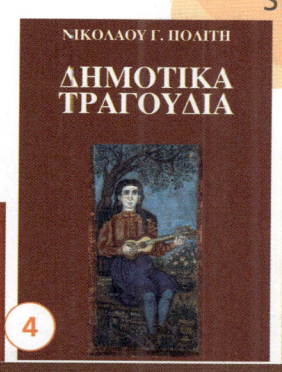

1. « VIRGIN MARY MERMAID » BY STRATIS MYRIVILIS — A NOVEL
2. STRATIS MYRIVILIS « THE TEACHER WITH THE GOLDEN EYES »
3. MENIS KOUMANTAREAS « THE FOOTBALL STRIP WITH NUMBER 9 »
4. « TRADITIONAL FOLK SONGS » BY NIKOLAOS G. POLITIS

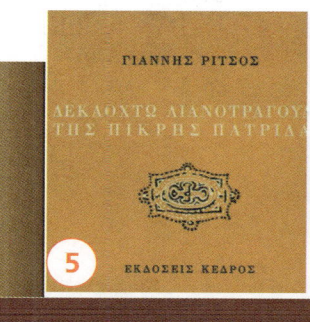   

5. GIANNIS RITSOS « EIGHTEEN COUPLETS (SMALL SONGS) OF THE BITTER HOMELAND » KEDROS EDITIONS
6. Mikis Theodorakis « 18 COUPLETS OF THE BITTER HOMELAND » Poetry: Giannis Ritsos
7. CHRONIS AIDONIDIS Migration and separation songs
8. « Island songs »

ℹ️ **Στρατής Μυριβήλης** (1892 - 1969) Πεζογράφος.
Stratis Myrivilis (1892 - 1969) Novelist.

Μένης Κουμανταρέας Πεζογράφος. Γεννήθηκε το 1931.
Menis Koumandareas Novelist, born in 1931.

Γιάννης Ρίτσος (1909 – 1990) Ποιητής.
Yannis Ritsos (1909 - 1990) Poet.

Μίκης Θεοδωράκης Μουσικός, συνθέτης. Γεννήθηκε το 1925.
Mikis Theodorakis Musician, composer. Born in 1925.

4.18 🎧 ✏️ **Ακούστε και συμπληρώστε τις λέξεις. Ακούστε ξανά και τονίστε.** Listen and fill in the words. Listen again and put accents.

1. το καρα___ boat
   τα καρα___ boats
2. το τραπε___ table
   τα τραπε___ tables
3. το τα___ baking tray
   τα τα___ baking trays
4. το γα___ glove
   τα γα___ gloves

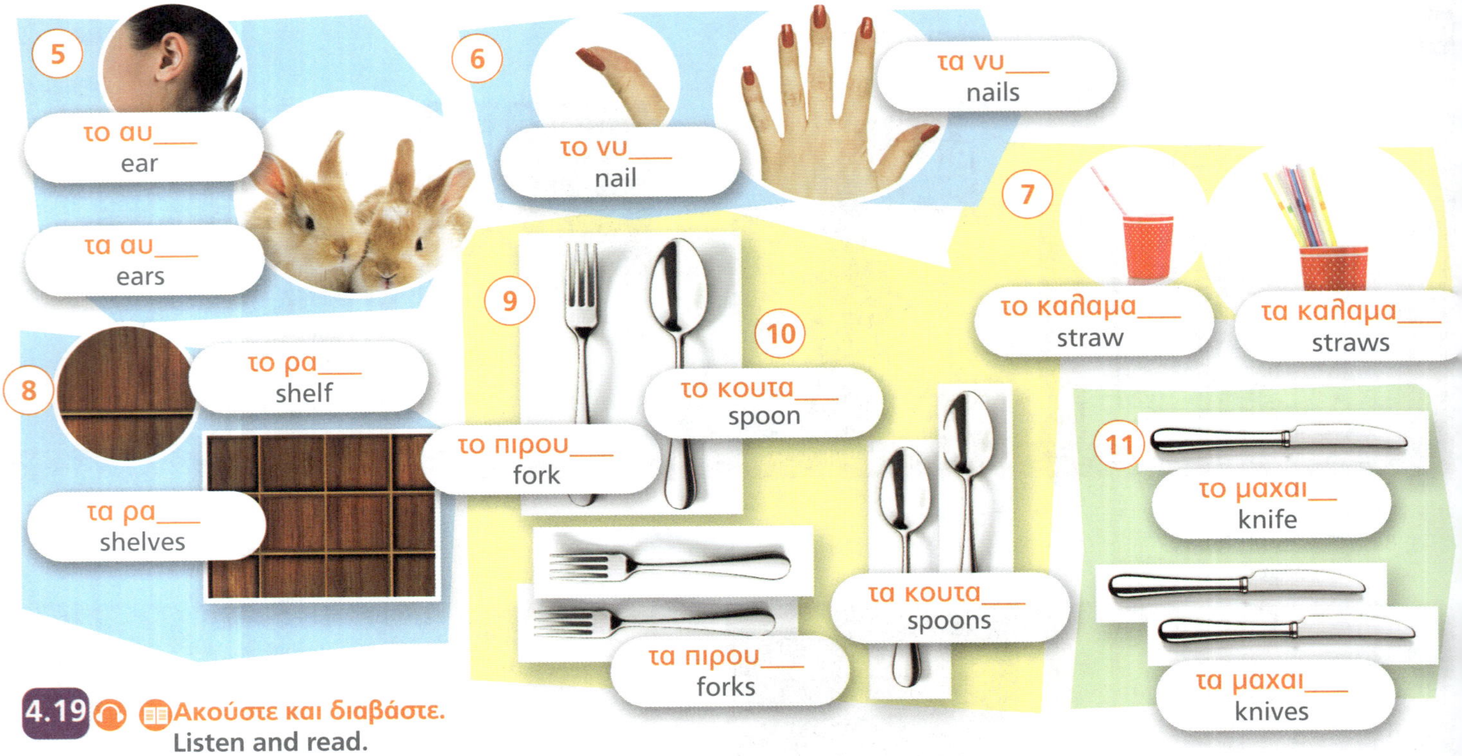

5. το αυ___ ear
τα αυ___ ears

6. το νυ___ nail
τα νυ___ nails

7. το καλαμα___ straw
τα καλαμα___ straws

8. το ρα___ shelf
τα ρα___ shelves

9. το πιρου___ fork
τα πιρου___ forks

10. το κουτα___ spoon
τα κουτα___ spoons

11. το μαχαι___ knife
τα μαχαι___ knives

4.19 🎧 📖 Ακούστε και διαβάστε.
Listen and read.

παράξενος ταξιδιώτης

http://strangetravellergr.blogspot.com/

Strange traveller

▼ Travel agency
▼ Domestic trips and trips abroad
▼ Air and coastal tickets for Greece and abroad
▼ Honeymoon trips
▼ Cruises
▼ Hotels

4.20 🎧 📖 Ακούστε και διαβάστε.
Listen and read.

Children in Ancient Greece

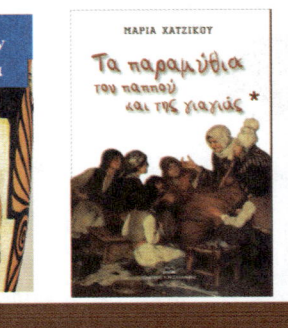
Grandfather and grandmother's fairy tales

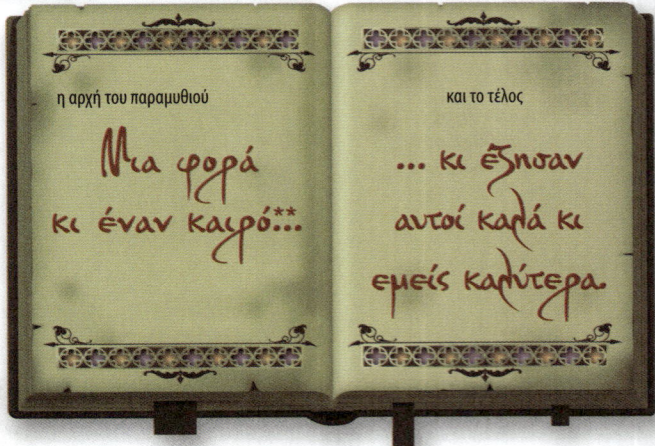

The beginning of the fairy tale: Once upon a time...
And the ending: ...and they lived happily ever after.

* της γιαγιάς [tiʒjaјas]: Βλέπε τελικό **s**, 5.9. See final **s**, 5.9
** έναν καιρό [enaŋgero]: Βλέπε τελικό **v**, 5.25. See final **v**, 5.25

Βήμα 4
Step 4

4.21 Ακούστε, συμπληρώστε τα κενά και τονίστε.
Listen, fill in the gaps and put accents.

1. Τα παραμυ____ του παππου και της _____s
   Grandgather and grandmother's fairy tales

2. ____ φορα κι εναν καιρο...
   Once upon a time...

3. Δημοτικα τραγου____
   Folk songs

4. Ταξι____ εσωτερικου και εξωτερικου
   Domestic trips and trips abroad

5. Κρουα____ρα στα ελληνικα νη____
   Cruise around the Greek islands

6. Η δασκαλα με τα χρυσα μα____ του Στρατη Μυριβηλη
   The teacher with the golden eyes by Stratis Myrivilis

4.22 Ακούστε και διαβάστε το διάλογο.
Listen and read the dialogue.

Μάνια: Γεια σου, Γιάννη! Τι κάνεις;
Γιάννης: Καλά είμαι. Εσύ, Μάνια;
Μάνια: Μια χαρά! Πάω για μπάνιο.
Πάμε μαζί;
Γιάννης: Όχι, ευχαριστώ. Έχω δουλειά.

Mania: Hello, Yianni! How are you?
Yiannis: I'm fine. And you Mania?
Mania: Fine! I'm going for a swim. Shall we go together?
Yiannis: No, thanks. I'm busy.

ΚΡΗΤΗ, Χανιά - Το λιμάνι
CRETE, Chania - the port

4.23 Ακούστε και συμπληρώστε τα κενά. Συμπληρώστε και τους τόνους, όπου χρειάζεται.
Listen and fill in the gaps. Put accents where needed.

Τι θέλετε;
What do you want?

Θέλω...
I want...

1. δύο κιλά μανταρί____
   two kilos of tangerines

2. ένα κιλό κολοκυθά____
   one kilo of zucchini

3. τέσσερα αγγού____
   four cucumbers

4. δύο μπουκά____ γάλα
   two bottles of milk

5. και δύο χω____τικα ψω____
   and two loaves of bread

Βήμα 4
Step 4

4.24 Ακούστε και τονίστε. Μετά διαβάστε.
Listen and put the accents. Then read.

Η Μανια ειναι μουσικος. Παιζει πιανο και βιολι. Εχει ξανθα μαλλια και μπλε ματια. Φοραει γυαλια κι ενα παλιο ασημενιο κολιε της γιαγιας* της. Μενει σε μια μικρη γειτονια στη Θεσσαλονικη. Παει στη δουλεια με τα ποδια.

Mania is a musician. She plays the piano and the violin. She has blonde hair and blue eyes. She wears glasses and an old silver necklace that belonged to her grandmother. She lives in a small neighbourhood in Thessaloniki. She goes to work on foot.

* της γιαγιάς [tizjajas]: Βλέπε τελικό **s**, 5.9.   See final **s**, 5.9.

4.25 Ακούστε και διαβάστε το κείμενο.   Listen and read the text.

Μια φορά κι έναν καιρό**

Σε μια χώρα πολύ μακρινή ζούσε ένας σοφός βασιλιάς, ο Μαγκαντάνι ο πέμπτος. Δεν είχε πολλά παιδιά, μόνο ένα γιο και μία κόρη. Η γυναίκα του είχε πεθάνει πολλά χρόνια πριν. Ο βασιλιάς Μαγκαντάνι δεν ήταν ποτέ χαρούμενος. Ο γιος του ήταν τεμπέλης και η κόρη του πολύ ατίθαση.

Η αγαπημένη λέξη του πρίγκιπα ήταν « Βαριέμαι ». Περνούσε όλη τη μέρα του ακούγοντας παραμύθια και τραγούδια.

« Τι κάνεις; » τον ρωτούσε ο βασιλιάς.

« Σκέφτομαι, μπαμπά » απαντούσε εκείνος και χασμουριόταν.

Η πριγκίπισσα πάλι σπάνια ήταν στο παλάτι. Κάθε πρωί, πριν καλά-καλά βγει ο ήλιος, φορούσε τα πιο παλιά της ρούχα και έφευγε με το άλογό της*. Επέστρεφε το βράδυ, με το φως του φεγγαριού.

« Πού ήσουν; » ρωτούσε ο βασιλιάς.

« Κάπου. Καληνύχτα, πατέρα » απαντούσε εκείνη απότομα ή δεν απαντούσε καθόλου κι ανέβαινε στο δωμάτιό της* σιωπηλή.

Η κόρη του δεν τον** είχε πει ποτέ « μπαμπά ».

Once upon a time..

In a country very far away lived a wise king, Magadani the fifth. He did not have many children, only a son and a daughter. His wife had died many years ago. King Magadani was never happy. His son was lazy and his daughter was very rebellious.

The prince's favourite word was « I'm bored ». He would spend all his day listening to stories and songs.

« What are you doing? » the king asked.

« I'm thinking, dad » he answered and yawned.

The princess, on the other hand, was rarely in the palace. Every morning, before the sun rose, she would wear her oldest clothes and rode away on her horse. She returned at night, under the moonlight.

« Where have you been? » the king asked.

« Somewhere. Goon night, father » she would answer sharply or she would not answer at all and would go upstairs to her bedroom silent.

His daughter had never called him « dad ».

* Βλέπε Εγκλιτικός τόνος, 4.28.   See Enclitics, 4.28.
** έναν καιρό [enaŋgero], δεν τον [ðendon]: Βλέπε τελικό **ν**, 5.25.   See final **ν**, 5.25.

4.26 Ακούστε και τονίστε.   Listen and put accents.

- Γεια σου, Γιαννη! Τι κανεις;
- Καλα ειμαι. Εσυ, Μανια;
- Μια χαρα! Παω για μπανιο. Παμε μαζι;
- Οχι, ευχαριστω. Εχω δουλεια.

4.27 Ακούστε. Listen.

- Γεια σας, παιδιά! / Hello, guys!
- Α, να ο Μανολιός! / There is Manolios!
- Το πιο καλό παιδί! / He's the best guy of all!
- Βρε παιδί μου, πάλι εξάρες; / Oh, man, double six again?
- Μη γίνεσαι παιδί! / Don't be such a child!

---

1 Πότε χρησιμοποιούμε τη λέξη παιδί και για τους ενήλικες; | When do we use the word παιδί for adults?

1. **παιδιά** (Πληθυντικός/Κλητική): ως οικεία προσφώνηση σε ομάδα προσώπων.
2. **παιδί μου**: οικεία προσφώνηση σε ενήλικα.
3. **καλό παιδί**: καλός χαρακτήρας.

1. **παιδιά** (vocative plural): when we are addressing a group of friends.
2. **παιδί μου**: when we are addressing an adult friend.
3. **καλό παιδί**: nice character.

4.28.α Τονισμός Γ: Ο εγκλιτικός τόνος
Accentuation C: Enclitics

Εγκλιτικές λέξεις λέγονται οι μονοσύλλαβες λέξεις που προφέρονται σα να είναι η τελευταία συλλαβή της λέξης που προηγείται.
Οι εγκλιτικές λέξεις είναι: μου, με, σου, σε, του, τον, της, την, το, μας, σας, τους, τες/τις, τα.

Ακούστε τα παραδείγματα.

Π.χ.: ο φίλος μου, η γυναίκα του, το παιδί της.

Όταν η προηγούμενη λέξη τονίζεται στην προπαραλήγουσα, αναπτύσσεται ένας δεύτερος τόνος (ο εγκλιτικός) στη λήγουσα της λέξης αυτής.

Π.χ.: ο διάλογός μου, το όνομά σου, το επώνυμό σας, το ποδήλατό μου, το μήνυμά του, άκουσέ με, φύλαξέ τον.

Enclitics are the monosyllable words which are pronounced as the final syllable of the preceding word.
The enclitics are: μου, με, σου, σε, του, τον, της, την, το, μας, σας, τους, τες/τις, τα.

Listen to the examples.

Ex.: ο φίλος μου (my friend), η γυναίκα του (his wife), το παιδί της (her child).

When the preceding word is accented on its antepenultimate syllable, the accent of the monosyllable word is transferred on the final syllable of the preceding word, which thus acquires a second accent.

Ex.: ο διάλογός μου (my dialogue), το όνομά σου (your name), το επώνυμό σας (your surname), το ποδήλατό μου (my bicycle), το μήνυμά του (his message), άκουσέ με (listen to me), φύλαξέ τον (keep him).

4.28 β. Ακούστε και διαβάστε. / b. Listen and read.

το βιολί μου *my violin*	το μήλο σου *your apple*	η γάτα του *his cat*
το πιάνο της *her piano*	το νησί του *his island*	η κάρτα μας *our card*
η ιδέα σας *your idea*	η μουσική τους *their music*	η εποχή τους *their time*
το πρόβλημά μου *my problem*	το τηλέφωνό σου *your telephone*	το θερμόμετρό του *his thermometer*
το αυτοκίνητό της *her car*	ο ήρωάς του *his hero*	η μέθοδός μας *our method*
ο διάλογός σας *your dialogue*	το μονόγραμμά τους *their monogram*	το θέατρό τους *their theatre*

γ. Ακούστε και τονίστε. / c. Listen and put accents.

η φαρμα μου *my farm*	το θεμα σου *your topic/theme*	η μελωδια του *his melodie*
ο ελεφαντας της *her elephant*	το μαθημα του *his lesson*	ο ρυθμος μας *our rythme*
το προγραμμα σας *your program*	το χολ τους *their hall*	η τυροπιτα τους *their cheese pie*
η αναλυση μου *my analysis*	το σχολειο σου *your school*	το συστημα του *his system*
το βαζο της *her vase*	το νουμερο του *his number*	το αρχειο μας *our record*
το τζιπ σας *your jeep*	η βαρκα τους *their boat*	το ταξι τους *their taxi*

4.29 🎧 **Ακούστε και διαβάστε.**
Listen and read.

Μυρίζει Ελλάδα!
It smells Greece!

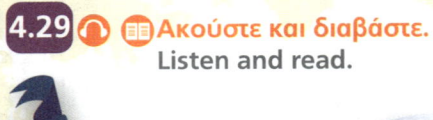
① *Ελληνικά προϊόντα*
Greek products

② **Το ελαιόλαδο**
Olive oil

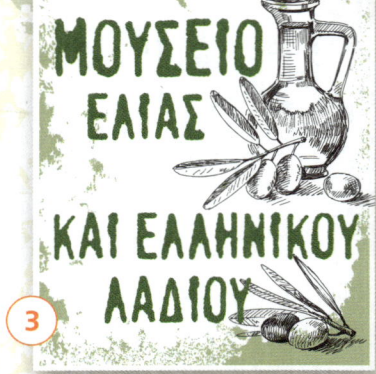
③ OLIVE AND GREEK OLIVE OIL MUSEUM

④ **Μάζεμα ελιάς στην αρχαιότητα**
Collecting olives in ancient times

⑤ **Θεόφιλος.** *Το μάζεμα της ελιάς.*
Theophilos. *Olive collection.*

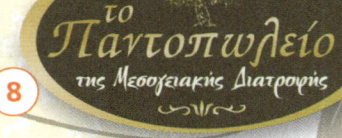
⑧ *το Παντοπωλείο της Μεσογειακής Διατροφής*

⑥ **Η χωριάτικη σαλάτα**
Greek salad

⑦ **Λιαστές ντομάτες**
Sun-dried tomatoes

⑪ **Φιστίκια Αιγίνης**
Aegina Pistachios

⑨ **Κρητικά παξιμάδια**
Cretan rusks

⑩ **Πιπεριές**
Peppers

⑭ **Χιώτικο γάλα**
Milk from Chios island

⑫ **Λουκούμι Σύρου**
Syros Turkish delights

⑬ **Μέλι θυμαρίσιο**
Thyme honey

Το κέρασμα με τον ελληνικό καφέ, το γλυκό του κουταλιού κι ένα ποτήρι παγωμένο νερό, είναι μέρος της ελληνικής φιλοξενίας.

Serving Greek coffee, fruit preserves and a glass of cold water, is part of the traditional Greek hospitality.

4.30 Ακούστε, διαβάστε, μαγειρέψτε!   Listen, read, cook!

Μελιτζανοσαλάτα
Aubergine purée salad

Το λάδι και το ξίδι.
Oil and vinegar

Γλυκά του κουταλιού
Παραδοσιακές συνταγές
Τα γλυκά της Ζωής

Fruit preserves
Traditional recipes
Zoe's sweets

ΥΛΙΚΑ
4 μελιτζάνες στρογγυλές
½ φλιτζάνι ελαιόλαδο
3 κουταλιές ξίδι
1 μικρό κρεμμύδι
1-2 σκελίδες σκόρδο
μαϊντανός ψιλοκομμένος
αλάτι, πιπέρι

INGREDIENTS
4 round aubergines
½ cup of olive oil
3 spoonfuls of vinegar
1 small onion
1-2 cloves of garlic
parsley finely chopped
salt, pepper

ΣΥΝΤΑΓΗ

1. Ψήνουμε τις μελιτζάνες στα κάρβουνα ή στο γκριλ του φούρνου από κάθε πλευρά (η φλούδα τους πρέπει να καεί λίγο για να πάρει τη μυρωδιά του καπνιστού). Τις ξεφλουδίζουμε και τις ψιλοκόβουμε.
2. Ανακατεύουμε τις μελιτζάνες με τα υπόλοιπα υλικά.
3. Γαρνίρουμε τη μελιτζανοσαλάτα με λίγο ψιλοκομμένο μαϊντανό.

RECIPE:

1. We bake the aubergines on the barbeque or under the oven grill on both sides (the skin must be a little burned so that it can get a smoked smell). We peel them and we chop them finely.
2. We mix the aubergines with the rest of the ingredients.
3. We decorate the aubergine puree salad with some finely cut parsley.

4.31 Ακούστε το κείμενο και υπογραμμίστε α) τα δίψηφα σύμφωνα, β) τις λέξεις με την προφορά 4.13, γ) τις εξαιρέσεις 4.16. Διαβάστε το κείμενο.

Listen to the text and underline a) the consonant digraphs, b) the words with the accent peculiarity of table 4.13 and c) the exceptions of the table 4.16. Read the text.

Γιορτή του κρασιού στο Μεσαγρό

Γιορτή κρασιού διοργανώνεται από τον τοπικό* σύλλογο αμπελουργών στη Σαντορίνη. Η συγκέντρωση θα γίνει την Παρασκευή* στην κεντρική* πλατεία του Μεσαγρού. Ο πρόεδρος του συλλόγου, κύριος Άγγελος Τζίμας θα παρουσιάσει τα νέα κρασιά στην ελληνική και στην αγγλική γλώσσα.

Εκτός από τα κρασιά θα δοκιμάσετε το ντόπιο τσίπουρο και παραδοσιακούς μεζέδες, όπως ντοματοκεφτέδες, αμπελοφάσουλα, τζατζίκι, ντολμαδάκια και φυσικά τη νόστιμη σαντορινιά φάβα.

Wine festival in Mesagro

The wine festival is organised by the local vine growers association in Santorini. The gathering will be held on Friday in the central square of Mesagro. The president of the association, Mr. Angelos Tzimas, will present the new wines in the Greek and English languages.

Apart from the wines, you will taste the local tsipouro and traditional appetizers, such as tomato balls, string beans, tzatziki, stuffed vine leaves and of course the tasty pea purée of Santorini.

* τον τοπικό [toŋdopiko], την Παρασκευή [timbarascevi], στην κεντρική [stiŋɟendrici]: Βλέπε τελικό **ν**, 5.25.
See final **v**, 5.25

Τραγούδι / Song

4.32 Ακούστε το τραγούδι όσες φορές χρειάζεται. Συμπληρώστε τα κενά με τις συλλαβές που ακούτε. Διορθώστε την ορθογραφία των λέξεων από τη λύση.
Listen to the song as many times as needed. Fill in the gaps with the syllables you hear. Correct the spelling of the words using the key.

Γεια σου χαρά σου Βενετιά
Μουσική: Σταύρος Ξαρχάκος
Στίχοι: Νίκος Γκάτσος
Ερμηνεία: Νίκος Ξυλούρης

Farewell Venice
Music: Stavros Xarchakos
Verses: Nikos Gatsos
Singing: Nikos Xylouris

Νίκος Ξυλούρης
Nikos Xylouris

___ σου, ___ρά σου, Βενε___!
Πήρα τους δρόμους του Νο___
κι απ' το* κα___ρτι το ψηλό
τον ά___μο παρακα___.

Φύσ' αεράκι,* φύσα με!
Μη ___μηλώνεις ίσαμε
να δω ___λά___ εκκλη___,
Τσιρί___ και Μονεμβα___.

___ σου, χαρά σου, Βενε___!
Βγήκα σε θάλασσα πλα___
και τραγου___ στην ___παστή,
σ' όλο* τον κόσμο ν' α___στεί*.

Φύσ' αεράκι*, φύσα με!
Μη χαμη___νεις ίσαμε
να δω στην Κρήτη ___ κορφή,
που 'χω* ___νούλα κι α___ρφή.

Farewell Venice!
I set off and I travel south
and from the tallest mast,
I urge the wind.

Blow breeze, blow on me.
Don't stop until
I see a blue church,
Tsirigo and Monemvasia.

Farewell Venice!
I'm out in the open sea
and I sing from the railing of the ship,
to be heard to the whole world.

Blow breeze, blow on me.
Don't stop until
I see the peak of a hill in Crete,
where my mother and sister live.

* απ' το κατάρτι = από το κατάρτι
φύσ' αεράκι = φύσα αεράκι, σ' όλο = σε όλο
ν' ακουστεί = να ακουστεί
που 'χω = που έχω

I want more exercises!!!

4.33 Ακούστε και συμπληρώστε τα κενά με **δ** ή **ντ**.
Listen and fill in the gaps with **δ** or **ντ**.

1. ___ηλητήριο (poison)	___ελίριο (delirium)	5. α___ίθετος (opposite)	α___ύνατος (thin/impossible)
2. ___ώρο (gift/present)	___όμινο (domino)	6. δα___έλα (lace)	κα___ένα (chain)
3. ___άλια (dahlia)	___άδα (torch)	7. παι___ί (child)	α___ί (instead of)
4. ___ανεικά (loan)	___αλίκα (truck)	8. α___ένα (antenna)	α___ένας (gland)

4.34 Ακούστε και συμπληρώστε τα κενά με **β** ή **μπ**.
Listen and fill in the gaps with **β** or **μπ**.

1. ___άζο (vase)	___άζω (I put in/let in)
2. ___όι (height)	___όδι (ox)
3. ___ήμα (step)	___ήκα (I entered)
4. ___αγόνι (wagon)	___αλόνι (balloon)
5. κολύ___ι (swimming)	μολύ___ι (pencil)
6. κά___ος (cape)	κά___ος (plain)
7. α___άρι (hold (of ship))	τα___άνι (ceiling)
8. έ___ενος (ebony)	έ___ορος (merchant)

4.35 Ακούστε και συμπληρώστε τα κενά με **γ** ή **γκ/γγ**.
Listen and fill in the gaps with **γ** or **γκ/γγ**.

γ ή γκ;

1. ___αρσόνι (waiter)	___αλόνι (gallon)	5. ε___αίνια (inauguration)	α___ένεια (rudeness)
2. ___αυγίζω (I bark)	___αρίζω (I bray)	6. α___ώνας (elbow)	α___ώνας (match/game)
3. ___άζι (accelarator)	___άζα (gauze)	7. α___έλη (herd)	α___ύλη (bracket)
4. ___έλιο (laughter)	___έτο (ghetto)	8. α___ινάρα (artichoke)	α___ελάδα (cow)

το γκαρσόνι   η μαγεία

γ ή γγ;

9. α___ούρι (cucumber)	___ούρι (luck, charm)	11. μα___εία (magic)	α___εία (pottery vases)
10. ά___ονη (infertile/barren)	ε___ονή (grand daughter)	12. ε___ύηση (guarantee)	απο___είωση (take off)

το γάλα

το κουτί

4.36 Ακούστε και συμπληρώστε τα κενά. Βάλτε τους τόνους όπου λείπουν.
Listen and fill in the gaps. Fill in the missing accents when needed.

1. πό___ (feet)	μό___ (fashion)	7. ί___ (straight)	μέ___ (inside)
2. ___λα (milk)	___τί (why)	8. πο___ (drinks)	κου___ (boxes)
3. ___ρρος (courage)	βα___ (deep)	9. κού___ (hollow)	λό___ (hill)
4. κο___ (near)	αρχο___ (nobility)	10. τό___ (bows)	αμά___ (cars)
5. που___ (pouchers)	μου___ (mute)	11. καρό___ (prams/trolleys)	καρό___ (coach)
6. ___τη (youth)	___τα (musical note)	12. ε___ (olive)	έ___ (come)

95

4.37 Ακούστε και συμπληρώστε τα κενά με: ο ή ιο; α ή ια; Συμπληρώστε και τους τόνους, όπου λείπουν.
Fill in the gaps using o or ιο, α or ια. Fill in the missing accents when needed.

1. β___λή shot	β___λί violin
2. νάζ___ affectations	μάζ___ mass
3. γάντ___ gloves	τσάντ___ bag
4. μερ___ side	μωρ___ babies
5. πάντ___ always	δόντ___ teeth
6. μαμ___ mum	καμ___ none
7. μαλακ___ soft/softly	κακ___ bad

8. παν___ sails	ξαν___ again
9. πουλ___ he/she sells	πουλ___ birds
10. καλ___ good/well	κοιλ___ belly
11. γκ___νης small owl	γκ___λ goal
12. άλλαξ___ I changed	αλλαξ___ change of clothes
13. ματ___ look/glance	ποτ___ drinks
14. π___τος bottom	π___το plate

15. x__ρα country	Χ___της Chiotis (man from Chios)
16. κάψ___ heat	ταψ___ baking trays
17. αγαθ___ goods	κολοκυθ___ pumpkin plant
18. σύννεφ___ clouds	συννεφ___ cloudy
19. τοξ___ bows	οξ___ beech tree
20. ρούχ___ clothes	οχ___ viper
21. βαθ___ deep	ψάθ___ ratan
22. παπούτσ___ shoes	κάλτσ___ sock

4.38 Ακούστε και συμπληρώστε τα κενά. Βάλτε τους τόνους, όπου λείπουν.
Listen and fill in the gaps. Fill in the missing accents when needed.

1. τρα___ billy goat	τρα___ billy goats
2. παι___ children	παι___ child
3. ζά___ dices	ζά___ dice
4. νεράν___ bitter orange	νεράν___ bitter oranges
5. που___ pouchers	που___ poucher
6. ψω___ loaf of bread	ψω___ loaves of bread
7. σακά___ jackets	σακά___ jacket

8. σπα___ swords	σπα___ sword
9. αμά___ car	αμά___ cars
10. κου___ paddle/oar	κου___ paddles/oars
11. νη___ islands	νη___ island
12. κορί___ girls	κορί___ girl
13. καρ___ nail	καρ___ nails
14. χω___ funnel	χω___ funnels

το σακάκι

το πουγκί

το καρφί

4.39 Ακούστε και συμπληρώστε τα κενά. Τονίστε.
Listen and fill in the gaps with the missing syllables. Fill in the missing accents as well.

το πεπόνι

τα κουλουράκια

1. ___βαζω I read	___μαζω I tame
2. μα___ mum	πεπο___ melons
3. αγα___ goods	παραμυ___ fairy tales
4. χω___ village	χο___s dance
5. φω___ lights	μα___ eyes
6. κου___ hollow	σο___ wise
7. μη___ apples	σταφυ___ grapes

8. ι___s equal	ι___s straight
9. ___νο piano	___νω up/over
10. ___ζομαι I am in a hurry	___ζω I put
11. τραπε___ bank	τραπε___ tables
12. κυ___ wave	λουκου___ turkish delights
13. κουλουρα___ cookies	φα___ mouse trap
14. αμα___ wagon	αμα___ cars
15. ανι___ nephews and nieces	δι___ thirst

Βήμα 5
Step 5

Γ. Γαΐτης
"Δημόσιες συγκοινωνίες"

G. Gaitis
"Public transport"

1. Συνδυασμοί συμφώνων

2. Τονισμός Δ:
   Τονισμός δίψηφων φωνηέντων με διαλυτικά

3. Διάκριση ανάμεσα στα σύμφωνα
   - κ - γ - χ
   - τ - δ - θ
   - π - β - φ
   - θ - φ

4. Διάκριση ανάμεσα στα απλά & δίψηφα σύμφωνα
   - μπ - β - π
   - ντ - δ - τ
   - γκ - γ - τ

5. Διαφορετική προφορά του συμφώνου σ
   - σ, s = [s]
   - σ, s = [z]

1. Consonant combinations

2. Accentuation D:
   Accentuation of vowel digraphs with dieresis

3. Distinction among the consonants
   - κ - γ - χ
   - τ - δ - θ
   - π - β - φ
   - θ - φ

4. Distinction among simple consonants and consonant digraphs
   - μπ - β - π
   - ντ - δ - τ
   - γκ - γ - τ

5. Different pronunciation of the consonant σ
   - σ, s = [s]
   - σ, s = [z]

Βήμα 5
Step 5

Συνδυασμοί συμφώνων
Combinations of consonants

Συνδυασμοί με αρχικά σύμφωνα β, γ, δ, θ
Combinations starting with β, γ, δ, θ

5.1 🎧 📖 Ακούστε και διαβάστε.
Listen and read.

① **β**
- β**γ**αίνω — I go out
- η ε**β**δομάδα — the week
- **β**λέπω — I see/I watch/I look
- το **β**ράδυ — the night

② **γ**
- γ**δ**ύνομαι — I undress
- η **γ**λώσσα — the tongue/language
- το παράδει**γ**μα — the example
- **γ**νωρίζω — I know
- **γ**ράφω — I write

④ **θ**
- ο α**θ**λητής — the athlete
- ο στα**θ**μός — the station
- ε**θ**νικός — national
- η πολυ**θ**ρόνα — the armchair

③ **δ**
- ο **δ**ρόμος — the street

5.2 🎧 📖 Ακούστε και διαβάστε.
Listen and read.

① Ελληνικά Ταχυδρομεία Hellenic
Greek Post Office

③ ΑΓΡΟΤΙΚΗ ΤΡΑΠΕΖΑ ΕΛΛΑΔΟΣ
AGRICULTURAL BANK OF GREECE

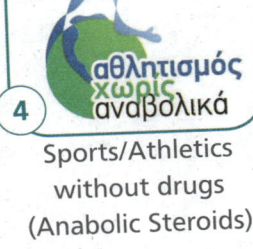
④ αθλητισμός χωρίς αναβολικά
Sports/Athletics without drugs (Anabolic Steroids)

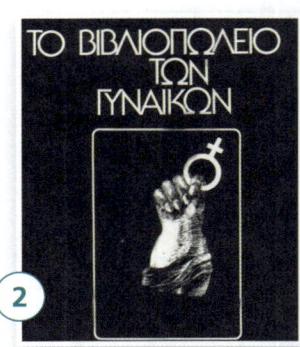
② ΤΟ ΒΙΒΛΙΟΠΩΛΕΙΟ ΤΩΝ ΓΥΝΑΙΚΩΝ
WOMEN'S BOOKSHOP

⑤ ΔΙΑΓΝΩΣΤΙΚΗ ΕΡΕΥΝΑ
ΔΙΑΓΝΩΣΤΙΚΟ ΚΕΝΤΡΟ ΔΡΑΜΑΣ
DIAGNOSTIC CENTER OF DRAMA

Δράμα: Πόλη της Βορείου Ελλάδας
Drama: City in northern Greece

⑥ ΣΙΔΗΡΟΔΡΟΜΙΚΟΣ ΣΤΑΘΜΟΣ ΒΟΛΟΥ
RAILWAY STATION OF VOLOS

Βόλος: Πόλη της Κεντρικής Ελλάδας
Volos: City in central Greece

Ας θυμηθούμε το δίψηφο γx
Let's remember consonant digraph γx

⑦ σύγxρονος* δήμος
modern municipality

* σύγxρονος δήμος
[si**n**xronoz**d**imos]:
Βλέπε τελικό **s**, 5.9.
See final **s**, 5.9

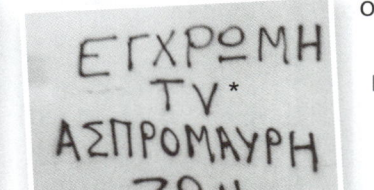
⑧ ΕΓXΡΩΜΗ TV* ΑΣΠΡΟΜΑΥΡΗ ΖΩΗ

Οδός Στουρνάρα, Αθήνα
« COLORED TV, LIFE IN BLACK AND WHITE »
Stournara street, Athens

* TV [ti vi]: η τηλεόραση
(TV) television

ℹ️ Ο Δρομέας, γλυπτό του Κώστα Βαρώτσου

The Runner, sculpture by Kostas Varotsos

Ο Δρομέας είναι μία κατασκευή από γυαλί. Βρίσκεται στην Αθήνα.

The Runner is a glass construction. It is located in Athens.

http://www.costasvarotsos.gr

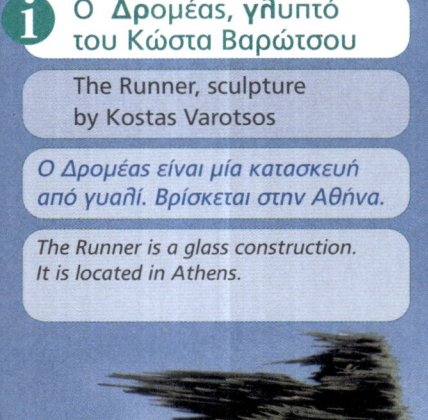
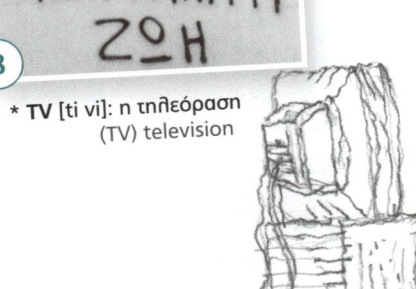

5.3 Ακούστε και συμπληρώστε τα κενά. Ακούστε ξανά και τονίστε.
Listen and fill in the gaps. Listen again and put accents.

Βήμα 5 / Step 5

 1. Ελληνικα Ταχυ____ομεια
Greek Post Office

 2. Ε____ικη Τραπεζα Ελλαδος
National Bank of Greece

 3. Εθνικο Ι____υμα Νεοτητας
National Youth Institution

 4. Το αερο____ομιο
The airport

 5. Ταξιδιωτικο βι____ιοπωλειο
Travel bookstore

6. Ο α____οτης
The farmer

7. Ο α____ητης
the athlete

Ο Δισκοβόλος του Μύρωνα
Discobolus (Discus Thrower) by Myron

8. Φεστιβαλ συ____νου χορου
Modern dance festival

1 Τα αμυγδαλωτά και τα κουφέτα
Macaroons and sugar almonds

Το αμυγδαλωτό είναι ένα παραδοσιακό ελληνικό γλυκό. Το προσφέρουν στο γάμο όπως και τα κουφέτα. Λένε ότι το αμύγδαλο, που είναι σκληρό, στερεώνει το γάμο.

The macaroon is a traditional Greek sweet. It's served at weddings along with the sugared almonds. It is said that the almond which is hard makes the wedding solid.

 1. Το αμύγδαλο
The almond

 2. Το αμυγδαλωτό
Macaroons

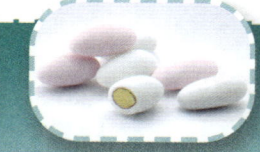 3. Το κουφέτο
Sugared almond

Μά____α μου,
____άφω από την Ύ____α.
____η την ε____ομάδα ____έχει και δε
____αίνω καθόλου. Οι ____ωστοί μας
____είπουν όλοι. Ξεκουράζομαι.
____ιαβάζω ένα ά____ιο βι____ίο
____αι λύνω αινί____ατα.

Σε φιλώ ____υκά,
____άσος.

Υ.Γ.* Έχω επιτέλους τηλέφωνο! Ο αρι____ός
είναι: 22980 31468

*Υ.Γ.: Υστερόγραφο

Dear Magda,
I'm writing to you from Hydra island. It has been raining all week and I don't go out at all. All our friends are away. I am relaxing. I am reading an awful book and I am solving riddles.
Lots of kisses, Thrasos.
P.S. I have a telephone at last! The number is: 22980 31468
*Υ.Γ. = P.S.

5.4 Ακούστε και συμπληρώστε με τα: βγ, βδ, βλ, βρ, γδ, γλ, γν, γμ, γρ, δρ, θλ, θμ, θρ. Διαβάστε το συμπληρωμένο κείμενο.
Listen and fill in using βγ, βδ, βλ, βρ, γδ, γλ, γν, γμ, γρ, δρ, θλ, θμ, θρ. Then read the text you have filled in.

1 Ύδρα: Νησί στο Σαρωνικό κόλπο με διατηρητέο παραδοσιακό οικισμό.
Hydra: An island in the Saronic Gulf with a protected traditional village

http://www.hydra.com.gr/?lang=en

Βήμα 5 / Step 5

Συνδυασμοί με αρχικά σύμφωνα κ, λ, μ, ν
Consonant combinations starting with κ, λ, μ, ν

5.5 Ακούστε και διαβάστε. Listen and read.

κ
1. ο εκδότης — publisher | η εκδρομή — excursion
2. η έκθεση — essay/composition
3. κλείνω — I close
4. η Κνωσός — Knossos | η ακμή — peak
5. η εκπαίδευση — education | ο εκπρόσωπος — representative | η έκπληξη — surprise | η έκπτωση — discount
6. το κρύο — cold
7. η έκσταση — ecstasy | η εκστρατεία — campaign | ο αρχιτέκτονας — architect | το ηλεκτρικό — electricity
8. ο εκφωνητής — announcer | η έκφραση — expression

λ
1. η Αλβανία — Albania
2. το Βέλγιο — Belgium | ο χαλκός — copper
3. το άγαλμα — statue | στέλνω — I send
4. η έλξη — attraction | η ελπίδα — hope
5. το δελτίο — forecast | το άλσος — grove
6. ο αδελφός — brother
7. η αλχημεία — alchemy

μ
1. το σύμβολο — symbol | το έμβλημα — emblem
2. η λίμνη — lake
3. σύμφωνοι — agreed
4. κομψός — elegant
5. μεσημβρινός — midday/meridian
6. η Πέμπτη — Thursday

ν
1. ο κίνδυνος — danger | η Φινλανδία — Finland
2. ο άνδρας — man
3. το άνθος — flower | ο άνθρωπος — person/man
4. οι Ίνκας — Incas
5. η πένσα — pliers | ο Κωνσταντίνος — Konstantinos
6. το ένζυμο — enzyme

5.6 Ακούστε και διαβάστε. Listen and read.

1. ΕΚΣΤΡΑΤΕΙΑ ΓΙΑ ΤΗΝ ΚΛΙΜΑΤΙΚΗ* ΑΛΛΑΓΗ
CAMPAIGN FOR THE CLIMATE CHANGE
*την κλιματική [tiŋglimatici]: Βλέπε τελικό ν, 5.25.
See final ν, 5.25.

2. διεθνής αμνηστία — ελληνικό τμήμα
Amnesty International Greek section

3. Δελτίο Καιρού
Weather forecast
www.deltiokairou.gr

4. ΕΚΔΟΣΕΙΣ ΦΑΙΔΡΑ
FAEDRA PUBLICATIONS

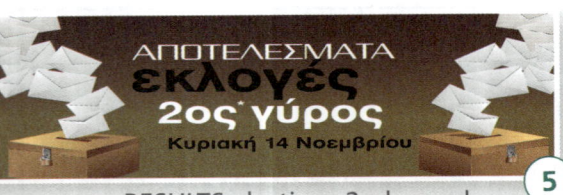
5. ΑΠΟΤΕΛΕΣΜΑΤΑ ΕΚΛΟΓΕΣ 2ος γύρος — Κυριακή 14 Νοεμβρίου
RESULTS elections 2nd round - Sunday 14th November
*2ος: δεύτερος

6. Πακέτα εκδρομών ΓΑΛΛΙΑΣ
France package tours

7. 22-25 ΑΠΡΙΛΙΟΥ ΔΙΕΘΝΗΣ ΕΚΘΕΣΗ ΒΙΒΛΙΟΥ ΘΕΣΣΑΛΟΝΙΚΗΣ
INTERNATIONAL BOOK FAIR IN THESSALONIKI 22nd - 25th April

8. Εκπτώσεις έως 70%
Sales up to 70%
70% = Εβδομήντα τοις εκατό
70% = Seventy per cent

9. ΟΔΟΣ ΔΗΜΟΚΡΑΤΙΑΣ 8
DEMOKRATIAS STREET
* Οδός Δημοκρατίας [oðozðimokratias]:
Βλέπε τελικό s, 5.9.
See final s, 5.9.

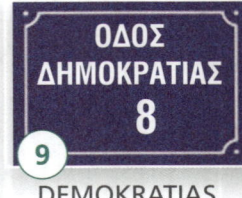

10. ΑΝΔΡΩΝ
MEN

5.7 🎧 ✏️ Ακούστε και συμπληρώστε τα κενά. Ακούστε ξανά και τονίστε.
Listen and fill in the blanks. Listen again and put accents.

Βήμα 5
Step 5

1. Το ____ιμα ειναι στο χερι σου
The climate is in your hands

4. Κ ε_____α Ε____αιδευσης Ενηλικων
Adult Education Center

2. Εξοδος κι____υνου
Emergency Exit

5. Κε_____ο Εξυπηρετησης Πολιτων
Citizen Service Centre

3. Δημοσια Επιχειρηση Ηλε_____ισμου
Public Electricity Company

6. Κωδικας Οδικης Κυ_____οφοριας
Highway Code

7. Το α____οπωλειο
Flower shop

10. Πε____ο Γυ____ασιο Ροδου
5th High School of Rhodes

Ρόδος: Νησί στα Δωδεκάνησα, στο Αιγαίο.
Rhodes: Island in the Dodecanese in Aegean Sea.

http://www.rhodes.gr/en/

8. Το ____εοπωλειο
Butcher's shop

11. Το α____ιθεατρο
Amphitheatre

12. Α_____ος Νεας Φιλαδε_____ειας (Αθηνα)
Nea Philadelphia Grove (Athens)

13. ____ημειο Λυσι____ατη
Lysicratis' monument

ℹ️ Το μνημείο του Λυσικράτη Κτίστηκε το 334 π.Χ. (προ Χριστού) και έχει μορφή μικρού κυκλικού ναού. Χορηγός ήταν ο Λυσικράτης. Βρίσκεται στη συνοικία Πλάκα, κοντά στην Ακρόπολη.

Lysicratis' monument was built in 334 B.C. (before Christ). It has the shape of a small round temple. Lysicratis was a sponsor of Greek drama productions. It is located in Plaka, an area near the Acropolis.

9. Το βε_____ιναδικο
Petrol station

Βήμα 5
Step 5

5.8 Ακούστε και συμπληρώστε τα κενά. Ακούστε ξανά και τονίστε. Μετά διαβάστε. Listen and fill in the blanks. Listen again and put accents. Then read.

κλ - κμ – κπλ – κτ – κφ - λτ

1. Η α___η του Κυ___αδικου πολιτισμου: περιπου 2600 – 2300 π.Χ.*
2. Ο ε___ωνητης του δε___ιου ειδησεων της ΕΡΤ** ειναι καταπλη___ικος.
3. Ο αρχιτε___ονας του___ιριου της Βουλης ηταν Γερμανος.
4. Τι ωραια ε___πξη! Καλως ηρθες!

* Δύο χιλιάδες εξακόσια με δύο χιλιάδες τριακόσια προ Χριστού
** Ελληνική Ραδιοφωνία και Τηλεόραση   Greek Radio and Television

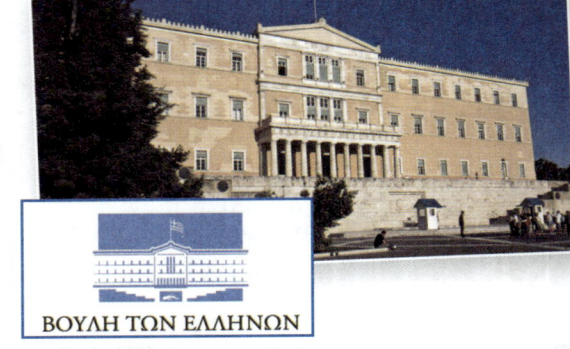
THE GREEK PARLIAMENT

1. The peak of Cycladic Civilisation: about 2600-2300 B.C.
2. The newscaster of ERT is fantastic.
3. The architect of the Greek Parliament was German.
4. What a nice surprise! Welcome!

Νέος με περιστέρι
(Αλέκος Φασιανός)

Young man with a dove
(Alekos Fasianos)

λκ – λμ – λν – μβ - μβρ – νδ - νδρ – νθ – νλ

5. Στε___ω ενα γραμμα στη Φι___α___ια.
6. Το περιστερι, συ___ολο ειρηνης.
7. Χα___ικο αγα___α αγνωστου α___α. βρεθηκε στην Κορι___ο.*
8. Ωρες μεση___ινης ησυχιας: 15.00 ως 17.30.

κδρ – κλ – κρ – κτρ - λφ - μπτ - νθ - νθρ

9. Ρομποτ τρεχει σαν α___ωπος.
10. ___εινω το παραθυρο, γιατι κανει πολυ ___υο.
11. Την Πε___η θα παμε ε___ομη στους Δε___ους.**
12. Ο αδε___ος** μου ειναι ηλε___ολογος και η αδε___η μου εχει α___οπωλειο.

* στην Κόρινθο [stiŋgoriηθο]: Βλέπε τελικό **ν**, 5.25.   See final ν, 5.25.
** στους Δελφούς [stuzðelfus], **αδελφός μου** [aðelfozmu]: Βλέπε τελικό **s**, 5.9. See final **s**, 5.9.

5. I'm sending a letter to Finland.
6. The dove, a symbol of peace.
7. Bronze statue of an unknown man was found in Corinth.
8. Meridian quiet hours: 15.00 to 17.30.
9. Robot runs like human.
10. I'm closing the window because it is very cold.
11. On Thursday we will go on a trip to Delfi.
12. My brother is an electrician and my sister owns a flower shop.

DAILY PRIVATE MINORITY SCHOOL OF XANTHI (SENIOR LOWER AND UPPER SCHOOL)

Μειονοτικό σχολείο: Στην Ξάνθη* υπάρχει μουσουλμανική μειονότητα (τουρκόφωνοι, Πομάκοι, Ρομά).
Στην Ελλάδα εκτός από τα δημόσια υπάρχουν και ιδιωτικά σχολεία.

Minority school: In Xanthi there is a Muslim minority (Turkish speaking, Pomachs, Rom).
In Greece, except from public schools there are also private ones.

* **Ξάνθη:** Πόλη στην περιφέρεια Θράκης.
   Xanthi: A town in the region of Thrace.

http://www.cityofxanthi.gr/index.php/en

Το ελληνικό εκπαιδευτικό σύστημα
The Greek educational system

Πρωτοβάθμια εκπαίδευση	Elementary education
Δημοτικό σχολείο Έξι (6) χρόνια Ηλικία: 6 - 12 χρονών	Junior school Six (6) years Age: 6 – 12 years

Δευτεροβάθμια εκπαίδευση	Δευτεροβάθμια εκπαίδευση
Γυμνάσιο Τρία (3) χρόνια Ηλικία: 12 - 15 χρονών	Λύκειο Τρία (3) χρόνια Ηλικία: 15 - 18 χρονών
Secondary education Senior lower school Three (3) years Age: 12 – 15 years	**Secondary education** Senior upper school Three (3) years Age: 15 – 18 years

Βήμα 5 / Step 5

Συνδυασμοί με αρχικά σύμφωνα π, ρ, σ
Consonant combinations starting with π, ρ, σ

5.9 Ακούστε και διαβάστε. Listen and read.

π
1. πληρώνω — I pay
2. το πρόβλημα — problem
3. το κάτοπτρο — mirror
4. ο ύπνος — sleep
5. η πτήση — flight

το κάτοπτρο (ο καθρέφτης)

ρ
1. η Νορβηγία — Norway / η εργασία — work/labour / το σκόρδο — garlic
2. όρθιος — standing / το άρθρο — the article
3. η Τουρκία — Turkey / αρκτικός — arctic
4. το κέρμα — coin / παίρνω — I take
5. η έναρξη — opening / το ερπετό — reptile
6. αρσενικός — male / η κάρτα — card
7. όμορφος — pretty/beautiful / αρχίζω — I start

σ
1. η αισθητική — aesthetics / το άσθμα — asthma
2. σκέπτομαι — I think / η πρόσκληση — invitation
3. το σπίτι — house / η σπλήνα — spleen / άσπρος — white
4. η στάση — stop/position / η στροφή — turn
5. η ασφάλεια — security / η σφραγίδα — stamp/seal / το σχολείο — school

Το σ προφέρεται [z] όταν ακολουθούν β, γ, δ, λ, μ, ν, ρ, μπ, ντ, γκ.
σ' is pronounced as 'z' when β, γ, δ, λ, μ, ν, ρ, μπ, ντ, γκ follow.

σ = [z]
1. σβήνω — erase / σγουρός — curly / προσδοκώ — I expect/I hope
2. η οδός Μαρασλή* — Marasli Street / ο κόσμος — world
3. το Ισραήλ — Israel

ο κόσμος

* Αλλά σε κάποιες λέξεις σ = [z] & [s], π.χ.: Ισλάμ [izlam] & [islam], Ισλανδία [izlaŋðia] & [islaŋðia], αλλά Σλάβος μόνο [slavos].
But in some words σ = [z] & [s], eg.: Ισλάμ [izlam] & [islam] Islam, Ισλανδία [izlaŋðia] & [islaŋðia], Iceland, but Σλάβος only [slavos] Slavos.

s = [z]

Ομοίως το τελικό s προφέρεται [z] όταν η επόμενη λέξη αρχίζει από: β, γ, δ, λ, μ, ν, ρ, μπ, ντ, γκ.

Π.χ.: της βάρκας [tizvarkas], στους γείτονες [stuzjitones], θείος μου [θiozmu], μας λέει [mazlei], τις μπίρες [tizbires].

Likewise final [s] is pronounced as [z] when the next word starts from: β, γ, δ, λ, μ, ν, ρ, μπ, ντ ου γκ.

E.g.: της βάρκας [tizvarkas] of the boat, στους γείτονες [stuzjitones] to the neighbours, θείος μου [θiozmu] my uncle, μας λέει [mazlei] he/she tells us, τις μπίρες [tizbires] the beers.

ΟΑΕΔ / Κ.Ε.Π. / Δ.Ε.Η. / Ι.Κ.Α.

Βήμα 5
Step 5

5.10 🎧 📖 Ακούστε και διαβάστε.
Listen and read.

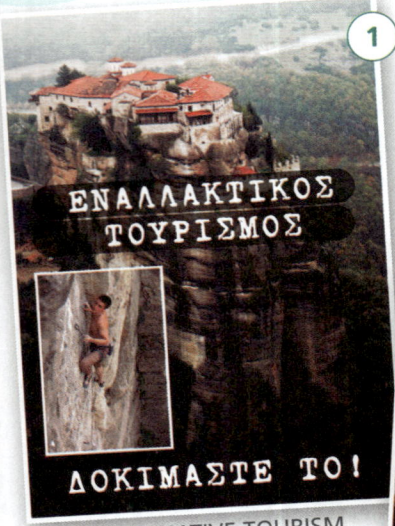

ALTERNATIVE TOURISM.
TRY IT!

ATTENTION
BEAR CROSSING

Agricultural tourism
Ecotourism

Ecological footprint of Greek schools

ARCTUROS CIVIL NON PROFITABLE COMPANY FOR THE PROTECTION OF WILD LIFE AND NATURAL ENVIRONMENT

Ministry of Environment, Energy and Climate Change

DIMOKRITEIO UNIVERSITY OF THRACE
UNIVERSITY CAMPUS

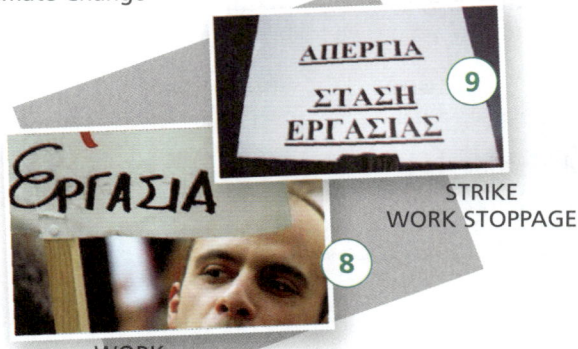

WORK

STRIKE
WORK STOPPAGE

Messinia watermelon festival

5.11 🎧 ✏️ 📖 Ακούστε και συμπληρώστε τα κενά. Ακούστε ξανά και τονίστε. Μετά διαβάστε.
Listen and fill in the gaps. Listen again and put accents. Then read.

ΥΠΟΥ___ΕΙΟ
ΠΟΛΙΤΙ___ΟΥ

MINISTRY
OF CIVILISATION

Ιδρυμα
Κοινωνικων
Α___αλισεων

Social
Security
Institution

Ο ___ανι___ος
Α πα___ολησης
Ε ___ατικου
Δ υναμικου

Work - force
and Employment
Organisation

Πανεπι___ημιο
Αιγαιου

Aegean University

Βοηθεια στο ___ιτι
Help at home

Υπου___ειο
Παιδειας
Δια Βιου Μαθησης
και
___η___ευματων

Ministry of Education,
Lifelong Learning
and Religions

Βήμα 5
Step 5

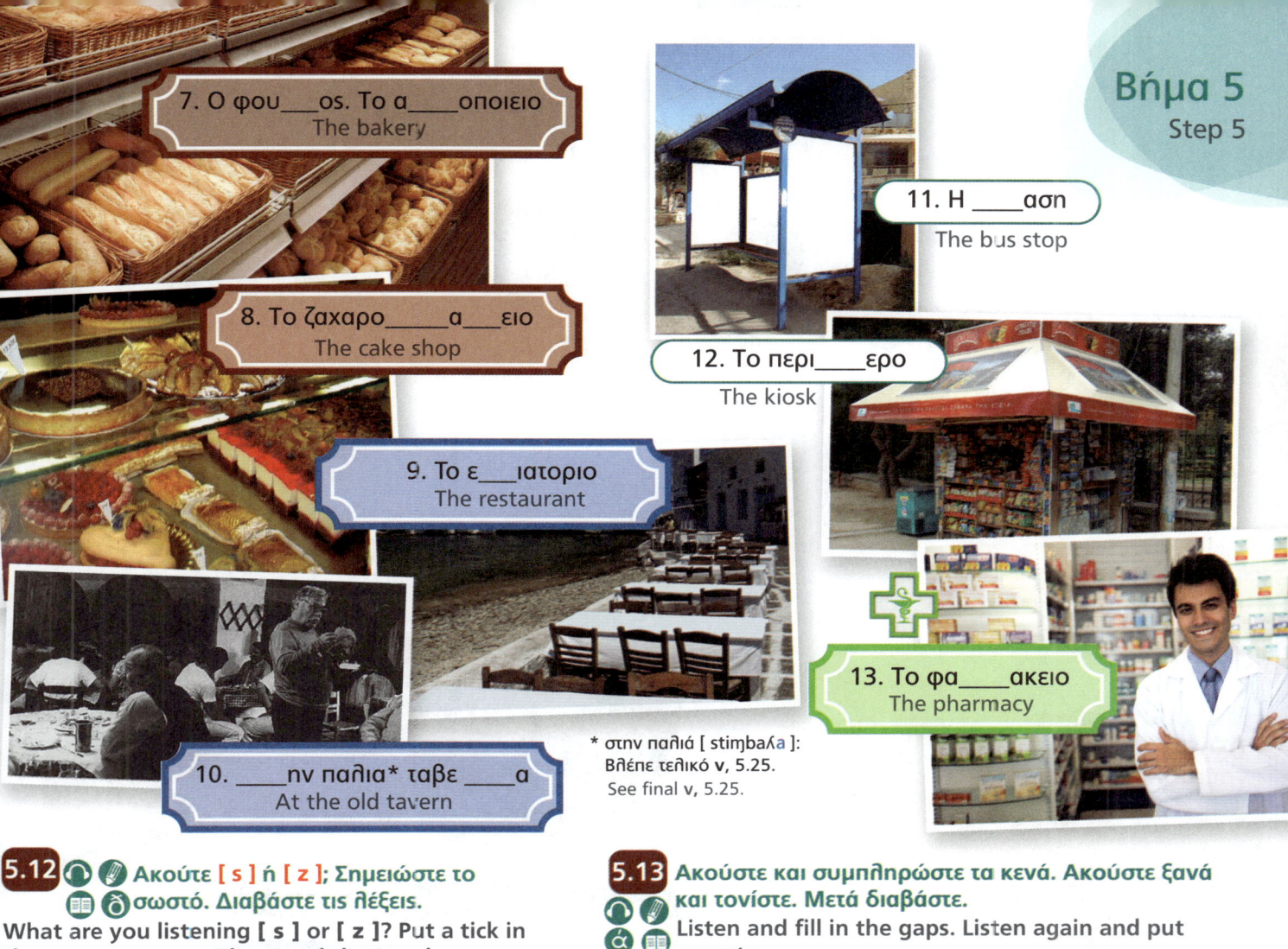

7. Ο φου___ος. Το α____οποιειο
The bakery

8. Το ζαχαρο_____α___ειο
The cake shop

9. Το ε___ιατοριο
The restaurant

10. ___ην παλια* ταβε____α
At the old tavern

11. Η ____αση
The bus stop

12. Το περι____ερο
The kiosk

13. Το φα____ακειο
The pharmacy

* στην παλιά [stim̳bala]:
Βλέπε τελικό **ν**, 5.25.
See final **v**, 5.25.

5.12 Ακούτε [s] ή [z]; Σημειώστε το σωστό. Διαβάστε τις λέξεις.
What are you listening [s] or [z]? Put a tick in the correct answer. Then read the words.

		[z]	[s]
1.	σβήνω — I extinguish/switch off/erase	+	
2.	σχάρα — grill/rack		
3.	σγουρός — curly		
4.	σθεναρός — vigorous		
5.	κασκέτο — cap		
6.	άσχετος — irrelevant		
7.	σνομπάρω — I snob		
8.	σμηνίτης — airman		
9.	σμήνος — swarm/flight		
10.	άσχημος — ugly		
11.	Σλοβενία — Slovenia		

		[z]	[s]
12.	Σμύρνη — Smyrna		
13.	προσγείωση — landing		
14.	Ισλάμ — Islam		
15.	Ισραήλ — Israel		
16.	σβούρα — spin		
17.	σφυρί — hammer		
18.	μεθυσμένη — drunk		
19.	σπαθί — sword		
20.	κουρασμένος — tired		
21.	ζαλισμένος — dizzy		
22.	ασφάλεια — security/insurance		

5.13 Ακούστε και συμπληρώστε τα κενά. Ακούστε ξανά και τονίστε. Μετά διαβάστε.
Listen and fill in the gaps. Listen again and put accents.

πλ – πν – πρ – πτ – ρκ – ρτ – ρχ
σκ – σπ – σπρ – στ – στρ

1. Παω ____ο ____ιτι για υ____ο.
2. Οταν πα____αρω, ____πρωνω με κα____α.
3. ____ε____ομαι, αρα υπα____ω.
4. Εγχρωμη TV, α____ομαυρη ζωη.
5. ____οσοχη! ____οφη λεωφορειου.

πρ – πτ – ρβ – ργ – ρθ – ρπ – ρτ – ρφ – ρχ
σβ – σκλ– σμ – στ – στρ – σχ

6. Μια προ____νση απο το Υπου____ειο Τουρι____ου για τη Γιο____η Κα____ουζιου Μεσσηνιας.
7. Το ____ωι εχασα την ____νση* για το ____α____ου____ο.
8. Ποτε α____ιζετε μαθηματα στο ____ολειο;
9. Περιμενω στη ____αση ο____ιος εδω και μια ωρα.
10. Τι ομο____η χωρα η Νο____ηγια!

* την πτήση [tim̳btisi]: Βλέπε τελικό **ν**, 5.25.   See final **v**, 5.25.

1. I am going home to sleep.
2. When I park my car, I pay by card.
3. I think, so I exist.
4. Coloured TV, life in black and white
5. Attention! Bus turn.
6. An invitation from the Ministry of Tourism for the Messinia Watermelon festival.
7. In the morning I missed the flight to Strasburg.
8. When do you start lessons at school?
9. I have been standing at the bus stop for an hour.
10. What a beautiful country Norway is!

105

Βήμα 5 / Step 5
Συνδυασμοί με αρχικά σύμφωνα τ, φ, χ
Consonant Combinations staring with τ, φ, χ

5.14 Ακούστε και διαβάστε. / Listen and read.

τ
1. ο τί**τλ**ος — title
2. το **τμ**ήμα — section/part
3. η φά**τν**η — crib
4. **τρ**ώω — I eat

φ
1. το Α**φγ**ανιστάν — Afghanistan
2. το **φθ**ινόπωρο — autumn
3. το **φλ**ιτζάνι — cup/mug
4. ξα**φν**ικά — suddenly
5. η **φρ**άση — phrase
6. **φτ**άνω — I reach/I get

χ
1. **χθ**ες & **χτ**ες — yesterday / ο ε**χθ**ρός — enemy
2. **χλ**ιαρός — lukewarm
3. η αι**χμ**ή — (point) peak
4. η τέ**χν**η — the art / η τε**χν**ολογία — technology
5. το **χρ**ήμα — money
6. **χτ**υπώ — I knock/I hit

5.15 Ακούστε και διαβάστε. / Listen and read.

1. Μυθολογικός Άτλας της Ελλάδας — Mythological Atlas of Greece
2. Νεοελληνική Λογοτεχνία — Modern Greek Literature, Elytis, Papadiamantis, Solomos, Cavafis, Dimoula, Ioannou — For 3rd Lyceum
3. Μαρίζα Κωχ «πάνω στη θάλασσα εγώ τραγουδώ» — Mariza Koh "On the sea I sing"
4. Festival Τεχνών & Νέων Τεχνολογιών — ARTS AND NEW TECHNOLOGIES Festival
5. Η Τέχνη του Βιβλίου στην Ανωτάτη Σχολή Καλών Τεχνών, 17 Φεβρουαρίου – 01 Μαΐου — The Art of Book in the Higher Education School of Fine Arts, 17th February – 1st May
6. ΤΕΧΝΟΠΟΛΙΣ ΔΗΜΟΣ ΑΘΗΝΑΙΩΝ — TECHNOPOLIS, MUNICIPALITY OF ATHENS

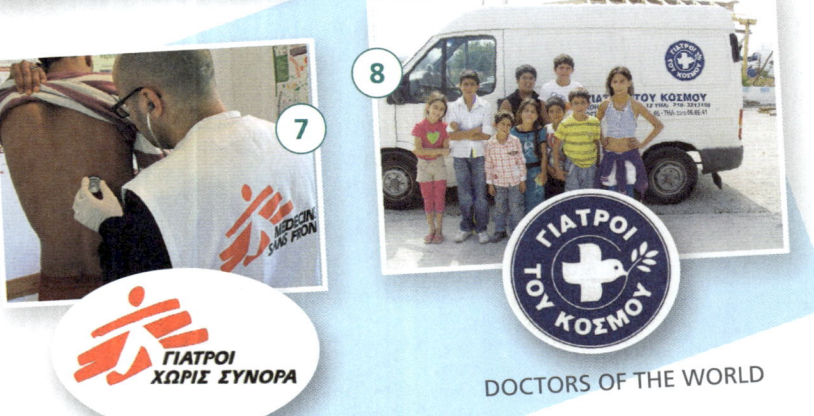

7. ΓΙΑΤΡΟΙ ΧΩΡΙΣ ΣΥΝΟΡΑ — DOCTORS WITHOUT FRONTIERS
8. ΓΙΑΤΡΟΙ ΤΟΥ ΚΟΣΜΟΥ — DOCTORS OF THE WORLD
9. ΔΗΜΟΣ ΑΘΗΝΑΙΩΝ 2η ΦΘΙΝΟΠΩΡΙΝΗ ΑΝΘΟΚΟΜΙΚΗ ΕΚΘΕΣΗ — MUNICIPALITY OF ATHENS, 2ND AUTUMN FLOWER EXHIBITION — 2η: δεύτερη
10. 3η Γιορτή Φράουλας Παραδεισίου — 3rd Strawberry Festival in Paradisi — 3η: τρίτη

Βήμα 5
Step 5

10. Καλα ___ιστουγεννα! Καλη ___ονια! ___ονια πολλα!

Merry Christmas! Happy New Year! Many happy returns!

"Κάλαντα" Νικηφόρος Λύτρας (1832 – 1904)
'Carols' by Nikiforos Lytras (1832 - 1904)

> Τα κάλαντα είναι δημοτικά τραγούδια που ψάλλουν συνήθως παιδιά, γυρίζοντας από σπίτι σε σπίτι, την παραμονή των Χριστουγέννων, της Πρωτοχρονιάς και των Θεοφανίων (6 Ιανουαρίου).
>
> Kalanda (Carols) are folk songs that children usually sing, going from house to house on Christmas Eve, on New Year's Eve and on Epiphany's Eve (6th of January).

5.17 Ακούστε και συμπληρώστε τα κενά. Ακούστε ξανά και τονίστε. Μετά διαβάστε.
Listen and fill in the gaps. Listen again and put accents. Then read.

τρ – φρ – φτ – χθ – χλ - χρ

1. Ο ___ονος ειναι ___ημα.
2. Ο καφες ___απε πρεπει να ειναι παγωμενος, ποτε ___ιαρος!
3. Τι ωρα ___ανει το ___ενο;
4. Χτες πηγα στο ι___υοπωλειο για ___εσκο και ___ηνο ψαρι.
5. Καλα ___ιστουγεννα και ___ονια πολλα!
6. ___υπαει το κουδουνι! ___εχα να ανοιξεις την πορτα!*

*την πόρτα [tim**b**orta] Βλέπε τελικό **ν**, 5.25.   See final **ν**, 5.25.

τμ - τρ - χθρ - χν - χρ - χτ - φθ - φλ - φν - φρ

7. Προσεχω τη δια___οφη μου: ___ωω συ___α λαχανικα στον α___ο και α___ονα ___ουτα.
8. Ο ελληνικος καφες πινεται παντα σε μικρο ___ιτζανι.
9. Ξα___ικα τα φωτα με τυ___ωσαν και παραλιγο να ___ακαρω.
10. Ειναι ο ___ονος ε___ος;

1. Time is money.
2. Frappe coffee must be chilled not lukewarm.
3. What time does the train arrive?
4. Yesterday I went to the fish market for fresh and cheap fish.
5. Merry Christmas and Many Happy Returns!
6. The bell is ringing. Run and open the door.
7. I watch my diet. I often eat boiled vegetables and plenty of fruits.
8. Greek coffee is always drunk from a small cup.
9. Suddenly I got blinded by the lights and I almost crashed my car.
10. Is time an enemy?

> Ο καφές φραπέ είναι ένα κρύο ρόφημα. Φτιάχνεται με στιγμιαίο καφέ, ζάχαρη, νερό και παγάκια. Η εφεύρεσή του έγινε τυχαία, το 1957, στη Θεσσαλονίκη.
>
> Frappe coffee is a cold beverage. It is made of instant coffee, sugar, water and ice-cubes. It was invented by accident in 1975 in Thessaloniki.

Το Εθνικό Μετσόβιο Πολυτε**χν**είο (Πολυτεχνείο Αθηνών)
The National Technical University of Athens (« Polytechneio » of Athens)

Το Εθνικό Μετσόβιο Πολυτεχνείο (Ε.Μ.Π.) είναι ένα από τα αρχαιότερα και σημαντικότερα εκπαιδευτικά ιδρύματα της Ελλάδας. Στις 14 Νοεμβρίου 1973 οι φοιτητές εξεγέρθηκαν εναντίον της στρατιωτικής χούντας (1967-1974) και κατέλαβαν το Πολυτεχνείο. Τα γεγονότα που ακολούθησαν οδήγησαν στην πτώση της δικτατορίας. Το Πολυτεχνείο (επέτειος: 17 Νοεμβρίου) θεωρείται σύμβολο των αγώνων για τη δημοκρατία.

The National Metsovio Technical University of Athens (E.M.P.) is one of the oldest and most important educational institutions in Greece. On the 14th November 1973 the students rebelled against the military junta and occupied the Polytechnic School. The events that followed helped bring down the dictatorship. The Polytechnic School (anniversary 17th November) is considered to be a symbol of democracy.

Προς τιμήν των θυμάτων
Γλυπτό του Μέμου Μακρή

In honour of the victims
Sculpture by Memos Makris

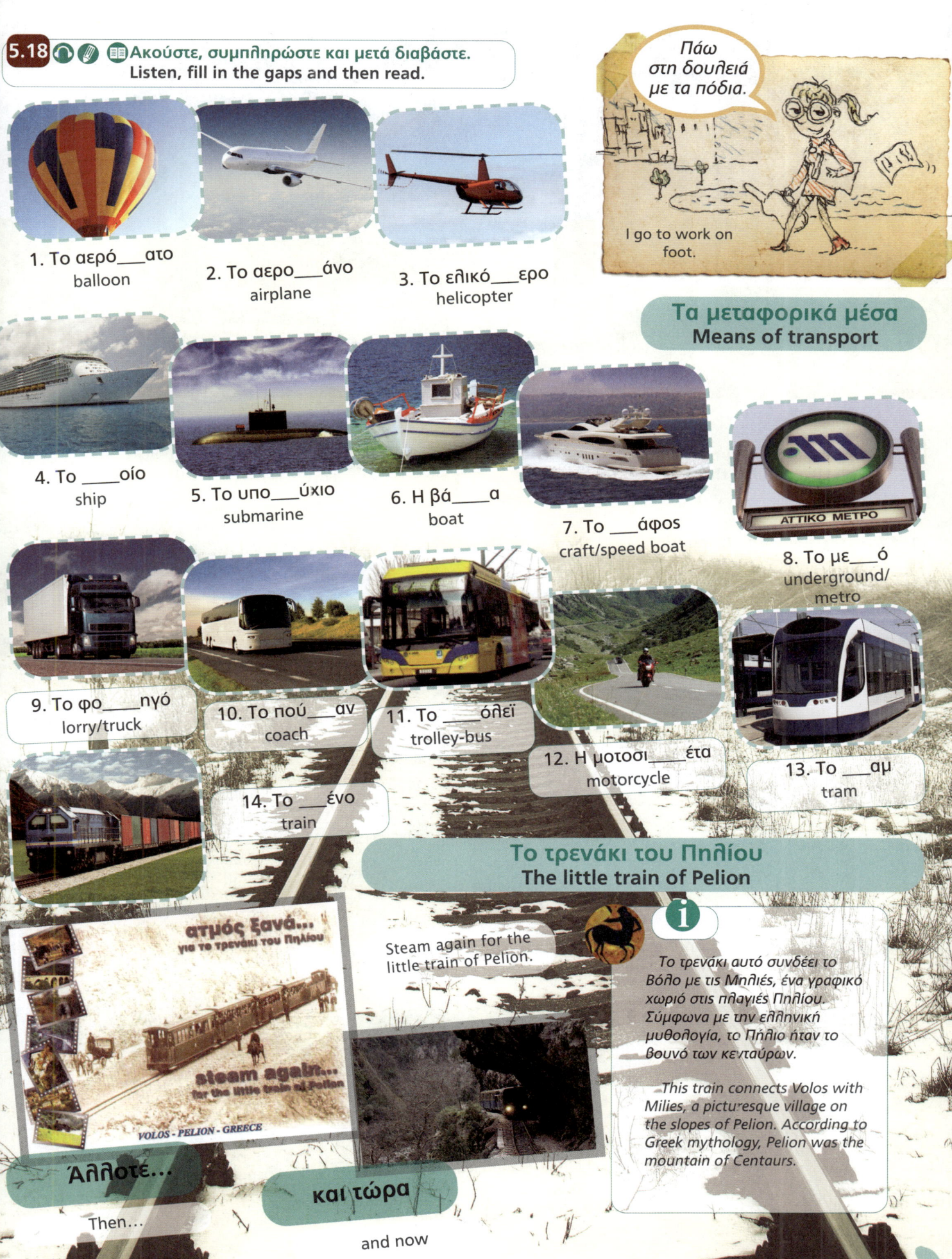

spring
summer
autumn
winter

« Οι τέσσερις εποχές »
Γιάννης Τσαρούχης

θέρος = καλοκαίρι

« The four seasons » by Yiannis Tsarouhis

5.19 Ακούστε, συμπληρώστε και μετά διαβάστε.
Listen, fill in the gaps and then read.

5.20 Ακούστε και τονίστε.
Listen and put accents.

Οι 12 μήνες — The 12 months

Ιαν____ριος	January
Φε___ουάριος	February
Μά___ιος	March
Α___ίλιος	April
Μ_____ος	May
Ιούν___s	June
____λιος	July
Αύγου___ος	August
Σε___έ____ιος	September
Ο___ώ___ιος	October
Νοέ_____ιος	November
Δεκέ____ιος	December

Μαγδα μου,
σου γραφω απο την Υδρα. Ολη την εβδομαδα βρεχει και δε βγαινω καθολου. Οι γνωστοι μας λειπουν ολοι. Ξεκουραζομαι. Διαβαζω ενα αθλιο βιβλιο και λυνω αινιγματα.

Σε φιλω γλυκα,

Θρασος.

Υ.Γ. Εχω επιτελους τηλεφωνο! Ο αριθμος ειναι: 22980 31468

5.21 Ακούστε και συμπληρώστε τα κενά.
Listen and fill in the blanks.

δ, τ ή ντ;

1. ___ροπή — shyness/shame   ___ροπή — change/turn
2. πέ___ρα — stone/rock   μά___ρα — wall
3. απο___ρώ — I escape   εξα___λώ — I exhaust/use up
4. κέ___ρο — centre   κά___ρο — frame

β, π ή μπ;

5. ___ράτσα — arms   ___ράχια — cliffs/rocks
6. ___ράζω — I boil   ___ράβο — bravo
7. ___λέκω — I knit   ___λέκω — I complicate/tangle up
8. ___λε — blue   ___λέπω — I see/look/watch

γ, κ ή γκ;

9. ___ρεμώ — I hang   ___ρεμός — precipice
10. έ___λημα — crime   ___λίμα — climate
11. ___ρενά — crimson red   ___ρέμα — cream
12. ___λάστρα — flower pot   ___λάμουρ — glamour

Τονισμός Δ: Τονισμός δίψηφων φωνηέντων με διαλυτικά
ACCENTUATION D: Accentuation of vowel digraphs with dieresis

Οι συνδυασμοί φωνηέντων παύουν να λειτουργούν ως συνδυασμοί:
- ✓ όταν τονίζεται το πρώτο φωνήεν.
  Π.χ.: ρολόι [roloi], μέιλ [meil].
- ✓ όταν υπάρχουν διαλυτικά (¨) πάνω από το δεύτερο.
  Π.χ.: λαϊκή [laici], φαΐ [faï].

Vowel combinations are not regarded as combinations :
- ✓ when the first vowel is accented.
  E.g.: ρολόι [roloi] watch/clock, μέιλ [meil] mail.
- ✓ when there is dieresis on the top of the second vowel
  E.g.: λαϊκή [laici] open market, φαΐ [faï] food.

5.22 Ακούστε και επαναλάβετε. Listen and repeat.

α. η μαία   ο Μάιος   η λαϊκή   του Μαΐου
midwife, May, open market, of May

β. τα παϊδάκια   η νεράιδα   τα παιδάκια   το φαΐ
little children, fairy, cutlets, food

γ. το πλοίο   το ρολόι   το προϊόν   η ιστιοπλοΐα
ship, watch/clock, product, sailing

δ. λέει   το μέιλ   θεϊκός   κέικ
he/she says, mail, divine, cake

5.23 Ακούστε, βάλτε τόνους και διαλυτικά όπου χρειάζεται και μετά διαβάστε.
Listen, put accents and dieresis where needed and then read.

1
το τσαι — tea
η νεραιδα — fairy
παιζω — I play
η μαιμου — monkey
τα παιδακια — cutlets

2
τα παιδακια — little children
το φαι — food
φαινεται — it appears/it looks like
η Αιτη — Haïti
η ταινια — film/movie

3
το σαινι — sharp-witted person
ο Μαιος — May
του Μαιου — of May
χαιδευω — I caress/I stroke
χαιρομαι — I am happy

4
το γαιδουρι — donkey
καιει — he/she/it burns
η Αγλαια — Aglaia
το παιδι — the child
το παιδι — the rib

5
η λαικη — open market
ο μαιντανος — parsley
αθηναικος — Athenian
το καικι — caique / boat

« Λαϊκή αγορά »
Παναγιώτης Τέτσης

« Open market »
Panayotis Tetsis

5.24 🎧 📖 Ακούστε και διαβάστε.
Listen and read.

Μύρτις
πρόσωπο με πρόσωπο με το παρελθόν
Myrtis comes face to face with the past

http://www.myrtis.gr/

(2.48.2): Στην πόλη της Αθήνας [ο λοιμός] εμφανίστηκε ξαφνικά [...] (2.52.2): Οι νεκροί κείτονταν ο ένας πάνω στον άλλο, όπως ξεψυχούσαν, κι άλλοι μισοπεθαμένοι κυλιούνταν στους δρόμους [...] (2.52.4): Και τα έθιμα που τηρούσαν ως τότε κατά την ταφή των νεκρών καταπατήθηκαν όλα και τους έθαβαν όπως καθένας μπορούσε.

Θουκυδίδου Ιστορία, 2.48 - 2.52, μετάφραση Ν. Σκουτερόπουλου, εκδ. Πόλις, 2011.

« [The plague] fell suddenly upon the city of Athens [...] The bodies of dying men lay one upon another, and half-dead creatures reeled about the streets [...] and all the burial rites before in use were entirely upset, and they buried the bodies as best they could ».

Extract from Thucydides, The Peloponnesian War, London: J.M. Dent, New York: E.P. Dutton, 1910.

Ανάμεσά τους και ένα εντεκάχρονο κορίτσι, η Μύρτις. Σήμερα, η Μύρτις έρχεται πρόσωπο με πρόσωπο με τους πολίτες του 21ου αιώνα.

Το 1994 - 1995*, στη διάρκεια των εργασιών για <u>την κατασκευή</u>** του νέου υπόγειου σιδηρόδρομου της Αθήνας, βρέθηκε <u>στην περιοχή</u>** του Κεραμεικού ένας ομαδικός τάφος με σκελετικό υλικό από <u>την ταφή</u>** περίπου εκατόν πενήντα ανθρώπων, ενηλίκων και παιδιών. Χρονολογήθηκε στην εποχή του Λοιμού των Αθηνών, δηλαδή μεταξύ του 430 και του 426 π.Χ.*
Μελετώντας το σκελετικό υλικό με σύγχρονες εργαστηριακές μεθόδους DNA, οι επιστήμονες εντόπισαν το βακτήριο Salmonella enterica serovar Typhi, το οποίο προκαλεί τον τυφοειδή πυρετό, αιτία θανάτου και του Περικλή.
Ανάμεσα στα οστά του ομαδικού τάφου υπήρχε το κρανίο ενός κοριτσιού έντεκα περίπου χρόνων, στο οποίο οι επιστήμονες έδωσαν το όνομα Μύρτις. Η άριστη κατάσταση του κρανίου της Μύρτιδος γέννησε την ιδέα της ανάπλασής του. Γι' αυτό το σκοπό κατασκευάστηκε ένα ακριβές αντίγραφο του κρανίου και εστάλη σε ειδικό εργαστήριο στη Σουηδία, από όπου επέστρεψε με τη μορφή που βλέπουμε σήμερα.

Ύστερα από δυόμισι χιλιάδες χρόνια η Μύρτις ζωντάνεψε ξανά...

Η Μύρτις παρουσιάστηκε στο κοινό στις 9 Απριλίου 2010*, στο νέο Μουσείο Ακρόπολης. Έκτοτε ταξιδεύει σε διάφορα μουσεία της Ελλάδας και του εξωτερικού.

* 1994 – 1995: χίλια εννιακόσια ενενήντα τέσσερα με χίλια εννιακόσια ενενήντα πέντε
430: τετρακόσια τριάντα, 426 π.Χ.: τετρακόσια είκοσι έξι προ Χριστού
2010: δύο χιλιάδες δέκα
** Υπογραμμισμένες λέξεις: Βλέπε τελικό **ν**, 5.25.
Underlined words: See final **v**, 5.25.

One of the victims was an 11 year-old girl, Myrtis. Today, Myrtis comes face to face with the citizens of the 21st century.
In 1994 - 1995 excavations in the region of Kerameikos, on the occasion of the construction of the Athens Metro, revealed an ancient mass grave containing skeletal remains of around 150 people (men, women and children). The findings of the mass burial led the archaeologists to the conclusion that it contained victims of the plague that struck Athens between 430 and 426 B.C.
Studying this skeletal material with modern laboratory methods of DNA analysis, the scientists identified the bacterium Salmonella enterica serovar Typhi which causes typhoid fever, the cause also of Pericles' death.
Among the bones was the skull of an 11 year-old girl, Myrtis, as she was called by the team of scientists. The excellent condition of the skull prompted the research team to reconstruct the face. For this purpose, a replica of the skull was manufactured; it travelled from Greece to a laboratory in Sweden, where it took form and became the person we see today.
After 2,500 years, Myrtis " comes back to life "...
Myrtis was presented to the public on April 9th, 2010, in the new Acropolis Museum. Since then she has been travelling to various museums in Greece and abroad.

Η αφομοίωση του τελικού ν
The assimilation of the final ν

5.25 🎧 Ακούστε τα παραδείγματα.
Listen to the examples.

Όταν το τελικό ν ακολουθείται από λέξη που αρχίζει από κ, π, τ, ξ, ψ, μπ, ντ, γκ, τσ γίνονται οι παρακάτω αλλαγές στην προφορά.

When the final ν is followed by a word that starts with κ, π, τ, ξ, ψ, μπ, ντ, γκ, τσ, the following changes occur in pronunciation.

	κ	[ŋg]	την κατασκευή	[tiŋgataskevi]	the construction
	π	[mb]	στην περιοχή	[stimberioçi]	in the area
	τ	[ŋd]	την ταφή	[tiŋdafi]	the burial
			τον τυφοειδή	[toŋdifoiði]	the typhoid
ν +	ξ	[ŋgs]	την ξανθή (5.40)	[tiŋgzanθi]	the blonde
	ψ	[mbz]	τον ψαρά	[tombzara]	the fisherman
	μπ	[mb]	τον μπαμπά	[tombaba]	the father
	ντ	[ŋd]	την ντομάτα	[tiŋdomata]	the tomato
	γκ	[ŋg]	τον γκρινιάρη	[toŋgriɲari]	the grumbler
	τσ	[ŋdz]	στην τσέπη (4.12)	[stiŋdzepi]	in the pocket

112

Οι ελληνικές εφημερίδες
Greek newspapers

Βήμα 5
Step 5

5.26 🎧 📖 Ακούστε και διαβάστε τους τίτλους των εφημερίδων.
Listen and read the titles of the newspapers.

Απογευματινή αδέσμευτη εφημερίδα

FREE PRESS. Afternoon independent newspaper

Ημερήσια Πολιτική και Οικονομική εφημερίδα

THE DAILY. Daily politics and finance newspaper

ΠΡΟΛΕΤΑΡΙΟΙ ΟΛΩΝ ΤΩΝ ΧΩΡΩΝ ΕΝΩΘΕΙΤΕ.
ΟΡΓΑΝΟ ΤΗΣ ΚΕΝΤΡΙΚΗΣ ΕΠΙΤΡΟΠΗΣ ΤΟΥ ΚΟΜΜΟΥΝΙΣΤΙΚΟΥ ΚΟΜΜΑΤΟΣ ΕΛΛΑΔΑΣ

RADICAL. PROLETARIANS OF ALL THE COUNTRIES IN THE WORLD UNITE. NEWSPAPER OF THE CENTRAL COMMITTEE OF THE COMMUNIST PARTY OF GREECE

ΕΒΔΟΜΑΔΙΑΙΑ ΠΟΛΙΤΙΚΗ / ΣΑΤΙΡΙΚΗ / ΑΠΟΚΑΛΥΠΤΙΚΗ ΕΦΗΜΕΡΙΔΑ

THE MOUSE: WEEKLY POLITICAL/SATIRICAL/REVEALING NEWSPAPER

Investor's world

Βρίσκεις πάντα αυτό που ψάχνεις

Golden opportunity
You always find what you are looking for

THE NEWS

NATION

HEARTH

THE TRIBUNE

DAILY

www.enet.gr
www.kathimerini.gr
www2.rizospastis.gr
www.topontiki.gr
www.kte.gr
www.xe.gr

www.tanea.gr
www.ethnos.gr
www.tovima.gr
www.imerisia.gr
www.athlitikanea.gr

ΚΑΘΗΜΕΡΙΝΗ ΑΘΛΗΤΙΚΗ ΕΦΗΜΕΡΙΔΑ
Athletic Sports News
DAILY ATHLETIC NEWSPAPER

5.27

Ακούστε και συμπληρώστε τα σύμφωνα που λείπουν από τα ονόματα των χωρών. Συμπληρώστε στο χάρτη τις χώρες και διαβάστε τα ονόματά τους.

Listen and fill in the missing consonants in the names of the countries.
Fill in the map the countries and read their names.

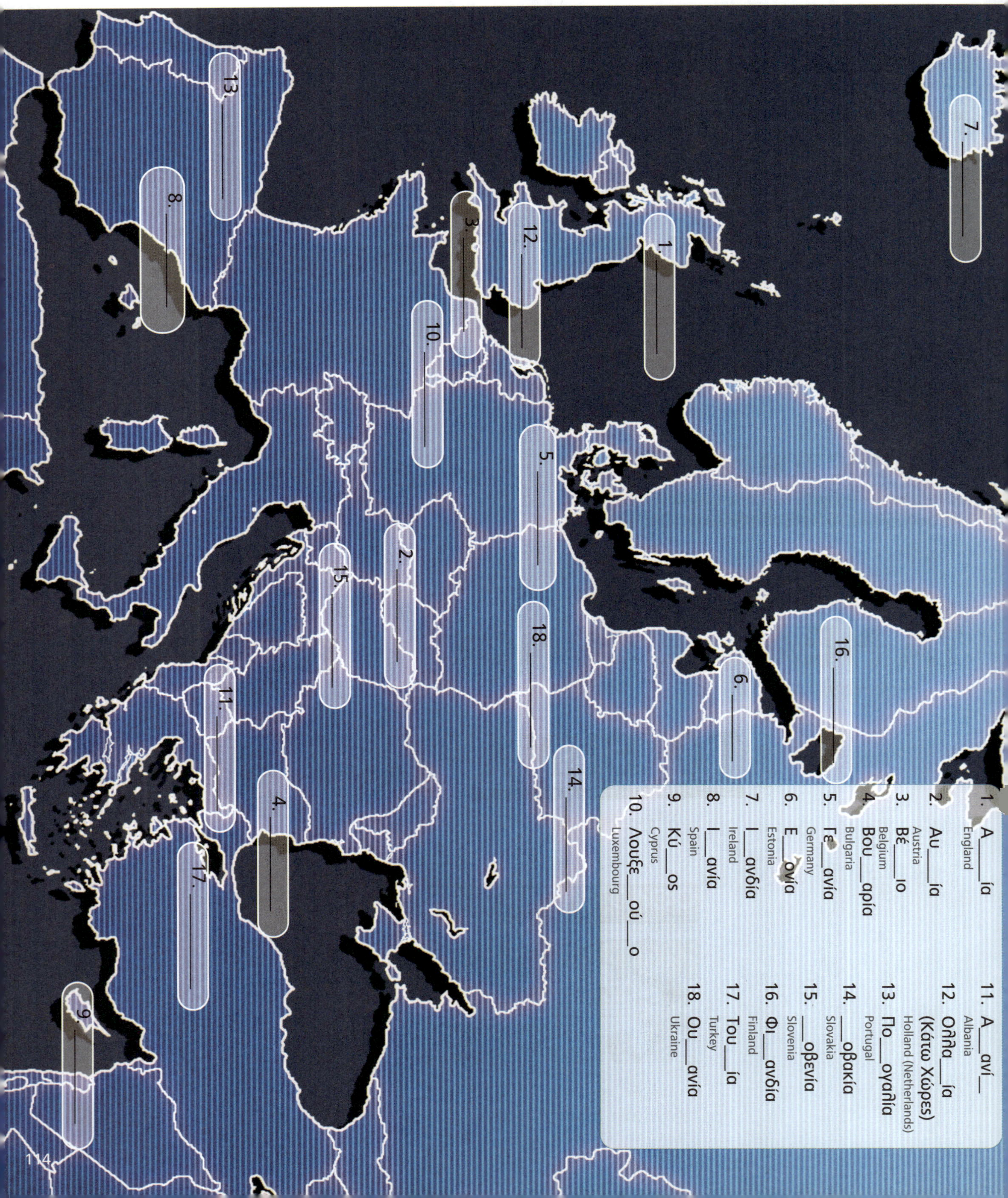

1. Α____αví____ία — England
2. Αυ____ία — Austria
3. Βέ____ιο — Belgium
4. Βου____αρία — Bulgaria
5. Γε____ανία — Germany
6. Ε____ονία — Estonia
7. Ι____ανδία — Ireland
8. Ι____ανία — Spain
9. Κύ____ος — Cyprus
10. Λουξε____ού____ο — Luxembourg
11. Α____ανία — Albania
12. Ολλα____ία (Κάτω Χώρες) — Holland (Netherlands)
13. Πο____ογαλία — Portugal
14. ____οβακία — Slovakia
15. ____οβενία — Slovenia
16. Φι____ανδία — Finland
17. Του____ία — Turkey
18. Ου____ανία — Ukraine

 **5.28.**  **5.28. α. Ακούστε και διαβάστε.** Listen and read.

1 Στον κινηματογράφο «ΑΤΤΙΚΟΝ», στην οδό Σταδίου, προβάλλεται η ταινία του Θεόδωρου Αγγελόπουλου «Το λιβάδι που δακρύζει».

The cinema «Attikon» in Stadiou Street is playing the film «The weeping meadow» by Theodoros Aggelopoulos.

2 Το Εθνικό Θέατρο παρουσιάζει σήμερα το βράδυ στο Ηρώδειο την τραγωδία του Αισχύλου «Αγαμέμνων».

The National Theatre presents tonight at the Herodeium the Aeschylus' tragedy «Agamemnon».

3 Αύριο το βράδυ στο στάδιο Ο.Α.ΚΑ. θα γίνει ο τελικός ποδοσφαίρου μεταξύ Παναθηναϊκού και Ολυμπιακού για το κύπελλο Ελλάδας.

Tomorrow night the Greek cup final between Panathinaikos and Olympiakos will take place at the OAKA stadium.

4 Η ΚΙΝΗΜΑΤΟΓΡΑΦΙΚΗ ΟΜΑΔΑ Ν.Υ.Χ.Τ.Α ΠΑΡΟΥΣΙΑΖΕΙ: Η Έβδομη Σφραγίδα

The film group N.Y.X.T.A. (NIGHT) presents Ingmar Bergman's «The Seventh Seal»

5 Προβολή ταινίας «Το Κουρδιστό Πορτοκάλι»

Film «A Clockwork Orange»

ℹ️ Θεόδωρος Αγγελόπουλος

Ο Θεόδωρος Αγγελόπουλος (1935 - 2012) είναι ένας από τους σημαντικότερους Έλληνες σκηνοθέτες.

Theodoros Aggelopoulos (1935 - 2012) is one of the greatest Greek film directors.

ℹ️ Ολυμπιακό Αθλητικό Κέντρο Αθηνών "Σπύρος Λούης" (Ο.Α.Κ.Α.)

Βρίσκεται στο Μαρούσι, στη βορειοανατολική Αθήνα και έχει χωρητικότητα εβδομήντα δύο χιλιάδων (72.000) θεατών. Αρχιτέκτονας: ο ισπανός Σαντιάγκο Καλατράβα.

Olympic Athletic Centre of Athens 'Spiros Louis' (OAKA)
It is located in Marousi, in the north east area of Athens and has a capacity of seventy two thousand spectators.
Architect: the Spaniard Sandiago Calatrava

5.28. β. Συμπληρώστε τις λέξεις που λείπουν.
b. Fill in the missing words.

✓ Το Εθνικό .... παρουσιάζει σήμερα .... στο Ηρώδειο .... του Αισχύλου «Αγαμέμνων».

✓ .... το βράδυ .... Ο.Α.ΚΑ. .... ο τελικός ποδοσφαίρου .... Παναθηναϊκού και Ολυμπιακού .... Ελλάδας.

Ολυμπιακός, η ομάδα του Πειραιά
Olympiakos, the (football) team of Pireaus

Παναθηναϊκός, η ομάδα της Αθήνας
Panathinaikos, the (football) team of Athens

ℹ️ Σπύρος Λούης

Έλληνας ολυμπιονίκης μαραθωνοδρόμος στους πρώτους σύγχρονους Ολυμπιακούς Αγώνες στην Ελλάδα, το 1894.

Spiros Louis
Greek Olympic medallist marathon runner during the first modern Olympic Games, in 1894.

Τραγούδι / Song

5.29 Ακούστε το παρακάτω τραγούδι όσες φορές χρειαστεί και συμπληρώστε τα κενά με τα σύμφωνα που λείπουν.
Listen to the following song, as many times as necessary and fill in the blanks with the missing consonants.

Άρνηση
Από την ποιητική συλλογή
Στροφή (1931) του Γιώργου Σεφέρη
Μελοποίηση: Μίκης Θεοδωράκης
Ερμηνεία: Γρηγόρης Μπιθικώτσης
Δίσκος: Επιτάφιος – Επιφάνια (1964)

Denial
From the poems collection
Strofi (1932) by Giorgos Seferis.
Music: Mikis Theodorakis
Singer: Grigoris Bithikotsis
Record: Epitaph – Epiphany (1964)

ΕΠΙΦΑΝΙΑ
ΓΙΩΡΓΟΥ ΣΕΦΕΡΗ
ΜΙΚΗ ΘΕΟΔΩΡΑΚΗ

Στο περιγιάλι το ___υφό	On the secret seashore
κι ά___ο σαν περι___έρι*	white like a pigeon
διψάσαμε το μεσημέρι·	we thirsted at noon;
μα το νερό ___υφό.	but the water was brackish.
Πάνω ___ην άμμο την ξα___ή*	On the golden sand
___άψαμε τ' όνομά της·	we wrote her name;
ωραία που φύσηξεν ο μπάτης	but the sea-breeze blew
και ___ή___ηκε η ___αφή.	and the writing vanished.
Με τι κα___ιά, με τι ___οή,	With what spirit, what heart,
τι πόθους και τι πάθος,	what desire and passion
πήραμε τη ζωή μας· λάθος!	we lived our life: a mistake!
κι αλλάξαμε ζωή.	So we changed our life.

* σαν περιστέρι [saμberisteri], την ξανθή [tiηgzaηθi]: Βλέπε τελικό **ν**, 5.25.
See final **v**, 5.25.

Μίκης Θεοδωράκης
Mikis Theodorakis

Ο Μίκης Θεοδωράκης γεννήθηκε στην Χίο το 1925. Είναι ένας από τους σημαντικότερους σύγχρονους Έλληνες μουσικοσυνθέτες.

Mikis Theodorakis was born in Chios in 1925. He is one of the most important modern Greek composers

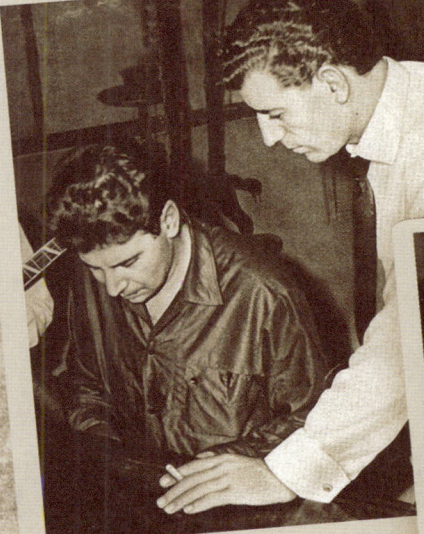

Ο τραγουδιστής Γρηγόρης Μπιθικώτσης με το Μίκη Θεοδωράκη
The singer Grigoris Bithikotsis with Mikis Theodorakis

http://www.mikis-theodorakis.net/
http://en.wikipedia.org/wiki/Mikis_Theodorakis

AXION ESTI BY ODYSSEAS ELYTIS

Γιώργος Σεφέρης
Giorgos Seferis

Ο Γιώργος Σεφέρης (Σμύρνη 1900 - Αθήνα 1971) είναι ένας από τους σπουδαιότερους Έλληνες ποιητές. Εργάστηκε ως διπλωμάτης.
Το 1963 βραβεύτηκε με το Νόμπελ Λογοτεχνίας.

Giorgos Seferis ((Smyrna 1900 - Athens 1971) is one of the greatest Greek poets. He worked as a diplomat. In 1963 he was awarded with Nobel Prize for Literature.

SONGS ON GIORGOS SEFERIS' POEMS

http://en.wikipedia.org/wiki/Giorgos_Seferis

Μάνος Χατζιδάκις
Manos Hatzidakis

http://www.hadjidakis.gr/
http://en.wikipedia.org/wiki/Xatzidakis

Ο Μάνος Χατζιδάκις με το Νίκο Γκάτσο
Manos Hatzidakis with Nikos Gatsos

Ο Μάνος Χατζιδάκις (Ξάνθη 1925 - Αθήνα 1994) ήταν ένας από τους σημαντικότερους Έλληνες μουσικοσυνθέτες.

Manos Hatzidakis (Xanthi 1925 - Athens 1994) was one of the greatest Greek music composers.

MANOS HATZIDAKIS IN THE " ROMAN AGORA "

Νίκος Γκάτσος
Nikos Gatsos

Ο Νίκος Γκάτσος (Αρκαδία 1911 – Αθήνα 1992) ήταν ένας σημαντικός Έλληνας ποιητής, μεταφραστής και στιχουργός.

Nikos Gatsos (Arcadia 1911 Athens 1992) was an important Greek poet, translator and lyrics writer.

THE ABSURDITIES

THE GREAT LOVE SONG

MANOS HATZIDAKIS - NIKOS GATSOS
RETURN

http://en.wikipedia.org/wiki/Nikos_Gatsos

Τραγούδι / Song

5.30 Ακούστε το παρακάτω τραγούδι, όσες φορές χρειαστεί και συμπληρώστε τα κενά με τα σύμφωνα που λείπουν.
Listen to the following song, as many times as necessary and fill in the blanks with the missing consonants.

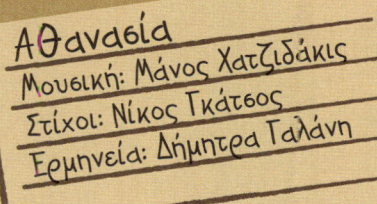

Αθανασία
Μουσική: Μάνος Χατζιδάκις
Στίχοι: Νίκος Γκάτσος
Ερμηνεία: Δήμητρα Γαλάνη

Athanasia
Music: Manos Hatzidakis
Lyrics: Nikos Gatsos
Singer: Dimitra Galani

Δήμητρα Γαλάνη

* Athanasia: feminine name, but also the greek word for " immortality".

Τι ζητάς, Αθανασία,
στο μπα___όνι μου μπρο___ά;
Δε μου δίνεις σημασία
κι η κα___ιά μου πώς βαστά*;

Σ' αγαπήσανε*** στον κό___ο**
βασιλιάδες, ποιητές
κι ένα ___ωναράκι δυό___ο
δεν τους** χάρισες ποτές.

Είσαι ___ηρή σαν του** θανάτου τη ___ροθιά
μά 'ρθαν*** καιροί που σε πι___έψαμε βαθιά.
Κάθε γενιά δική της θέλει να γενείς,
ομο___ονιά που δε σε κέ___ισε κανείς.

Τι ζητάς, Αθανασία,
στο μπα___όνι μου μπρο___ά;
Ποια παράξενη θυσία
η ζωή να σου ___ωστά;

Ή___αν διψα___ένοι ___οίσοι,
ταπεινοί προ___υνητές
κι απ' του κήπου*** σου τη ___ύση
δεν τους** ___όσισες* ποτές.

What is it you are looking for, Athanasia,
on my front balcony?
You don't pay me any attention
and how (can) my heart bear (it)*?

You were loved in the world
by kings, poets
and not (a single) little twig of mint,
have you ever given them.

You are hard, like the death's grasp
but times came when we believed (in) you deeply
Every generation wants (you) to become their own
good-looking lady, who none wins you (over)

What is it you are looking for, Athanasia
on my front balcony?
What strange sacrifice
does life owe you?

Thirsty "Croesuses',
humble pilgrims came
and from your garden's fountain,
you never gave them a drink.

* πώς βαστά [pozvasta], τους δρόσισες [tuzðrosises]: Βλέπε τελικό **s**, 5.9. See final **v**, 5.25.
** στον κόσμο [stoŋgozmo], δεν τους [ðeŋdus], σαν του [saŋdu] : Βλέπε τελικό **ν**, 5.25.   See final **v**, 5.25.
*** σ' αγαπήσανε = σε αγαπήσανε
   μά 'ρθαν = μα ήρθαν
   απ' του κήπου = από του κήπου

Θέλω κι άλλες ασκήσεις!!!

I want more exercises!!!

5.31
Ακούστε και συμπληρώστε με δ, τ ή ντ. Διαβάστε τις λέξεις ανά ζεύγη.
Listen and fill in the blanks with δ, τ or ντ. Read the words in pairs.

1. κέ___ρα centres	έ___ρα desk/chair	6. Α___ρέας Andreas	Άν___εις Andes
2. ___ροπαλός shy	___ρελός fool/crazy	7. αν___ρεία bravery	α___λία pump
3. χύ___ρα pressure cooker	χά___ρα bead	8. δέ___ρο tree	κέ___ρος cedar
4. ε___άξει okay	εν___ιαφέρον interesting	9. σπον___ή libation	χο___ρή fat
5. α___λώ pump/derive	ά___λας atlas/map	10. ά___ρας man	αν___ριά___ας statue

5.32
Ακούστε και συμπληρώστε με β, π ή μπ. Διαβάστε τις λέξεις ανά ζεύγη.
Listen and fill in the blanks with β, π or μπ. Read the words in pairs.

1. α___έλι vineyard	καρ___έλι loaf of bread
2. ___λούσια rich	___λούζα blouse
3. ε___ρός ahead	α___ρός courteous
4. δια___λοκή interweaving	συ___λοκή fight/encounter
5. ___λοκ block	___λώρη bow/prow
6. κα___νός smoke	κά___ος plain
7. γα___ρός groom	Έ___ρος Evros
8. ___ρίο zest/brio	___λοίο ship/boat
9. ___ρώμικα dirty	___ρούμυτα prone
10. ___ρίζα socket	___ρίσμα prism

5.33
Ακούστε και συμπληρώστε τα κενά. Διαβάστε τις λέξεις ανά ζεύγη.
Listen and fill in the blanks. Read the words in pairs.

γ, κ ή γκ ;

1. ___ρίζος grey	___ρίφος riddle/puzzle
2. ___ράμμα letter	___ιμάτσα grin/grimace
3. ___ράτα held	α___ράφα clasp/buckle
4. ___ραβούρα engraving	___ραβάτα tie
5. ___ρινιάζω I grumble	___ρυώνω I am cold

γ, κ ή γκ ;

6. ___ρυλλίζω I grunt/growl/snarl	___ρεμίζω I demolish/ I pull down
7. ___λίτσα slime/sludge	___λίτσα shepherd's crook
8. έ___λειστη confined	έ___λειψη eclipse
9. ___ράφιτι grafiti	___ράφετε you write
10. ε___ρίνω I approve	___ρίνω I judge/I criticise

γ, κ ή γγ ;

11. α___λικά English	ά___ρια wild	13. α___ρός field	Ού___ρος Hungarian
12. ά___ραφο unwritten/blank	έ___ραφο document	14. Ά___λος English man	ά___ρο end/extreme

5.34
Ακούστε και συμπληρώστε με π, β ή φ. Διαβάστε οριζοντίως τις λέξεις.
Listen and fill in the blanks with π, β or φ. Read the words horizontally.

1. ___ράσιν boil/simmer	___λάση universe	___ράση phrase	6. ___λένει he/she washes	___ρέχει it is raining
2. ___ρωινό breakfast	___ραδινό dinner	___ρούτο fruit	7. ___τήση flight	___ρύση tap
3. ξα___νικός sudden	ά___λυτος unwashed	έ___δομος seventh	8. ___ρύδι eyebrow	___ράδυ night
4. ___ληγή wound	___λόγα flame	___λέμμα look/glance	9. ___λοίο boat/ship	___ρύο moss
5. ___δέλλα leech	___τέρνα heel	___ταίσμα error/fault/mistake	10. ___γάζω I take off	___τάνω I reach

5.35
Ακούστε και συμπληρώστε με δ ή θ. Διαβάστε οριζοντίως τις λέξεις.
Listen and fill in the gaps with the consonants δ and θ. Read the words in pairs.

1. έν___ετο inset	εν___έχεται it is possible/likely
2. αν___ίζω I blossom	εν___ιαφέρω I interest
3. έν___υμα garment	εν___ύμιο souvenir
4. επεν___ύω I invest	αν___οδοχείο vase
5. α___ροίζω I add	α___ρανώ I am inactive/inert
6. α___ρό crude	άρ___ρο article
7. άν___ρας man	άν___ρωπος human

5.36
Ακούστε, βάλτε τόνους και διαλυτικά όπου χρειάζεται και μετά διαβάστε.
Listen, put accents and dieresis where necessary and then read.

1. το βολει volley	θεικος divine	ο θειος uncle	το ποιημα the poem
2. το Μπαχρειν Bahrein	το Σιντνει Sidney	κλαιει he/she cries	η ιστιοπλοια sailing
3. το μειλ mail	το τρολει trolley bus	το κοινο public	το ρολοι watch
4. το κομπολοι rosary	το σοι family	ευνοικος favourable	το προιον product

5.37 Ακούστε και συμπληρώστε με τα σύμφωνα τ, δ ή θ.
Διαβάστε οριζοντίως τις λέξεις. Listen and fill in the gaps with the consonants τ, δ and θ. Read the words horizontally.

1. ___ρόμος terror	___ρόμος street	___ρόνος throne
2. ___ράκος dragon	___ράσος impudence	___ρίτος third
3. ___ραύσμα fragment	___ράμα drama	___ραύμα wound
4. έ___νη nations	Αί___να Etna	έχι___να viper

5. ___μήμα section	___νητός mortal
6. ___ρόμβος clot	___ρούλος dome
7. ___ρέμω I tremble	___ρέφω I feed
8. α___ροίζω I add	___ρίζω I squeak
9. ___ρύλος legend	___ρύγος grape-harvest
10. ___λιβερό sad	___υφερό tender

11. α___μός steam	αρι___μός number
12. ___ράκα cinder	___ράκα sponging
13. ___ρησκεία religion	___ρικυμία tempest
14. ___ρυς oak tree	___ρεις three
15. ___ριγμός cracking	___ρυμός forest

5.38 Ακούστε και συμπληρώστε με τα σύμφωνα θ ή φ. Διαβάστε τις λέξεις ανά ζεύγη.
Listen and fill in the gaps with the consonants θ or φ. Read the words in pairs.

1. ___ράγμα dam	___ρόισμα rustling
2. α___ροίζω I add	α___ρίζω I foam
3. άμ___ια vestments	άν___ος flower
4. ___λύαρος garrulous	___λιβερός sad
5. ά___ραυστος unbreakable	ά___ραγκος penniless
6. ___ράση phrase	___ραύση (make) havoc
7. ___ρυμματίζω I shatter	___ρυγανίζω I toast
8. ά___λος feat	τυ___λός blind

5.39 Ακούστε και συμπληρώστε με τα σύμφωνα κ, γ ή χ. Διαβάστε τις λέξεις ανά ζεύγη.
Listen and fill in the gaps with the consonants κ, γ and χ. Read the words in pairs.

1. α___νός fade	α___νός pure
2. ___νωστός known	___νωσός Knossos
3. ___λειδί key	___λιδή luxury
4. ___λωμή pale	___νώμη opinion
5. ___λώσσα brood hen	___λώσσα tongue
6. ___νούδι fluff	___λουβί cage

7. ___λιαρός lukewarm	___λυκός sweet
8. ___λυφός brackish	___λειστός closed
9. α___μή peak/acme	πά___νη frost
10. α___νάρι footprint	α___νάντι scan
11. ___λονίζω I shake/unsettle	___νωρίζω I know
12. ___λήση call	___τίστης builder

5.40 Ακούστε και συμπληρώστε με γρ ή χρ. Διαβάστε τις λέξεις ανά ζεύγη.
Listen and fill in the gaps with γρ or χρ. Read the words in pairs.

1. ___άμμα letter	___ώμα colour
2. ___ίφος riddle/puzzle	___ήμα money
3. ___ήματα money	___ήγορα fast/quickly
4. ___ίπη flu	___ήση use
5. ___άφω I write	___ωστώ I owe
6. ___άμι rug/blanket	___ανάζι gear/cogwheel
7. ά___αφος unwritten	ά___ωμος colourless
8. ά___ηστος useless	α___ότης farmer
9. α___οίκος rude/coarse	α___είος villain
10. ___ίλια venetian blind	___ίσμα nomination/unction

5.41 Ακούστε και συμπληρώστε με κρ ή χρ. Διαβάστε τις λέξεις ανά ζεύγη.
Listen and fill in the gaps with κρ or χρ. Read the words in pairs.

1. ___ήμα money	___ίμα pity
2. ___άμα mixture	___άμι rug/blanket
3. ___ωστώ I own	___οτώ I make noise
4. ___ύβω I hide	___ίζω I nominate/anoint
5. ___υώνω I am cold	___εώνω I charge
6. α___ιβός expensive	ά___ηστος useless
7. α___είος villain	α___αίος extreme/borderline
8. ___υφός secret/hidden	___υσός gold
9. ___όνος time	___όνος Cronus
10. ___ύα cold	___εία need
11. ___ήσιμος useful	___ίσιμος critical

5.42 Ακούστε και συμπληρώστε με κρ ή γρ. Διαβάστε τις λέξεις ανά ζεύγη.
Listen and fill in the gaps with κρ or γρ. Read the words in pairs.

1. ___άμα mixture	___άμμα letter
2. ___ύλος cricket	___οίσος rich man
3. ___άνος helmet	___άσο grease
4. ___ίνος lily	___ίφος riddle
5. ___ασί wine	___αφή writing
6. ά___ιτος thoughtless/unwise	ά___ιος wild
7. ά___αφος unwritten	ά___ατος exacerbated
8. ___όσι piaster	___όσσι fringe
9. α___ίβεια precision/high price	α___ύπνια sleeplessness
10. ___ουστά percussion instruments	___ουσουζιά bad luck/jinx

Παραρτήματα
Appendix

1.	**ΕΠΑΝΑΛΗΠΤΙΚΗ ΑΝΑΓΝΩΣΗ**
1.1.	Το Νεοελληνικό Αλφάβητο
1.2.	Συνδυασμοί φωνηέντων
1.3.	Συνδυασμοί συμφώνων
1.4.	Σύμφωνο + /i/ άτονο + φωνήεν
	Συνδυασμοί συμφώνων + /i/ άτονο + φωνήεν
1.5.	Η αφομοίωση του τελικού ν
	ν + κ, π, τ, ξ, ψ, μπ, ντ, γκ, τσ
1.6.	Προφορά του σ/s ως [z]
	σ/s + β, γ, δ, μ, ν, λ, ρ = [z]
2.	**ΕΛΛΗΝΟΓΕΝΕΙΣ ΛΕΞΕΙΣ ΣΕ ΞΕΝΕΣ ΓΛΩΣΣΕΣ**
3.	**ΧΩΡΕΣ**
4.	**ΑΡΙΘΜΟΙ**
5.	**ΛΥΣΕΙΣ**
6.	**ΛΕΞΙΛΟΓΙΟ**
7.	**Η ΠΡΟΦΟΡΑ ΤΗΣ ΕΛΛΗΝΙΚΗΣ ΓΛΩΣΣΑΣ**
	ΤΟ ΔΙΕΘΝΕΣ ΦΩΝΗΤΙΚΟ ΑΛΦΑΒΗΤΟ

1.	**REVISION OF READING**
1.1.	The Modern Greek Alphabet
1.2.	Vowel combinations
1.3.	Consonant combinations
1.4.	Consonant + unaccented /i/ + vowel
	Consonant combinations + unaccented /i/ + vowel
1.5.	Assimilation of final n
	ν + κ, π, τ, ξ, ψ, μπ, ντ, γκ, τσ
1.6.	Pronunciation of σ/s as [z]
	σ/s + β, γ, δ, μ, ν, λ, ρ = [z]
2.	**GREEK WORDS IN FOREIGN LANGUAGES**
3.	**COUNTRIES**
4.	**NUMBERS**
5.	**ANSWER KEYS**
6.	**GREEK - ENGLISH VOCABULARY**
7.	**GREEK LANGUAGE PRONUNCIATION**
	THE INTERNATIONAL PHONETIC ALPHABET

1. Επαναληπτική ανάγνωση
Revision of reading

Παραρτήματα
Appendix

Οι λέξεις που ακολουθούν έχουν χρησιμοποιηθεί στα πέντε βήματα και υπάρχουν στο λεξιλόγιο.
The words that follow have been used in the 5 steps and can be found in the vocabulary.

1.1. Το Νεοελληνικό αλφάβητο
The Modern Greek Alphabet

Το νεοελληνικό αλφάβητο διατήρησε τα 24 γράμματα του αρχαίου ελληνικού αλφαβήτου. Ενώ είναι το ίδιο για όλους τους Έλληνες, η προφορά κάποιων γραμμάτων διαφέρει από τόπο σε τόπο κατά τα ιδιώματα. Πρότυπη προφορά θεωρείται σήμερα η αθηναϊκή.

Τα 24 γράμματα δεν αποδίδουν όλους τους φθόγγους της σημερινής προφοράς. Στους αιώνες που πέρασαν δημιουργήθηκαν φθόγγοι που δεν παριστάνονταν με αντίστοιχα γράμματα γι'αυτό χρησιμοποιούνται συνδυασμοί όπως: ου, μπ, ντ, γκ, τζ, τσ. Υπάρχουν επίσης γράμματα που παριστάνουν τον ίδιο φθόγγο όπως ο - ω = /o/, ε - αι = /e/, ι – η – υ – η – ει – οι = /i/.
Η ορθογραφία της ελληνικής γλώσσας είναι ιστορική.

The Modern Greek alphabet retained the 24 letters of the Ancient Greek alphabet. Although it is the same for all Greeks, the pronunciation of some letters differs from place to place according to local idioms. Nowadays, the Athenian pronunciation is considered to be the model one.

In the course of the centuries some sounds that are not represented by single letters were created. For this reason, letter combinations, such as ου, μπ, ντ, γκ, τζ, τσ are used. There are also letters which represent the same sound, such as ο - ω = /o/, ε - αι = /e/, ι – η – υ – η – ει – οι = /i/.
Their spelling has historical value.

α	[a]	αλάτι, άλογο, ακόμα, αλλά, Αθήνα, Ασία, αγελάδα, αέρας, μαμά, χαρά, καλά, χώρα, μέρα, μέσα, κάνω, πάω, αλλάζω.
β	[v]	βάζο, βαπόρι, βεβαίως, βασιλικός, βαλίτσα, βόλεϊ, βουνό, βούτυρο, βιβλίο, βράδυ, βέβαια, βροχή, βραστός, βάζω, βλέπω, βρίσκω, βρέχει, έβδομος, εβδομάδα.
	[vj]	βιολί, βιαστικός, βιάζομαι, βιολέτα, βιασύνη, καράβια.
γ	[ɣ]	γάλα, γάτα, γάμος, γαλανός, γαλλικός, γούνα, γωνία, γλώσσα, γραβάτα, γραφείο, γλυκό, γαϊδούρι, γράμμα, γρήγορα, γλώσσα, γραφή, γράφω, γνωρίζω, γδύνομαι, άγριος, αγρότης, παγωτό, παράδειγμα.
	[j]	γέλιο, γυναίκα, γέφυρα, γη, γέρος, γύρος, γερός, Γερμανία, γεμάτος, γελώ, γεμίζω, γίνομαι, υγεία, καθηγητής, αγελάδα, οικογένεια, μαγικός, βγαίνω.
		γιοι, γιαγιά, γιατρός, γιατί, γιος, γυαλιά, γεια, γιορτή, γιαούρτι, κραγιόν, μαγιό.
	[ŋ]	έλεγξα.
δ	[ð]	δωμάτιο, δελτίο, δέμα, Δίας, δάσος, δύση, δύο, δέκα, δεν, δώρο, δήμος, δημοκρατία, δίσκος, δρόμος, δράμα, δρυμός, δένω, δίνω, διψώ, παιδί, πόδι, ταξίδι, αδρός, εδώ, Σουηδία, ποδήλατο, έχιδνα, ενδιαφέρω, αδρανώ.
	[ðj]	δυόσμος, διαβάζω, παιδιά, πόδια, τραγούδια, ταξίδια, ταξιδιώτης, ταξιδιωτικός.
ε	[e]	Ελλάδα, ελληνικά, ένα, εφημερίδα, ελικόπτερο, εβδομάδα, εδώ, εγώ, έξι, μέλι, λέω, έχω, έρχομαι.
ζ	[z]	ζώο, ζωολογία, ζάχαρη, ζάρι, ζωή, ζω, ζητώ, ζητείται, ζυμώνω, ζηλεύω, ζυγίζω, τραπέζι, καρπούζι, μαγαζί, ρύζι, ούζο, μεζές, μάζα, γνωρίζω, παίζω, γεμίζω.
	[j]	κρουαζιέρα, τραπέζια, νάζια, καρπούζια, μαγαζιά, ρύζια, γαλάζιος.
η	[i]	ημέρα, ήρωας, Ηρώδειο, ηρεμία, σημαία, μητέρα, τηλέφωνο, βήμα, τηλεόραση, Θεσσαλονίκη, πανεπιστήμιο, καλή, μηδέν.
θ	[θ]	θάλασσα, θέση, θέατρο, θείος, θέμα, Θεός, θεϊκός, θέα, θέαμα, θησαυρός, θρησκεία, θνητός, θρόνος, θέλω, θυμώνω, θυμάμαι, Αθήνα, αθηναϊκός, ανθοδοχείο, ενθύμιο, αθανασία, παραμύθι, σπαθί, μαθητής, διεθνής, εθνικός, σταθμός, αθλητής, πολυθρόνα, αθροίζω.
	[θç]	κολοκυθιά, αλήθεια, παραμύθια, σπαθιά.
ι	[i]	Ιταλία, Ιταλός, Ινδία, Ιανουάριος, Ιούνιος, Ιούλιος, ιστοσελίδα, ιστορία, ιατρική, φιλοσοφία, σπίτι, μολύβι, βιβλίο, παιχνίδι, τυρί, ψωμί, τρόλεϊ.
κ	[k]	κόρη, καλοκαίρι, κοτόπουλο, καπέλο, κάτοικος, κωμωδία, κάρτα, κακός, κρασί, κρέας, κρίμα, καΐκι, κλειδί, κρύο, κρυώνω, κάνω, καταλαβαίνω, καλώ, κλείνω, ακρίβεια, δημοκρατία, εκδρομή, εκφωνητής, εκπαίδευση, έκθεση, έκπτωση, ηλεκτρικό, έκπληξη, έκφραση, εκστρατεία.
	[c]	κήπος, κιμάς, κιλό, κίνηση, κινητό, κυρία, κύριος, Κυριακή, κυκλοφορία, κεράσι, κερί, μουσική, κόκκινος, κίτρινος. κιόλας, κακιά, κουλουράκια, κολοκυθάκια, καλαμάκια, φιστίκια, κολοκυθάκια.

123

λ	[l]	λάθος, λιμάνι, λουλούδι, λεμόνι, λογική, λογότυπος, λεφτά, λέξη, λαός, λαογραφικός, λαϊκή, ελάφι, παραλία, κουτάλι, λέω, λατρεύω, Αλβανία, Βέλγιο, άγαλμα, άλσος, βιβλίο, εκλογές, κλίμα, χαλκός, δελτίο, αδελφός, διαλέγω, στέλνω.
	[ʎ]	ήλιος, ελιά, μηλιά, κουτάλια, μπουκάλια, σταφύλια, βασιλιάς, λιαστός, μαλλιά, πουλιά, κολιέ, γυαλιά, δουλειά, παλιός.
μ	[m]	μαζί, μήλο, μηδέν, μουσική, μικρός, μύθος, μητέρα, μήνας, μολύβι, μόνος, μουσείο, μαϊντανός, μιλώ, μαθαίνω, καλαμάκι, κόμμα, λίμνη, γυμνάσιο, αμνηστία, μνημείο.
	[mj]	καλαμιά, ζημιά, καλάμια, λουκούμια, ψωμιά, μια, καμιά, μοιάζω.
	[ɱ]	εμβαδόν, έμβλημα, κομψός, αμφιθέατρο, μεσημβρινός, σύμβολο.
ν	[n]	νύχτα, νέος, νερό, νησί, νόμος, ναός, νύφη, νυφικό, νοίκι, άνοιξη, λεμόνι, ενοικιάζεται.
	[ɲ]	νιάτα, νιότη, χρόνια, παραμυθένιος, γειτονιά, εννιά, χρόνια, ασημένιο, πεπόνια, πιρούνια, μανταρίνια, λεμονιά, λεμόνια.
	[ŋ]	άνθος, κίνδυνος, άνδρας, Φινλανδία, άνθρωπος, πένσα, ένζυμο, βενζινάδικο, Κόρινθος.
ξ	[ks]	ξένος, ξεναγός, ξίδι, ξενοδοχείο, ξενώνας, ξενοφοβία, ξινός, ξύλο, ξύλινος, ξηρά, ξαφνικά, ξηλώνω, άνοιξη, παξιμάδι, ταξιδεύω, ταξιδιώτης, ταξίδι.
	[ksç]	μοναξιά, αμάξια, αλλαξιά.
ο	[o]	οδός, Οδύσσεια, Οκτώβριος, ομελέτα, ονειρεμένος, ορχήστρα, όταν, όχι, οκτώ, όγδοος, βιολόγος, μονότονος.
π	[p]	πλοίο, ποτήρι, παππούς, περίπτερο, περίπατος, πρόβλημα, πλατεία, πλήρης, πρόγραμμα, πρωινό, προϊόν, πρώτος, προσοχή, πτήση, ελικόπτερο, αεροπλάνο, πάω, πίνω, ποτίζω, πεινώ, περνώ, πληρώνω.
	[pç]	πιάνο, ήπια, ποιος, κουπιά, πάπια.
ρ	[r]	ρόδα, ρολόι, ρύζι, ρούχα, Ρώμη, ρίγανη, ραψωδία, ρυθμός, ράβω, ρίχνω, αρτοποιείο, θάρρος, βάρκα, φούρνος, Νορβηγία, κέρμα, κάρτα, Τουρκία, αρσενικός, φορτηγό, καρπούζι, εργασία, σκόρδο, άρθρο, όρθιος, ερπετό, έναρξη, όμορφος, γιορτή, αρχίζω, παίρνω.
	[rʝ]	ζυγαριά, πιπεριά, μεριά, χωριό, ζάρια, χωριάτικος, ψάρια, αγόρια, ζάρια, μαχαίρια, αγγούρια.
σ, s	[s]	σερβιτόρος, σημαία, σήμερα, Σάββατο, σοφία, στάθμευση, στάση, στροφή, συνθέτης, σαΐνι, σπίτι, σφραγίδα, σχέδιο, σχολείο, σκέπτομαι, συγυρίζω, τέσσερα, άσκηση, άσχημος, πρόσκληση, ιστιοπλοΐα, άσπρος, αισθητική, άσθμα, ασφάλεια.
	[sç]	νησιά, ίσιος, βαφτίσια, κεράσια, κερασιά, θυμαρίσιος, νησιώτικος, εκκλησιά, Μονεμβασιά.
	[z]	σβούρα, Σμύρνη, σγουρός, σμήνος, σβήνω, κοσμικός, κόσμος, δύοσμος, τουρισμός, προσγείωση, μεθυσμένος, ζαλισμένος, κουρασμένος, προσδοκώ.
τ	[t]	τηλεόραση, ταχυδρομείο, τηλέφωνο, τραπέζι, τίτλος, τρικυμία, τέχνη, τρόπος, τρελός, τρόλεϊ, τρίτος, τμήμα, τρύγος, τρυφερός, τραύμα, τρούλος, τριγμός, τρέμω, τραγουδώ, τρώω, ιατρικός, άτλας, μετρό, ατμός, φάτνη.
	[tç]	φωτιά, χαρτιά, μάτια, ματιά, αυτιά, κουτιά, σπίτια.
υ	[i]	υγεία, υγιεινός, ύπνος, υπάλληλος, υπέροχος, υποβρύχιο, υδραυλικός, ύφος, υπολογιστής, δύοσμος, δύση, συναυλία, σύννεφο, συνοικία, κύριος, κυρία, παράθυρο, κρύο, σύκο, τύχη, εσύ, πολύ, υπάρχω, υφαίνω.
φ	[f]	φάλαινα, φακός, φανάρι, φεγγάρι, φίδι, φαγητό, φτηνός, Φεβρουάριος, φλιτζάνι, φράση, φόρεμα, φίλος, φρούτο, φράουλα, φεστιβάλ, φθινόπωρο, φούρνος, φούστα, φυτό, φύση, φύλλο, φωνή, φράγμα, φλύαρος, φως, φαΐ, φορώ, φτάνω, φαίνεται, ξαφνικά, λεωφορείο, μεταφορικός, εφημερίδα.
	[fç]	ομορφιά, κούφιος, κούφια, ράφια.
χ	[x]	χαρά, χώρα, χωνάκι, χαρτί, χάρτης, χορός, χαλί, χρώμα, χρήματα, Χριστούγεννα, χώρα, χωρίς, χτες, χρόνος, χρήμα, χρώμα, χλιαρός, χνούδι, χρήσιμος, χρυσός, χτίστης, χτυπώ, χαϊδεύω, χορεύω, χάνω, έχω, νύχτα, τοίχος, εχθρός, τεχνολογία, τεχνολογικός, ιχθυοπωλείο, αιχμή, πάχνη.
	[ç]	χέρι, χυμός, χειμώνας, χελώνα, Χιλή, χείλια, χήνα, χυλός, χύνομαι, αρχή, όχι, μαχαίρι, νύχι. χιόνι, νύχια, Χιώτης, χιώτικος.
ψ	[ps]	ψωμί, ψάρι, ψαράς, ψαλίδι, ψεύτης, ψητός, ψέμα, ψώνια, ψήφος, ψιλά, ψηλός, ψύλλος, ψηλώνω, ψαρεύω.
	[psç]	ανιψιά, ανίψια, ταψιά.
ω	[o]	ώρα, ωδείο, ωδή, ωκεανός, ωραίος, δώδεκα, πρωί, φως, αρωματικός, πρώτος, μελωδία, πώς, επώνυμο, ερωτευμένος, τηλέφωνο, κωμωδία, παγωτό, παγωμένος, κάπως, ζώο, τώρα, κάνω, πάω, διψώ, ζω, θυμώνω.

1.2. Συνδυασμοί φωνηέντων
Vowel combinations

αι	[e]	αίμα, αισθητική, Αίγυπτος, Αιγαίο, ναι, και, καιρός, καλοκαίρι, ωραίος, παιδί, παιδεία, φαινόμενο, Πειραιάς, σημαία, είμαι, παίζω, μαθαίνω, καταλαβαίνω, παίρνω, λέγομαι.
ει	[i]	είμαι, εμείς, ειρήνη, είσοδος, εισιτήριο, υγεία, κλειδί, Ηρώδειο, Ειρηνικός, Οδύσσεια, Μεσόγειος, μεσογειακός, αρχείο, μουσείο, σχολείο, υπουργείο, ιατρείο, ξενοδοχείο, καφενείο, δημαρχείο, πεινώ, πωλείται, ζητείται, ενοικιάζεται.
οι	[i]	οικονομία, οικονομικός, οικογένεια, οικολογία, οικολογικός, οικοτουρισμός, πλοίο, κάτοικος, μονοκατοικία, πολυκατοικία, συνοικία, τοίχος, ποιητής, ποίημα, νοίκι, ενοικιάζεται.
ου	[u]	ουρανός, ούζο, λουλούδι, βουνό, πλούτος, φρούτο, κουτί, φούρνος, νούμερο, ρούχο, βούτυρο, παππούς, τραγούδι, τραγουδώ, μουσική, μέδουσα, πούλμαν, κομπιούτερ, σούπερ-μάρκετ, καρπούζι, γιαούρτι.
αυ	[av]	Αύγουστος, αύριο, αυλή, σαύρα, θαύμα, συναυλία, σταυρός, τραύμα, θραύσμα, υδραυλικός, μαύρος, θησαυρός, Μαυριτανία, Μαυρίκιος, Μαυροβούνιο, Επίδαυρος.
ευ	[ev]	Ευρώπη, Εύα, ευρώ, ευγενικός, ευεξία, ευνοϊκός, γεύμα, απόγευμα, πνεύμονας, ερωτευμένος, ζευγάρι, Παρασκευή, συσκευή, προστατευόμενος, πρωτεύουσα, ψευδώνυμο, λατρεύω, χορεύω, μαγειρεύω, ψαρεύω, δουλεύω, ταξιδεύω, απαγορεύεται.
αυ	[af]	αυτοκίνητο, αυτί, αυτός, αυστηρά, ναυτικός, θραύση, άθραυστος, Αυστραλία, Αυστρία, Καύκασος, Ναύπλιο, Ναύπακτος.
ευ	[ef]	ελευθερία, ελεύθερος, ευχαριστώ, πεύκο, Δευτέρα, δεύτερος, γεύση, χορευτικός, εκπαίδευση, στάθμευση, Λευκορωσία, ευτυχία, ευτυχώς, εύχομαι.

1.3. Συνδυασμοί συμφώνων
Consonant combinations

μπ	[b]	μπίρα, μπλούζα, μπέιμπι σίτερ, μπαρ, μπουκέτο, μπότα, μπαλαρίνα, μπαλκόνι, μπουκάλι, μπουρνούζι, μπάνιο, μπακάλης, ρεμπέτικος, μπαμπάς, μπανάνα, μπάλα, μπόρα, μπορντό, μπουκέτο, μπράβο, μπόι, μπουφάν, μπαλόνι, μπρόκολο, μπομπονιέρα, μπλε, μπεζ, μπλοκ, μπρίο, μπρούμυτα, μπρίζα, ρομπότ, μπράτσο, μπλέκω.
	[mb] & [b]	ομπρέλα, κάμπος, ολυμπιακός, αμπελουργός, αμπέλι, έμπορος, εμπόριο, γαμπρός, λαμπάδα, κουμπάρος, κουμπάρα, κουμπί, κομπολόι, ακουμπώ, κολύμπι, αμπάρι, εμπρός, συμπλοκή.
	[mp]	σύμπτωμα, πέμπτος, Πέμπτη. κομπανία, κομπλιμέντο, κομπιούτερ.
	[mbj]	κουμπιά, κάμπια.
ντ	[d]	ντομάτα, ντόμινο, ντουλάπα, βίντεο, ντοκιμαντέρ, μαϊντανός, μοντέλο, ντύνω, ντιβάνι, κακοντυμένος, ντελίριο, ντάλια, νταλίκα, ντροπή, ντροπαλός.
	[nd] & [d]	κέντρο, ελέφαντας, εντάξει, γάντι, ρομαντικός, παντόφλα, σάντουιτς, άντρας, παντελόνι, μαντίλι, μανταρίνι, δέντρο, παντομίμα, οδοντίατρος, γάντι, κοντός, κοντά, παντοπωλείο, συνταγή, αντίθετος, δαντέλα, αντί, ποντίκι, κάλαντα, μάντρα, χάντρα, αντλία, χοντρός, ανδριάντας, εξαντλώ, παντρεύομαι, πάντα, πέντε, έντεκα, κεντώ.
	[nt]	αντίκα, κομπλιμέντο.
	[ndj]	γάντια, αρχοντιά.
τζ	[dz]	τζιπ, τζίτζικας, πιτζάμα, φλιτζάνι, μελιτζάνα, τζιν, καφετζής, Τζένη, νεράντζι.
	[dzj]	Τζια, νεράντζια.
τσ	[ts]	τσέπη, τσάντα, κορίτσι, καλτσόν, βαλίτσα, παπούτσι, πίτσα, τσάι, τσαγκάρης, κάλτσα, καρότσι, καρότσα.
	[tsç]	κορίτσια, καρότσια.
γκ, γγ	[g]	γκαρσόνι, γκαράζ, γκαρνταρόμπα, ζιβάγκο, γκολ, γκρίζος, γκάλοπ, γκάφα, γκαρίζω, γκριμάτσα, γκραβούρα, γκάζι, γκρεμός, γκρεμίζω, γκλάμουρ, γκρενά, γκρινιάρης, γκρινιάζω, γκλίτσα, γκράφιτι.
	[ŋg] & [g]	πάγκος, πριγκίπισσα, μέρμηγκας, μυρμήγκι, τσαγκάρης, στρογγυλός, αγκώνας, πουγκί, έγκλημα, αγκράφα, έγκλειστος, εγκρίνω, άφραγκος, αγνάντι. αγγλικά, Άγγλος, Αγγλίδα, Αγγλία, αγγειοπλάστης, αγγείο, εγγονός, εγγονή, μουγγός, Ούγγρος, φεγγάρι.
	[ɲɟ] & [ɟ]	άγκυρα, εγκαίρως, αγκινάρα, συγκινημένος, εγκαίνια, αγκύλη. άγγελος, αγγελία, επάγγελμα, Αγγλική, αγγίζω, εγγύηση.
	[ɟ]	γκέτο, γκι.
	[ŋk]	ελεγκτής, Ουάσιγκτον, Φρανκφούρτη.
	[ŋɣ] & [ɣ]	συγγραφέας, έγγραφο.
	[ɟ]	πουγκιά.
γχ	[ŋx]	άγχος, αγχώδης, αγχωμένος, συγχωρώ, συγχαρητήρια, μελαγχολία, σύγχρονος, έγχρωμος, ελέγχω.
	[ŋç]	εγχείρηση.

Παραρτήματα
Appendix

1.4. Σύμφωνο + /i/ άτονο + φωνήεν
Συνδυασμοί συμφώνων + /i/ άτονο + φωνήεν

Consonant + unaccented /i/ + vowel
Consonant combinations + unaccented /i/ + vowel

β		[vʝ]	βιολί, βιαστικός, βιάζομαι, βιολέτα, βιασύνη, καράβια.
γ		[ʝ]	γιοτ, γιαγιά, γιατρός, γιατί, γιος, γυαλιά, γεια, γιορτή, γιαούρτι, κραγιόν, μαγιό.
δ	/i/ άτονο	[ðʝ]	δυόσμος, διαβάζω, παιδιά, πόδια, τραγούδια, ταξίδια, ταξιδιώτης, κλειδιά, ταξιδιωτικός.
ζ		[zʝ]	κρουαζιέρα, τραπέζια, νάζια, καρπούζια, μαγαζιά, ρύζια, γαλάζιος.
ρ	+ ΦΩΝΗΕΝ	[rʝ]	Κυριακή, ζυγαριά, πιπεριά, μεριά, χωριό, ζάρια, χωριάτικος, ψάρια, μαχαίρια, αγγούρια.
μπ		[mbʝ]	κουμπιά, κάμπια.
ντ		[ndʝ]	γάντια, αρχοντιά, δόντια, Νάντια.
τζ		[dzʝ]	Τζια, νεράντζια.

π		[pç]	πιάνο, ήπια, ποιος, κουπιά, πάπια, πιάτο, πιάνω.
φ		[fç]	ομορφιά, συννεφιά, κούφιος, κούφια, καρφιά, ράφια.
χ	/i/ άτονο	[ç]	χιόνι, νύχια, Χιώτης, χιώτικος, οχιά.
τ		[tç]	φωτιά, χαρτιά, μάτια, ματιά, αυτιά, κουτιά, σπίτια.
θ	+ ΦΩΝΗΕΝ	[θç]	κολοκυθιά, αλήθεια, παραμύθια, σπαθιά, βαθιά.
σ		[sç]	νησιά, ίσιος, βαφτίσια, κεράσια, κερασιά, θυμαρίσιος, νησιώτικος, κρασιά.
ξ		[ksç]	μοναξιά, αμάξια, αλλαξιά, οξιά.
ψ		[psç]	ανιψιά, ανίψια, ταψιά.
τσ		[tsç]	κορίτσια, καρότσια, παπούτσια.

κ		[c]	κιόλας, κακιά, κουλουράκια, κολοκυθάκια, καλαμάκια, φιστίκια, σακάκια.
γκ		[ɟ]	πουγκιά, γκιόνης.
λ	/i/ άτονο + ΦΩΝΗΕΝ	[ʎ]	ήλιος, ελιά, μηλιά, κουτάλια, μπουκάλια, σταφύλια, βασιλιάς, λιαστός, μαλλιά, πουλιά, κολιέ, γυαλιά, δουλειά, παλιός, κοιλιά.
μ		[mɲ]	καλαμιά, ζημιά, καλάμια, λουκούμια, ψωμιά, μια, καμιά, μοιάζω.
ν		[ɲ]	νιάτα, νιότη, χρόνια, παραμυθένιος, γειτονιά, εννιά, χρόνια, ασημένιο, πεπόνια, πιρούνια, μανταρίνια, λεμονιά, λεμόνια, πανιά.

Παραρτήματα
Appendix

1.5. Η αφομοίωση του τελικού ν (5.25)
ν + κ, π, τ, ξ, ψ, μπ, ντ, γκ, τσ

Assimilation of final n (5.25)
ν + κ, π, τ, ξ, ψ, μπ, ντ, γκ, τσ

ν +	κ = [ŋg] ή [g]	την Κυβέλη, την κόκκινη, την κλιματική, την κατασκευή, στον κόσμο, στην κορυφή, στην Κρήτη, μια φορά κι έναν καιρό, την κυρία, τον κύριο, την κάρτα, στον κήπο, στην Κίνα, δεν καταλαβαίνω.
	π = [mb] ή [b]	τον Παρθενώνα, τον πυρετό, την πέψη, την προστασία, στην παραλία, στην περιοχή, δεν πρέπει, την πανσέληνο, την Πέμπτη, τον πατέρα, στον Πειραιά, στην πλατεία, στην Πολωνία.
	τ = [ŋd] ή [d]	την ταφή, την τρικυμία, τον τοπικό, στον τελευταίο, τον τυφοειδή πυρετό, την τάρτα, την ταυτότητα.
	ξ = [ŋgz] ή [gz]	την Ξανθή, τον ξένο, την ξένη, την ξεναγό, στην ξενιτιά, των ξενοδοχείων.
	ψ = [mbz] ή [bz]	τον ψαρά, τον ψηλό άντρα, την ψηλή γυναίκα, τον ψεύτη.
	μπ = [mb] & [b]	τον μπαμπά, την μπαλαρίνα, την μπανάνα, την μπότα.
	ντ = [ŋd] ή [d]	την ντομάτα, την νταλίκα, δεν ντρέπομαι, δεν ντύνομαι.
	γκ = [ŋg] ή [g]	τον γκρινιάρη, την γκραβούρα, τον γκρεμό.
	τσ = [ŋdz] ή [dz]	στην τσέπη, στην τσάντα, στην Τσεχία, τον τσαγκάρη, την τσακώνικη μελιτζάνα.

1.6. Προφορά του σ/s ως [z]
σ/s + β, γ, δ, μ, ν, λ, ρ = [z]

Pronunciation of σ/s as [z]
σ/s + β, γ, δ, μ, ν, λ, ρ = [z]

σ,s +	β = [zv]	σβήνω, σβούρα, της βάρκας, ένας σοφός βασιλιάς, της βοήθειας, της Βουλγαρίας, τους Βέλγους.
	γ = [zγ]	σγουρός, προσγείωση, της γιαγιάς, στους γείτονες, πώς γυρίζει, τις γιορτές, τις γεύσεις, τους γιατρούς.
	δ = [zδ]	προσδοκώ, ένας δικηγόρος, οδός Δημοκρατίας, σύγχρονος δήμος, τους δρόμους.
	μ = [zm]	σμήνος, δυόσμος, ζαλισμένος, κουρασμένος, μεθυσμένη, αποτέλεσμα, κόσμος, της μαμάς μου, ο θείος μου, της Μαρίας, της μουσικής, ο πατέρας μου, τους φίλους μου.
	ν = [zn]	της μύτης, της Νορβηγίας, της νιότης, της νύχτας, τις νεράιδες, τις νύφες, τους νόστιμους μεζέδες.
	λ = [zl]	(οδός) Μαρασλή, μας λέει, τους λουκουμάδες, της λέξης, της λαϊκής, τις λίμνες, τις λαμπάδες.
	ρ = [zr]	Ισραήλ, της Ρουμανίας, της Ρωσίας, τις ρόδες, τους ρυθμούς.
	μπ = [zb]	τις μπίρες, τις μπότες, τις μπομπονιέρες, τους μπαμπάδες, τις μπανάνες.
	ντ = [zd]	τις ντομάτες, της ντροπής, τους ντροπαλούς, τις νταλίκες.

Παραρτήματα
Appendix

2. Ελληνογενείς λέξεις σε ξένες γλώσσες
Greek words in foreign languages

Α α	Ατομικός	Atomic	Ανάλυση	Analysis	Αστρονομία	Astronomy
	Αλφάβητο	Alphabet	Ανατομία	Anatomy	Αρχαιολογία	Archaeology
Β β	Βίβλος	Bible	Βιολογία	Biology	Βασικό	Basic
	Βάρβαρος	Barbarian	Βιογραφία	Biography	Βιβλιογραφία	Bibliography
Γ γ	Γεωμετρία	Geometry	Γαστρονομία	Gastronomy	Γραφικές (τέχνες)	Graphics
	Γυμναστική	Gymnastics	Γραμματική	Grammar		
Δ δ	Διάλογος	Dialogue	Δυναμισμός	Dynamism	Δράμα	Drama
	Διάγραμμα	Diagram	Διάλεκτος	Dialect	Δίσκος	Disc
Ε ε	Εποχή	Epoch	Ενέργεια	Energy	Ευρώπη	Europe
	Ετυμολογία	Etymology	Εθνικός	Ethnic	Επίλογος	Epilogue
Ζ ζ	Ζωολογία	Zoology	Ζώνη	Zone	Ζωδιακός	Zodiac
Η η	Ήρωας	Hero	Ηλιοτρόπιο	Heliotrope	Ηλεκτρισμός	Electricity
Θ θ	Θέμα	Theme	Θεωρία	Theory	Θεραπεία	Therapy
	Θερμόμετρο	Thermometer	Θεολογία	Theology	Θέση	Thesis
Ι ι	Ιδέα	Idea	Ιστορία	History	Ειρωνεία	Irony
	Ιεραρχία	Hierarchy	Ιπποδρόμιο	Hippodrome	Ιδίωμα	Idiom
Κ κ	Κρίση	Crisis	Κριτήρια	Criteria	Κινητικός	Kinetic
	Χιλιόμετρο	Kilometre	Κιλό	Kilo	Κλεπτομανία	Kleptomania
Λ λ	Λογική	Logic	Λειτουργία	Liturgy	Λογοθεραπεία	Logotherapy
	Λαβύρινθος	Labyrinth	Λυρικός	Lyric	Λιθογραφία	Lithography
Μ μ	Μέθοδος	Method	Μουσική	Music	Μελωδία	Melody
	Μαγικός	Magic	Μουσικός	Musician	Μαθηματικά	Mathematics
Ν ν	Νευρολογία	Neurology	Νύμφη	Nymph	Νεολογισμός	Neologism
	Νάρκωση	Narcosis	Ναρκισσισμός	Narcissism	Νεολιθικός	Neolithic
Ξ ξ	Ξυλόφωνο	Xylophone	Ξενοφοβία	Xenophobia	Ξυλογραφία	Xylography
	Ξενομανία	Xenomania	Ξυλοφάγος	Xylophagous	Ξηροδερμία	Xeroderma
Ο ο	Ορχήστρα	Orchestre	Οδύσσεια	Odyssey	Ολυμπιάδα	Olympiad
	Ορμόνη	Hormone	Ορθοπεδικός	Orthopedist	Ορθογραφικός	Orthographic
Π π	Πρόβλημα	Problem	Πρόγραμμα	Program	Πνευματικός	Pneumatic
	Πανικός	Panic	Παράγραφος	Paragraph	Περίοδος	Period
Ρ ρ	Ρυθμός	Rhythm	Ραψωδία	Rhapsody	Ρευματισμός	Rheumatism
	Ρινόκερος	Rhinoceros	Ράδιο	Radio	Ραδιολογία	Radiology
Σ σ ς	Σύνθεση	Synthesis	Σχολείο	School	Σειρά	Series
	Σύστημα	System	Συμφωνία	Symphony	Σύμβολο	Symbol
Τ τ	Τεχνολογία	Technology	Τακτική	Tactic	Τραγωδία	Tragedy
	Τυπικός	Typical	Ταυτολογία	Tautology	Τηλέφωνο	Telephone
Υ υ	Ύμνος	Hymn	Υστερία	Hysteria	Υγιεινός	Hygienic
Φ φ	Φαινόμενο	Phenomenon	Φωνολογία	Phonology	Φιλοσοφία	Philosophy
	Φιλολογία	Philology	Φράση	Phrase	Φιλανθρωπία	Philanthropy
Χ χ	Χαοτικό	Chaotic	Χάος	Chaos	Χαρακτήρας	Character
	Χημικός	Chemist				
Ψ ψ	Ψυχολογία	Psychology	Ψυχοθεραπεία	Psychotherapy	Ψευδώνυμο	Pseudonym
Ω ω	Ωκεανός	Ocean	Ώχρα	Ochre	Ωτοσκόπιο	Otoscope
	Ωδή	Ode	Ωροσκόπιο	Horoscope		

3. Χώρες / Countries

Παραρτήματα / Appendix

Χώρα		Κάτοικος	Γλώσσα	Επίθετο	Πρωτεύουσα
Αίγυπτος, η	Egypt	Αιγύπτιος, Αιγύπτια	αραβικά	αραβικός-ή-ό	Κάιρο, το
Αιθιοπία, η	Ethiopia	Αιθίοπας, Αιθιοπέζα	αμχαρική	αιθιοπικός-ή-ό	Αντίς Αμπέμπα, η
Αϊτή, η	Haiti	Αϊτινός, Αϊτινή	γαλλικά, Αϊτινή κρεολή	αϊτινός-ή-ό	Πορτ-ο-Πρενς, το
Αλβανία, η	Albania	Αλβανός, Αλβανίδα	αλβανικά	αλβανικός-ή-ό	Τίρανα, τα
Αργεντινή, η	Argentina	Αργεντινός, Αργεντινή	ισπανικά	αργεντίνικος-η-ο	Μπουένος Άιρες, το
Αυστραλία, η	Australia	Αυστραλός, Αυστραλή	αγγλικά	αυστραλέζικος-η-ο	Καμπέρα, η
Αυστρία, η	Austria	Αυστριακός, Αυστριακή	γερμανικά	αυστριακός-ή-ό	Βιέννη, η
Αφγανιστάν	Afghanistan	Αφγανός, Αφγανή	νταρί, παστού	αφγανικός-ή-ό	Καμπούλ, η
Βέλγιο, το	Belgium	Βέλγος, Βελγίδα	ολλανδικά, γαλλικά	βελγικός-ή-ό	Βρυξέλλες, οι
Βενεζουέλα, η	Venezuela	Βενεζουελανός, Βενεζουελανή	ισπανικά	βενεζουελανικός-ή-ό	Καράκας, το
Βοσνία – Ερζεγοβίνη, η	Bosnia-Herzegovina	Βόσνιος, Βόσνια	βοσνιακά, σερβικά, κροατικά	βοσνιακός-ή-ό	Σαράγεβο, το
Βουλγαρία, η	Bulgaria	Βούλγαρος, Βουλγάρα	βουλγαρικά	βουλγαρικός-ή-ό	Σόφια, η
Βραζιλία, η	Brazil	Βραζιλιάνος, Βραζιλιάνα	πορτογαλικά	βραζιλιάνικος-η-ο	Μπραζίλια, η
Γαλλία, η	France	Γάλλος, Γαλλίδα	γαλλικά	γαλλικός-ή-ό	Παρίσι, το
Γερμανία, η	Germany	Γερμανός, Γερμανίδα	γερμανικά	γερμανικός-ή-ό	Βερολίνο, το
Γεωργία, η	Georgia	Γεωργιανός, Γεωργιανή	γεωργιανά	γεωργιανός-ή-ό	Τιφλίδα, η
Δανία, η	Denmark	Δανός, Δανή	δανέζικα	δανέζικος-ή-ό	Κοπεγχάγη, η
Ελβετία, η	Switzerland	Ελβετός, Ελβετίδα	γερμανικά, γαλλικά, ιταλικά	ελβετικός-ή-ό	Βέρνη, η
Ελλάδα, η	Greece	Έλληνας, Ελληνίδα	ελληνικά	ελληνικός-ή-ό	Αθήνα, η
Εσθονία, η	Estonia	Εσθονός, Εσθονή	εσθονικά	εσθονικός-ή-ό	Ταλίν, το
Ηνωμένα Αραβικά Εμιράτα, τα	Emirates	Άραβας, Αράβισσα	αραβικά	αραβικός-ή-ό	Αμπού Ντάμπι, το
Ηνωμένες Πολιτείες Αμερικής, οι/ ΗΠΑ, οι / Αμερική, η	United States of America / USA / America	Αμερικανός, Αμερικανίδα	αγγλικά	αμερικάνικος-η-ο	Ουάσιγκτον, η
Ηνωμένο Βασίλειο, το / Μεγάλη Βρετανία, η / Αγγλία, η	United Kingdom / Great Britain / England	Άγγλος, Αγγλίδα Βρετανός, Βρετανή	αγγλικά	αγγλικός-ή-ό βρετανικός-ή-ό	Λονδίνο, το
Ιαπωνία, η	Japan	Ιάπωνας, Ιαπωνίδα	ιαπωνικά	ιαπωνικός-ή-ό	Τόκιο, το
Ινδία, η	India	Ινδός, Ινδή	χίντι, αγγλικά κ.ά.	ινδικός-ή-ό	Νέο Δελχί, το
Ιορδανία, η	Jordan	Ιορδανός, Ιορδανή	αραβικά	ιορδανικός-ή-ό	Αμάν, το
Ιράκ, το	Iraq	Ιρακινός, Ιρακινή	αραβικά	ιρακινός-ή-ό	Βαγδάτη, η
Ιράν, το	Iran	Ιρανός, Ιρανή	περσικά	ιρανικός-ή-ό	Τεχεράνη, η
Ιρλανδία, η	Ireland	Ιρλανδός, Ιρλανδή	ιρλανδικά	ιρλανδικός-ή-ό	Δουβλίνο, το
Ισλανδία, η	Iceland	Ισλανδός, Ισλανδή	ισλανδικά	ισλανδικός-ή-ό	Ρέικιαβικ, το
Ισπανία, η	Spain	Ισπανός, Ισπανίδα	ισπανικά	ισπανικός-ή-ό	Μαδρίτη, η
Ισραήλ, το	Israel	Ισραηλίτης, Ισραηλίτισσα	εβραϊκά	ισραηλίτικος-η-ο	Τελ Αβίβ, το
Ιταλία, η	Italy	Ιταλός, Ιταλίδα	ιταλικά	ιταλικός-ή-ό	Ρώμη, η
Καναδάς, ο	Canada	Καναδός, Καναδέζα	αγγλικά, γαλλικά	καναδέζικος-η-ο	Οττάβα, η
Κίνα, η	China	Κινέζος, Κινέζα	κινέζικα	κινέζικος-η-ο	Πεκίνο, το
Κροατία, η	Croatia	Κροάτης, Κροάτισσα	κροατικά	κροατικός-ή-ό	Ζάγκρεμπ, το
Κύπρος, η	Cyprus	Κύπριος, Κύπρια	ελληνικά	κυπριακός-ή-ό	Λευκωσία, η
Λεττονία, η	Latvia	Λεττονός, Λεττονή	λεττονικά	λεττονικός-ή-ό	Ρίγα, η
Λίβανος, ο	Lebanon	Λιβανέζος, Λιβανέζα	αραβικά	λιβανέζικος-η-ο	Βηρυτός, η
Λιθουανία, η	Lithuania	Λιθουανός, Λιθουανή	λιθουανικά	λιθουανικός-ή-ό	Βίλνιους, η
Λουξεμβούργο, το	Luxembourg	Λουξεμβουργέζος, Λουξεμβουργέζα	λουξεμβουργιανά, γαλλικά, γερμανικά	Λουξεμβουργέζικος-η-ο	Λουξεμβούργο, το
Μάλτα, η	Malta	Μαλτέζος, Μαλτέζα	μαλτέζικα, αγγλικά	μαλτέζικος-η-ο	Βαλέτα, η
Μαρόκο, το	Morocco	Μαροκινός, Μαροκινή	αραβικά, βερβερικά	μαροκινός-ή-ό	Ραμπάτ, η
Μεξικό, το	Mexico	Μεξικάνος, Μεξικάνα	ισπανικά	ισπανικός-ή-ό	Πόλη του Μεξικού, η
Νορβηγία, η	Norway	Νορβηγός, Νορβηγίδα	νορβηγικά	νορβηγικός-ή-ό	Όσλο, το
Νότια Αφρική, η	South Africa	Νοτιοαφρικανός, Νοτιοαφρικανή	αφρικάανς, αγγλικά, ζουλού κ.α.	νοτιοαφρικανικός-ή-ό	Πρετόρια, η
Ολλανδία, η	Netherland's	Ολλανδός, Ολλανδή	ολλανδικά	ολλανδικός-ή-ό	Χάγη, η
Ουγγαρία, η	Hungary	Ούγγρος, Ουγγαρέζα	ουγγρικά	ουγγρικός-ή-ό	Βουδαπέστη, η
Ουζμπεκιστάν, το	Uzbekistan	Ουζμπέκος, Ουζμπέκα	ουζμπεκικά	ουζμπεκικός-ή-ό	Τασκένδη, η
Ουκρανία, η	Ukraine	Ουκρανός, Ουκρανή	ουκρανικά	ουκρανικός-ή-ό	Κίεβο, το
Πακιστάν, το	Pakistan	Πακιστανός, Πακιστανή	αγγλικά, ούρντου	πακιστανικός-ή-ό	Ισλαμαμπάντ, το
Πολωνία, η	Poland	Πολωνός, Πολωνέζα	πολωνικά	πολωνικός-ή-ό	Βαρσοβία, η
Πορτογαλία, η	Portugal	Πορτογάλος, Πορτογαλίδα	πορτογαλικά	πορτογαλικός-ή-ό	Λισσαβόνα, η
Ρουμανία, η	Romania	Ρουμάνος, Ρουμάνα	ρουμανικά	ρουμανικός-ή-ό	Βουκουρέστι, το
Ρωσία, η	Russia	Ρώσος, Ρωσίδα	ρωσικά	ρωσικός-ή-ό	Μόσχα, η
Σαουδική Αραβία, η	Saudi Arabia	Σαουδάραβας,-ισσα	αραβικά	αραβικός-ή-ό	Ριάντ, το
Σερβία, η	Serbia	Σέρβος, Σέρβα	σερβικά	σερβικός-ή-ό	Βελιγράδι, το
Σλοβακία, η	Slovakia	Σλοβάκος, Σλοβάκα	σλοβακικά	σλοβακικός-ή-ό	Μπρατισλάβα, η
Σλοβενία, η	Slovenia	Σλοβένος, Σλοβένη	σλοβενικά	σλοβενικός-ή-ό	Λιουμπλιάνα, η
Σουηδία, η	Sweden	Σουηδός, Σουηδέζα	σουηδικά	σουηδικός-ή-ό	Στοκχόλμη, η
Συρία, η	Syria	Σύριος, Σύρια	αραβικά	συριακός-ή-ό	Δαμασκός, η
Τουρκία, η	Turkey	Τούρκος, Τουρκάλα	τουρκικά	τουρκικός-ή-ό	Άγκυρα, η
Τσεχία, η	Czech Republic	Τσέχος, Τσέχα	τσέχικα	τσεχικός-ή-ό	Πράγα, η
Φιλιππίνες, οι	Philippines	Φιλιππινέζος, Φιλιππινέζα	φιλιππινέζικα	φιλιππινέζικος-η-ο	Μανίλα, η
Φινλανδία, η	Finland	Φινλανδός, Φινλανδή	φινλανδικά	φινλανδικός-ή-ό	Ελσίνκι, το
Χιλή, η	Chile	Χιλιανός, Χιλιανή	ισπανικά	χιλιανός-ή-ό	Σαντιάγκο, το

Παραρτήματα
Appendix

4. Αριθμοί
Numbers

0	μηδέν	21	είκοσι ένα	81	ογδόντα ένα
1	ένα	22	είκοσι δύο	90	ενενήντα
2	δυο	23	είκοσι τρία	91	ενενήντα ένα
3	τρία	24	είκοσι τέσσερα	100	εκατό
4	τέσσερα	25	είκοσι πέντε	101	εκατόν ένα
5	πέντε	26	είκοσι έξι		
6	έξι	27	είκοσι επτά, είκοσι εφτά	200	διακόσια
7	επτά, εφτά	28	είκοσι οκτώ, είκοσι οχτώ	300	τριακόσια
8	οκτώ, οχτώ	29	είκοσι εννέα, είκοσι εννιά	400	τετρακόσια
9	εννέα, εννιά	30	τριάντα	500	πεντακόσια
10	δέκα	31	τριάντα ένα	600	εξακόσια
11	έντεκα	40	σαράντα	700	επτακόσια
12	δώδεκα	41	σαράντα ένα	800	οκτακόσια
13	δεκατρία			900	εννιακόσια
14	δεκατέσσερα	50	πενήντα	1.000	χίλια
15	δεκαπέντε	51	πενήντα ένα	2.000	δύο χιλιάδες
16	δεκαέξι	60	εξήντα		
17	δεκαεπτά, δεκαεφτά	61	εξήντα ένα	1.000.000	ένα εκατομμύριο
18	δεκαοκτώ, δεκαοχτώ	70	εβδομήντα	2.000.000	δύο εκατομμύρια
19	δεκαεννέα, δεκαεννιά	71	εβδομήντα ένα		
20	είκοσι	80	ογδόντα	1.000.000.000	ένα δισεκατομμύριο

5. Λύσεις
Answer keys

Βήμα 1 — Step 1

1.8. ΜΑΡΜΕΛΑΔΑ ΦΡΟΥΤΑ ΤΟΥ ΔΑΣΟΥΣ & (ΚΑΙ) ΜΕΛΙ. Η ΠΟΛΗ ΜΟΥ ΜΕ ΠΟΔΗΛΑΤΟ.

1.9.β. α. ζωολογία, ήρωας, λογότυπος, φάρμα, μονότονος β. χώρα, νεολιθικός, ραψωδία, βιολί, γιαούρτι γ. ωδή, διαβάζω, δώρο, γαλάζιο, ζυγαριά δ. αλήθεια, νησιά, χέρι, πρόβλημα, πιάνο.

1.10. εθνική τράπεζα της Ελλάδος [Εθνική Τράπεζα της Ελλάδος], ΚΑΛΩΣ ΗΡΘΑΤΕ ΣΤΗΝ ΕΛΛΑΔΑ, πρόγραμμα ήλιος & άνεμος [Πρόγραμμα Ήλιος & Άνεμος].

1.14. 1. Αύγουστος 2. είμαι 3. μέιλ 4. πλούτος 5. λουλούδι 6. σαύρα 7. αίμα 8. θαύμα 9. ρολόι 10. αύριο 11. ωδείο 12. πεύκο 13. φρούτο 14. Εύα 15. Αίγυπτος 16. μπλούζα.

1.15. ΚΑΛΟΚΑΙΡΙ 2010, ΠΛΟΥΤΟΣ Αριστοφάνη, Ηρώδειο, Μεσόγειος S.O.S.

1.16. ΨΩΝΙΑ! ΚΩΣΤΑ, ΠΑΡΕ: ΘΥΜΑΡΙ ΓΙΑ ΤΟ ΨΑΡΙ, ΚΟΛΟΚΥΘΑΚΙΑ (1 ΚΙΛΟ), ΓΑΛΑ (2 ΜΠΟΥΚΑΛΙΑ), ΨΩΜΙ, ΤΟ ΠΑΙΔΙ ΑΠΟ ΤΟ ΣΧΟΛΕΙΟ. ΦΙΛΑΚΙΑ.

1.17.β. α. Τι ωραίο λουλούδι! (What a nice flower!) β. Πώς είσαι; (How are you?) γ. Πάμε στη Μύκονο, ένα πολύ ωραίο νησί. (We are going to Mykonos, a very beautiful island.) δ. Πήγα στην Ιταλία· αυτή τη χώρα την αγαπώ πάρα πολύ. (I went to Italy; I love this country very much). ε. Τι κάνεις; (How do you do? / What are you doing?) ζ. Είμαι η Μαρία, η κόρη του Νικήτα. (I am Maria, Nikita's daughter.) η. Τι ωραίο φόρεμα! Καινούργιο; (What a nice dress! Is it new?) θ. Χτες είδα τον Πέτρο· είχα να τον δω χρόνια. (Yesterday I met Petros; I haven't seen him for years.)

1.18.
Δευτέρα:	Δέλτα / έψιλον / ύψιλον / ταυ / έψιλον / ρο / άλφα		Τρίτη:	Ταυ / ρο / γιώτα / ταυ / ήτα
Τετάρτη:	Ταυ / έψιλον / ταυ / άλφα / ρο / ταυ / ήτα		Πέμπτη:	Πι / έψιλον / μι / πι / ταυ / ήτα
Παρασκευή:	Πι / άλφα / ρο / άλφα / σίγμα / κάπα / έψιλον /ύψιλον / ήτα		Σάββατο:	Σίγμα / άλφα / βήτα / βήτα / άλφα / ταυ / όμικρον
Κυριακή:	Κάπα / ύψιλον / ρο / γιώτα / άλφα / κάπα / ήτα			

Βήμα 2   Step 2

Παραρτήματα
Appendix

2.2.   1. / a /: αεροπλάνο, αίμα, μητέρα, άσκηση 2. / e /: παιδί, είμαι, παιδεία, ελληνικά
3. / i /: ημέρα, υγεία, πλοίο, οικονομικός, ηλεκτρικό, ειρήνη, νύχτα
4. / o /: ώρα, ωκεανός, αγοράζω, λέω 5. / u /: κουτί, λουλούδι, φούρνος, νούμερο.

2.3.   1. ένα, τέσσερα, επτά, κενό 2. παίζω, κάνω, μαθαίνω, ωραία 3. ρούχο, κουλούρι, βούτυρο, παππούς
4. καλημέρα, φαγητό, μάθημα, θέατρο.

2.5.   1. μήλο: / i /, / o / 2. Αθήνα: / a /, / i / 3. γεωμετρία: / a /, / e /, / i /, / o / 4. ουρανός: / a /, / o /, / u / 5. ώρα: / a /, / o /
6. λεμόνι: / e /, / i /, / o / 7. ακούω: / a /, / o /, / u / 8. ειρήνη: / i / 9. τηλέφωνο: / e /, / i /, / o / 10. ομελέτα: / a /, / e /,
/ o / 11. πολυκατοικία: / a /, / i /, / o / 12. ωκεανός: / a /, / e /, / o /.

2.6.   1. παιδεία: / e /, / i /, / a / 2. κάτοικος: / a /, / i /, / o / 3. παίζω: / e /, / o / 4. οικογένεια: / i /, / o /, / e /, / i /, / a /
5. Ειρηνικός: / i /, / i /, / i /, / ɔ / 6. τραγουδώ: / a /, / u /, / o / 7. συνοικία: / i /, / i /, / i /, / a / 8. Οδύσσεια: / o /,
/ i /, / i /, / a / 9. λουλούδι: / u /, / u /, / i /.

2.7.   1. πρόγραμμα, φιλολογία, κιλό, θέμα, ελληνικά 2. εποχή, μουσική, κίνηση, τηλέφωνο, μέδουσα
3. ήρωας, υπέρ, ανάλυση, υπάρχω, τραγωδία 4. τοίχος, οικονομία, ποιητής, κάτοικος, νοίκι
5. αίμα, είμαι, παίζω, πεινάω, μουσείο.

2.8.   1. χαρέμι, οικονομία, ομπρέλα, ραψωδία, βιολί 2. κιλό, κέντρο, θέατρο, μπρούτζος, τηλέφωνο
3. μπλούζα, μπίρα, λογική, Αφρική, αισθητική.

2.9.   Βλέπε Παράρτημα 2. See Appendix, 2.

2.10.
δημ- (dem-):   democracy, democratic, democratize, demography
αρχ- (arch-):   architecture, architect, archduke, archbishop, archetype, archipelago
κεντρ- (centr-):   centre, centrifugal, central, centralize
πολυ- (poly-):   polygon, polytechnic, polytheism, polyphony, polygamy, polyglot, polysyllable, polypus
φωτο- (photo-):   photocopy, photograph, photometer, photogenic, photosensitive, photosynthesis
τυπο- (typ-):   typewriter, typograph, typology
γραφ- (graph-):   graphic, graphics, graphology, graphologist, grapheme
βιβλ- (bibl-):   bibliography, biblical, bibliophile.

2.11.   1. Αφρική, μονόγραμμα, μουσική, ιστορία, Ασία, βάζο, πρόβλημα, εποχή, Ιταλία 2. μελωδία, Αμερική, ελέφαντας, οικογένεια, ιδέα, μαθηματικά, Μεξικό, θέατρο 3. τηλέφωνο, χημικός, ξενοφοβία, Καναδάς, κιλό, λογική, ορχήστρα, μαγικός.

2.12.   1. ταξί, μπλούζα, μελωδία, υγεία, μπίρα, ρομαντικός, κέντρο 2. τζιπ, ρυθμός, εγχείρηση, ομπρέλα, Σικελία, σχολείο, τράπεζα 3. αντίκα, οικονομία, Αίγυπτος, χαρέμι, κοσμικός, σύμπτωμα, συγχαρητήρια 4. λεξικό, χολ, ντόμινο, αρχείο, μπρούτζος, αισθητική, μελαγχολία.

2.13.   1. γέρος – γερός 2. νομός – νόμος 3. κάλλος – καλός 4. πεζό – παίζω 5. πάνω – πανό 6. πολύ – πόλη
7. πότε – ποτέ 8. περνώ – παίρνω 9. γερνώ – γέρνω 10. πίνω – πεινώ.

2.15.   ο λουκουμάς/οι λουκουμάδες: από τα τουρκικά *lokma*, η βάφλα/οι βάφλες: από την αμερικάνικη λέξη *waffle*, η κρέπα/οι κρέπες: από τα γαλλικά *crêpe*, η ομελέτα/οι ομελέτες: από τα γαλλικά *omelette*, η πίτσα: από τα ιταλικά *pizza*, η σαλάτα/οι σαλάτες: από την ενετική λέξη *salata*, το τοστ: από τα αγγλικά *toast*, η σοκολάτα: από τα ιταλικά *cioccolata*, ο καφές: από τα τουρκικά *kahve*.

ο λουκουμάς/οι λουκουμάδες (doughnut/doughnuts): from Turkish *lokma*, η βάφλα/οι βάφλες (waffle/waffles): from the American word *waffle*, η κρέπα/οι κρέπες (crepe/crepes): from the French *crêpe*, η ομελέτα/οι ομελέτες (omelet/omelets): from the French *omelette*, η πίτσα (pizza): from the Italian *pizza*, η σαλάτα/οι σαλάτες (salad/salads): from the Venetian word *salata*, το τοστ (toast): from the English *toast*, η σοκολάτα (chocolate): from the Italian *cioccolata*, ο καφές (coffee): from Turkish *kahve*.

2.16.   Ραβέλ, Σοπέν, Πικάσο, Ματίς, Ιονέσκο, Μαρξ, Φίατ, Άλφα Ρομέο, Φεράρι, Σέατ, Ρόβερ, Όπελ.

2.17.   Βλέπε λεξιλόγιο 2.19. See vocabulary 2.19.

2.18.   Βλέπε Παράρτημα 4. See Appendix 4.

2.19.   Α-10, Β-23, Γ-12, Δ-4, Ε-9, Ζ-2, Η-19, Θ-7, Ι-5, Κ-8, Λ-24, Μ-21, Ν-16, Ξ-18, Ο-11, Π-14, Ρ-20, Σ-15, Τ-13, Υ-17, Φ-5, Χ-3, Ψ-1, Ω-22.

2.20.   Α-7, Β-6, Γ-1, Δ-10, Ε-9, Ζ-4, Η-13, Θ-20, Ι-15, Κ-19, Λ-21, Μ-3, Ν-11.

2.21.   Α-3, Β-5, Γ-17, Δ-19, Ε-6, Ζ-2, Η-14, Θ-7, Ι-9, Κ-12, Λ-15, Μ-13, Ν-16, Ξ-11, Ο-10, Π-18, Ρ-4, Σ-20, Τ- 8, Υ-1.

2.22.β.   Ευρώπη [ev], Αυστραλία [af], Αυστρία [af], Λευκορωσία [ef], Μαυρίκιος [av], Μαυριτανία [av], Μαυροβούνιο [av], Καύκασος [af], Ναύπλιο [af], Ναύπακτος [af], Επίδαυρος [av], Παρασκευή [ev], Δευτέρα [ef], Αύγουστος [av].

2.23.β.   Απαγορεύεται αυστηρά το κάπνισμα. Χορευτικός λαογραφικός όμιλος Αναβύσσου.

2.24.   [f] Α. αυτή, ευτυχία Β. αυτοκίνητο Γ. γεύση Δ. Δευτέρα Ε. εύχομαι Ζ. ευτυχώς, ευχαριστώ Η. ναυτικός Θ. εκπαίδευση, ελευθερία.
[v] Α. σταυρός Β. συναυλία, Αύγουστος, απόγευμα Γ. υδραυλικός, αύριο Δ. ευρώ, ευγενικός, γεύμα Ε. πνεύμονας, ερωτευμένος Ζ. ζευγάρι Η. Παρασκευή, μαύρο, ταξιδεύω Θ. συσκευή, αυλή.

2.25.   1. κάπνισμα 2. στάθμευση 3. είσοδος 4. κυνήγι 5. ψάρεμα 6. προσπέρασμα.

Παραρτήματα
Appendix

2.26. Το Μουσείο βρίσκεται στην ιστορική περιοχή Μακρυγιάννη, απέναντι από τον Παρθενώνα. Η αίθουσα του Παρθενώνα στον τελευταίο όροφο του κτιρίου έχει πανοραμική θέα στην Ακρόπολη και στη σύγχρονη Αθήνα. Η οδός Διονυσίου Αρεοπαγίτου συνδέει το Μουσείο με την Ακρόπολη και άλλους σημαντικούς αρχαιολογικούς χώρους της Αθήνας. Το Μουσείο διαθέτει 14.000 (δεκατέσσερις χιλιάδες) τετραγωνικά μέτρα εκθεσιακό χώρο και περιλαμβάνει περίπου 4.000 (τέσσερις χιλιάδες) εκθέματα από τους προϊστορικούς χρόνους έως και τη ρωμαϊκή περίοδο.

2.30. Άλφα, βήτα, γάμα, δέλτα - έψιλον, ζήτα, ήτα, θήτα - Γιώτα, κάπα, λάμδα, μι - νι, ξι, όμικρον, πι, ρο - Σίγμα, ταυ, ύψιλον, φι - χι, ψι, ωμέγα.

Βήμα 3 Step 3

3.2.   ΑΡΣΕΝΙΚΑ   σε – os: ο ποταμός, ο ουρανός, ο δήμος, ο άνεμος
         σε – as: ο αέρας, ο Πειραιάς
         σε – ns: ο χάρτης

ΘΗΛΥΚΑ   σε – os: η Πάρος
         σε – α: η θάλασσα, η Αθήνα, η παραλία, η χώρα
         σε – η: η φύση

ΟΥΔΕΤΕΡΑ σε – os: το δάσος
         σε – μα: το βήμα
         σε – ι: το λιμάνι, το νησί
         σε – ο: το βουνό, το φυτό, το σύννεφο

3.3. περιοδικό: periodic, periodical, period
1. κουζίνα: cuisine **2.** φύση: physics, physical, physician, physiotherapy, physiology **5.** σινεμά: cinema, cinematography **6.** δίφωνο: (di) diploma, dipthong; (phone) phoneme, phonetic, phonetically, phonograph, phonology, saxophone **7.** λέξη: lexical, lexicography, lexicon **8.** παιδί: pediatrics, paediatrician, pedagogy, pedagogical **10.** σοκολάτα: chocolate **11.** πολίτες: politics, politician, political, police **12.** ζωδιακός: zodiac.

3.5. **1.** Ιαπωνία **2.** Γαλλία **3.** Σουηδία **4.** Ιταλία **5.** Βενεζουέλα **6.** Καναδάς **7.** Ρουμανία **8.** Ελλάδα **9.** Αφρική **10.** Πολωνία **11.** Μεξικό **12.** Αιθιοπία **13.** Χιλή **14.** Ρωσία.

3.6. **1.** Γαλλία **2.** Ελλάδα **3.** Ιαπωνία **4.** Ιταλία **5.** Καναδάς **6.** Σουηδία **7.** Μεξικό **8.** Πολωνία **9.** Ρουμανία **10.** Ρωσία.

3.8. **1.** Η τυρόπιτα **2.** Η φασολάδα **3.** Η φάβα **4.** Παρακαλώ, ένα ποτήρι παγωμένο νερό! **5.** Το βουνό Πήλιο είναι πάνω από το Βόλο. **6.** Ο Βόλος είναι παραλιακή πόλη. **7.** Το λεωφορείο για τη Βούλα. **8.** Ένα βάζο με τουλίπες. **9.** Ποτίζω το βασιλικό. **10.** Ένα πολύ μεγάλο καπέλο. **11.** Το πουκάμισο είναι μοβ. **12.** Το νυφικό είναι υπέροχο.

3.9. Βλέπε 3.4. See 3.4.

3.11. **1.** μαχαίρι [ce] **2.** χέρι [ce] **3.** χυμός [ci] **4.** αγελάδα [je] **5.** γυναίκα [ji] **6.** γέφυρα [je] **7.** κινητό [ci] **8.** κεράσι [ce] **9.** κιμάς [ci] **10.** κήπος [ci] **11.** η καθηγήτρια [ji] **12.** ο καθηγητής [ji].

3.12. Βλέπε 3.11. See 3.11.

3.13. **1.** χέρι - γέροι - κέφι **2.** Γάλλος - κάλλος - χάρος **3.** χώμα - κόμμα - γόμα **4.** γάμος - χαμός - καλός **5.** χαλί - καλή - γατί.

3.14. Γυναίκα => gynaecology, gynaecological, gynaecologist
Μουσική => music, musical, musician
Υγεία => hygiene, hygienic, hygienist

3.16. α. Γάμος (Wedding, Marriage)   πόλις (city)
        άνοιξη – καλοκαίρι (spring - summer)   πολίτης (citizen)
        μαγικά αξεσουάρ (magical accessories)   πολιτική (politics)
        ονειρεμένα φορέματα (dreamy/stunning dresses)   πολιτισμός (civilisation, culture)
        παραμυθένια νυφικά (fabulous wedding dresses)   πολίτες (citizens)

        το παραμύθι = fairy tale   μαγεύω = I bewitch/enchant
3.16. β. ο μύθος = myth   ο μάγος = magician
        το μυθιστόρημα = novel/fiction   η πολιτεία = government/polity/state/town
        η μυθολογία = mythology   το πολίτευμα = constitution/regime
        η μαγεία = witchcraft/magic   πολιτεύομαι = I am involved in politics/
                                                                              I stand for Parliament.

Παραρτήματα
Appendix

3.17. 1. θήκη - τύχη 2. θυμάρι - τηγάνι 3. τοίχος - θείος 4. αετός - λάθος 5. δένω - θέλω 6. θέμα - δέμα 7. δύση - θέση 8. μάθημα - άδικα 9. τάφος - δάσος 10. δίχως - τοίχος 11. ποδήλατο - ποτήρι 12. ομελέτα - φασολάδα.

3.22. 1. ζάχαρη - σαφάρι 2. σιγά - ζυγά 3. ζυγίζω - συγυρίζω 4. μισός - πεζός 5. πόζα - πόσα 6. πάσα - μάζα.

3.23. 1. ζω - εδώ 2. ζύμη - δύση 3. δανείζομαι - ζαλίζομαι 4. φίδι - ρύζι 5. πεζοί - παιδί 6. δειλός - ζυγός.

3.24. Βλέπε 3.17. See 3.17.

3.26. ο ξενώνας - ο ψαράς. 1. Το ξενοδοχείο 2. Ο ξένος - Η ξένη 3. Το ταξί 4. Τα ψιλά 5. Δεν είναι ψηλός 6. Το ψαλίδι 7. Το ψωμί 8. Το ξύλο 9. Το ψάρι 10. Η ξεναγός.

3.27. 1. φαΐ - θεοί 2. θυμάμαι - φοβάμαι 3. φίλος - θείος 4. φυτό - θυμός 5. φάρος - θάρρος 6. θάλασσα - φάλαινα.

3.28. β. είναι – νησί – ώρα – λιμάνι – Πειραιά / πρωτεύουσα – ήταν – ελληνικού / έχει – αξιοθέατα / ναός – ένας – ωραίους – Ελλάδα / φημίζεται – κεραμικά – κλίμα / Έλληνες – ανάμεσά – θέλουν – μακριά – κοντά – κατοικούν.

3.29. α. 1. η Θήρα 2. η Δήλος 3. η Σίκινος 4. η Μύκονος 5. η Τήνος 6. η Σύρος 7. η Πάρος 8. η Δονούσα 9. το Κουφονήσι 10. η Κίμωλος 11. η Σέριφος 12. η Νάξος 13. η Μήλος 14. η Ανάφη 15. η Ίος 16. η Κέα.

3.29. β. 1. Κέα (η) 2. Τήνος (η) 3. Σύρος (η) 4. Μύκονος (η) 5. Δήλος (η) 6. Νάξος (η) 7. Πάρος (η) 8. Σέριφος (η) 9. Δονούσα (η) 10. Κουφονήσι (το) 11. Κίμωλος (η) 12. Σίκινος (η) 13. Ίος (η) 14. Μήλος (η) 15. Ανάφη (η) 16. Θήρα (η).

3.29. γ. Δρομολόγια Κυκλάδων. ΜΠΛΟΥ ΣΤΑΡ - ΠΑΡΟΣ. Καθημερινές αναχωρήσεις από Πειραιά για Σύρο, Τήνο, Μύκονο, Πάρο, Νάξο.

3.31. **Κ**υβέλη, Ευτυ**χ**ίδου, ε**κ**εί, **χ**έρια, **κ**αι / **κ**ι (16), νησά**κ**ι, **κ**ό**κκ**ινη, **Κ**αίτη (2), **κ**αλο**κ**αίρι, έ**χ**ει (2), **κ**ήπο, **γ**εμάτο, α**γ**ελάδα, **χ**ελώνες, **γ**ελάει, συνέ**χ**εια (2), **Κ**ίμωνας (2), δι**κ**η**γ**όρος, **κ**ινητό, **κ**εφάλι, **κ**οιλάδα, πη**γ**αίνουμε, φα**γ**ητό, **κ**οιτάω, ό**χ**ι, υ**γ**ιεινά, αρ**χ**αιολο**γ**ικό, **κ**οίτα, **χ**ειμώνα, **κ**ύματα.

3.32. Ρώτα, ρώτα, ρώτα, ρώτα, ρω,
ρώτα, ρώτα, ρώτα, ρω (δις)
τα π**ου**λιά π**ου** τα**ξ**ιδεύ**ου**ν
πώς γυρνάν **με** τον και**ρό**. (δις)
Ρώτα, ρώτα, ρώτα, ρώτα, ρω,
ρώτα, ρώτα, ρώτα, ρω (δις)
το νε**ρό** που φεύγει μαύ**ρο**
πώς γυ**ρί**ζει καθα**ρό**. (δις)

Α, γυ**ρί**ζει η γη στο άπει**ρο**
με τ' άστρα **κ**ου**β**εντιάζει
γιατί είναι **π**έτρα που **κ**υλά
για **ν**α μη **χ**ορταριάζει.
Ρώτα, ρώτα, ρώτα, ρώτα, ρω,
ρώτα, ρώτα, ρώτα, ρω (δις)
Ρώτα πότε θα γυ**ρί**σει
το κο**ρί**τσι π'αγαπ**ώ**. (δις)

3.33. 1. πώς - φως 2. φακός - πάτος 3. φαίνεται - παίζεται 4. πείνα - φίνα 5. τόνος - φόνος 6. φίλος - πηλός 7. παζάρι - φανάρι 8. λόφος - κόπος 9. λίπος - ύφος 10. απάθεια - αφάνεια 11. άφοβος - άπορος 12. απόρρητος - αφόρητος 13. αφορώ - απορώ 14. κάπου - αφού.

3.34. 1. βήμα - ποίημα 2. πάθος - βάθος 3. βόλος - πόλος 4. πουλί - βουλή 5. κάβος - κάπως 6. κόπος - φόβος 7. λιβυκός - τυπικός 8. λιπαρός - σοβαρός.

3.35. 1. φονικός - βολικός 2. βοή - φωνή 3. φυτό - βυθός 4. φάρος - βάρος 5. άφωνος - άβολος 6. αβαθής - αφανής 7. κουφός - βουβός 8. φοβία - σοφία.

3.36. 1. κιλό [ci] 2. κενό [ce] 3. κύμα [ci] 4. κελάρι [ce] 5. κεσές [ce] 6. γίγας [ji] 7. γεμίζω [je] 8. γύρος [ji] 9. χέρι [çe] 10. χείλια [çi] 11. χελώνα [çe] 12. χυμός [çi].

3.37. 1. άχυρο - άκυρο 2. γερός - καιρός 3. χυμός - κοινός 4. κάνω - χάνω 5. Κίνα - χήνα 6. γεμάτος - κενός 7. αχούρι - γούρι 8. κοπή - χωνί 9. γίνομαι - χύνομαι 10. κιλό - χυμός.

3.38. 1. Τάσος - Θάσος 2. τέλος - θέρος 3. τυφώνας - θαμώνας 4. αιθέρας - πατέρας 5. μύτη - ήθη 6. μύθος - μίτος 7. παραθύρι - πατητήρι 8. αθανασία - αταξία.

3.39. 1. δάσος - Θάσος 2. θυμός - δειλός 3. δηλώνω - θυμώνω 4. άδετος - άθεος 5. αθάνατος - αδύνατος 6. μεθάνιο - δάνειο 7. πόδι - πόθοι 8. αδικώ - αθετώ.

3.40. Α. 1. τόνος - δόλος 2. δέος - τέως 3. δήμιος - τίμιος 4. τέρας - δέμα 5. δειλή - τυρί 6. δούλοι - τούλι 7. διαδοχή - ανατολή 8. πολιτική - δηλαδή.

3.40. Β. 1. ξενοδοχείο 2. κινητό 3. περίπατος 4. παιδί 5. ποιητής 6. αγελάδα 7. κουτάλι 8. κουδούνι.

3.41. 1. σαλεύω - ζηλεύω 2. ζυμώνω - σιμώνω 3. σάλι - ζάλη 4. σενάριο - ζιζάνιο 5. ζάρα - σάλα 6. άσημος - άζυμος 7. άζωτο - άσωτος 8. μάσα - γάζα.

3.42. 1. ζεν - δεν 2. Δήλος - ζήλος 3. διψώ - ζητώ 4. ζυμώνω - δηλώνω 5. δομή - ζωή 6. μαγαζί - επειδή 7. πόζα - ρόδα 8. δαδί - μαζί.

3.43. 1. ξύλο - ψύλλος 2. μεταξωτός - ψητός 3. ψηλός - ξινός 4. άξενος - άψητος 5. ψήσιμο - ξύλινο 6. ξένα - ψέμα 7. πυξίδα - αψίδα 8. ψείρα - ξηρά 9. ψήφος – ξίφος 10. ξηλώνω – ψηλώνω.

3.44. 1. φωλιά - θηλιά 2. φέσι - θέση 3. θηρίο - φορείο 4. φόβος - θόλος 5. φιλολογία - θεολογία 6. θήκη - φύκι 7. θηλυκό - φιλικό 8. υφαίνω - μαθαίνω 9. μύθος - ύφος 10. Αθήνα - αφήνω.

Παραρτήματα
Appendix

Βήμα 4 Step 4

4.3. **1.** Ο ΤΖΙΤΖΙΚΑΣ ΚΑΙ Ο ΜΕΡΜΗΓΚΑΣ **2.** ΤΑ ΕΠΑΓΓΕΛΜΑΤΑ ΣΤΗΝ ΑΡΧΑΙΑ ΕΛΛΑΔΑ **3.** 13ο διεθνές φεστιβάλ ΚΟΥΚΛΟΘΕΑΤΡΟΥ & ΠΑΝΤΟΜΙΜΑΣ **4.** συγχαρητήρια **5.** Η ΠΡΙΓΚΙΠΕΣΑ ΙΖΑΜΠΩ **6.** Δήμος Θεσσαλονίκης, 18-24 Ιουνίου, φεστιβάλ σύγχρονου χορού **7.** ολυμπιακοί αγώνες **8.** οι ομπρέλες.

4.4. **1.** Γιορτή της τσακώνικης μελιτζάνας. **2.** Πλατεία Μάνου Χατζιδάκι. **3.** Η Πριγκηπέσα Ιζαμπώ. **4.** Συγχαρητήρια! **5.** Τα επαγγέλματα στην αρχαία Ελλάδα. **6.** Διεθνές φεστιβάλ κουκλοθεάτρου και παντομίμας. **7.** Ο τζίτζικας και ο μέρμηγκας. **8.** Ένα φλιτζάνι τσάι του βουνού. **9.** Γκολ! Μπράβο! **10.** Ολυμπιακοί Αγώνες.

4.7. **1.** Λεονάρντο ντα Βίντσι **2.** Ελ Γκρέκο **3.** Ζορζ Μπιζέ **4.** Γκαετάνο Ντονιτσέτι **5.** Ίντιρα Γκάντι **6.** Μπιλ Γκέιτς **7.** Μπιτλς **8.** Μάρλον Μπράντο **9.** Τσάρλι Τσάπλιν.

4.8. - Φορώ ένα τζιν παντελόνι, μια μπορντό μπλούζα, ένα μπλε κι ένα κόκκινο παπούτσι, γκρίζες κάλτσες κι ένα πράσινο μαντίλι.
- Φορώ μια κοντή φούστα, ένα μπεζ μπουφάν, μαύρες μπότες κι ένα μπορντό μπερέ. Η τσάντα μου είναι μαύρη κι η ζώνη μου κίτρινη.

4.9. δ ή ντ **1.** ντύνω - δίνω **2.** ντομάτα - δωμάτιο **3.** δηλαδή - ντιβάνι, **4.** κεντώ - εδώ
β ή μπ **5.** βάζα - μπάλα **6.** βίδα - μπίρα **7.** βοράς - μπόρα **8.** αμπέλι - Κυβέλη
γ ή γκ **9.** Γάλλος - γκάλοπ **10.** γκάφα - γάτα **11.** γη - γκι **12.** αγάπη - αγκάθι
γ ή γγ **13.** εγγονός - γεγονός **14.** άγαμος - εγγύηση **15.** αγγίζω - ζυγίζω **16.** άγγελος - άγιος

4.10. Βλέπε 4.6. See 4.6.

4.11. Η μπανάνα, το μανταρίνι, η ντομάτα, ο μαϊντανός, η αγκινάρα, το μπρόκολο, η μελιτζάνα.

4.12. α. **1.** Το κοριτσάκι μου παντρεύεται! **2.** Η κουμπάρα είναι πολύ κακοντυμένη. **3.** Συγχαρητήρια! **4.** Μακάρι να πιάσω το μπουκέτο! **5.** Μμμ… Καλός ο γαμπρός! **6.** Αχ! Είμαι πολύ συγκινημένη. **7.** Είμαι τόσο αγχωμένη! **8.** Οι βέρες είναι στην τσέπη μου; **9.** Ωραία η κουμπάρα! Τζένη τη λένε;

4.14.
1. βιαστικός - βαρετός
2. γιατί - γατί
3. γάζα - γαλάζια
4. κουμπιά - ακουμπά
5. σινεμά - ζημιά
6. κιόλας - κόλλα
7. πιόνι - ποτό
8. χιόνι - χοροί
9. φυτά - φωτιά
10. ομορφιά - όμορφα
11. μελαψός - ανιψιός
12. ήλιος - μύλος

4.15. **2.** ο παπάς - η πάπια **3.** το ταξί - φούξια **4.** η μαμά - η καλαμιά **5.** ο μπαμπάς - η κάμπια **6.** τα μήλα - η μηλιά **7.** το λεμόνι - τα λεμόνια - η λεμονιά **8.** το κεράσι - τα κεράσια - η κερασιά **9.** το κορίτσι - τα κορίτσια **10.** το παιδί - τα παιδιά **11.** το αγόρι - τα αγόρια

4.18. **1.** το καράβι - τα καράβια **2.** το τραπέζι - τα τραπέζια **3.** το ταψί - τα ταψιά **4.** το γάντι - τα γάντια **5.** το αυτί - τα αυτιά **6.** το νύχι - τα νύχια **7.** το καλαμάκι - τα καλαμάκια **8.** το ράφι - τα ράφια **9.** το πιρούνι - τα πιρούνια **10.** το κουτάλι - τα κουτάλια **11.** το μαχαίρι - τα μαχαίρια.

4.21. **1.** Τα παραμύθια του παππού και της γιαγιάς. **2.** Μια φορά κι έναν καιρό **3.** Δημοτικά τραγούδια. **4.** Ταξίδια εσωτερικού και εξωτερικού. **5.** Κρουαζιέρα στα ελληνικά νησιά. **6.** Η δασκάλα με τα χρυσά μάτια του Στρατή Μυριβήλη.

4.23. Θέλω δύο κιλά μανταρίνια, ένα κιλό κολοκυθάκια, τέσσερα αγγούρια, δύο μπουκάλια γάλα και δύο χωριάτικα ψωμιά.

4.24. Η Μάνια είναι μουσικός. Παίζει πιάνο και βιολί. Έχει ξανθά μαλλιά και μπλε μάτια. Φοράει γυαλιά κι ένα παλιό ασημένιο κολιέ της γιαγιάς της. Μένει σε μια μικρή γειτονιά στη Θεσσαλονίκη. Πάει στη δουλειά με τα πόδια.

4.26. Βλέπε 4.22. See 4.22.

4.28. γ. Η φάρμα μου, το θέμα σου, η μελωδία του, ο ελέφαντάς της, το μάθημά του, ο ρυθμός μας, το πρόγραμμά σας, το χολ τους, η τυρόπιτά τους, η ανάλυσή μου, το σχολείο σου, το σύστημά του, το βάζο της, το νούμερό του, το αρχείο μας, το τζιπ σας, η βάρκα τους, το ταξί τους.

4.31. α. αμπελουργών, Σαντορίνη, συγκέντρωση, κεντρική, Άγγελος Τζίμας, αγγλική, ντόπιο τσίπουρο, ντοματοκεφτέδες, αμπελοφάσουλα, τζατζίκι, ντολμαδάκια, σαντορινιά.

β. γιορτή κρασιού, κρασιά, ντόπιο, ντολμαδάκια, σαντορινιά.

γ. διοργανώνεται, κύριος, θα παρουσιάσει, παραδοσιακούς.

Παραρτήματα
Appendix

4.32. Γεια σου, χαρά σου, Βενετιά!
Πήρα τους δρόμους του Νοτιά
κι απ' το κατάρτι το ψηλό
τον άνεμο παρακαλώ.

Φύσ' αεράκι, φύσα με.
Μη χαμηλώνεις ίσαμε
να δω γαλάζια εκκλησιά,
Τσιρίγο και Μονεμβασιά.

Γεια σου, χαρά σου, Βενετιά!
Βγήκα σε θάλασσα πλατιά
και τραγουδώ στην κουπαστή,
σ' όλο τον κόσμο ν' ακουστεί.

Φύσ' αεράκι, φύσα με!
Μη χαμηλώνεις ίσαμε
να δω στην Κρήτη μια κορφή,
που 'χω μανούλα κι αδερφή.

4.33. 1. δηλητήριο - ντελίριο 2. δώρο - ντόμινο 3. ντάλια - δάδα 4. δανεικά - νταλίκα 5. αντίθετος - αδύνατος 6. δαντέλα - καδένα 7. παιδί - αντί 8. αντένα - αδένας.

4.34. 1. βάζο - μπάζω 2. μπόι - βέδι 3. βήμα - μπήκα 4. βαγόνι - μπαλόνι 5. κολύμπι - μολύβι 6. κάβος - κάμπος 7. αμπάρι - ταβάνι 8. έβενος - έμπορος.

4.35. 1. γκαρσόνι - γαλόνι 2. γαυγίζω - γκαρίζω 3. γκάζι - γάζα 4. γέλιο - γκέτο 5. εγκαίνια - αγένεια 6. αγκώνας - αγώνας 7. αγέλη - αγκύλη 8. αγκινάρα - αγελάδα 9. αγγούρι - γούρι 10. άγονη - εγγονή 11. μαγεία - αγγεία 12. εγγύηση - απογείωση.

4.36.
1. πόδια - μόδα
2. γάλα - γιατί
3. θάρρος - βαθιά
4. κοντά - αρχοντιά
5. πουγκιά - μουγγά
6. νιότη - νότα
7. ίσια - μέσα
8. ποτά - κουτιά
9. κούφιος - λόφος
10. τόξα - αμάξια
11. καρότσια - καρότσα
12. ελιά - έλα

4.37. 1. βολή - βιολί 2. νάζια - μάζα 3. γάντια - τσάντα 4. μεριά - μωρά 5. πάντα - δόντια 6. μαμά - καμιά 7. μαλακά - κακιά 8. πανιά - ξανά 9. πουλά - πουλιά 10. καλά - κοιλιά 11. γκιόνης - γκολ 12. άλλαξα - αλλαξιά 13. ματιά - ποτά 14. πάτος - πιάτο 15. χώρα - Χιώτης 16. κάψα - ταψιά 17. αγαθά - κολοκυθιά 18. σύννεφα - συννεφιά 19. τόξα - οξιά 20. ρούχα - οχιά 21. βαθιά - ψάθα 22. παπούτσια - κάλτσα.

4.38. 1. τραγί - τραγιά 2. παιδιά - παιδί 3. ζάρια - ζάρι 4. νεράντζι - νεράντζια 5. πουγκιά - πουγκί 6. ψωμί - ψωμιά 7. σακάκια - σακάκι 8. σπαθιά - σπαθί 9. αμάξι - αμάξια 10. κουπί - κουπιά 11. νησιά - νησί 12. κορίτσια - κορίτσι 13. καρφί - καρφιά 14. χωνί - χωνιά.

4.39. 1. διαβάζω - δαμάζω 2. μάνα - πεπόνια 3. αγαθά - παραμύθια 4. χωριό - χορός 5. φώτα - μάτια 6. κούφιος - σοφός 7. μήλα - σταφύλια 8. ίσος - ίσιος 9. πιάνο - πάνω 10. βιάζομαι - βάζω 11. τράπεζα - τραπέζια 12. κύμα - λουκούμια 13. κουλουράκια - φάκα 14. άμαξα - αμάξια 5. ανίψια - δίψα.

Βήμα 5 Step 5

5.3. 1. Ελληνικά Ταχυδρομεία 2. Εθνική Τράπεζα Ελλάδος 3. Εθνικό Ίδρυμα Νεότητας 4. Το αεροδρόμιο 5. Ταξιδιωτικό βιβλιοπωλείο 6. Ο αγρότης 7. Ο αθλητής 8. Φεστιβάλ σύγχρονου χορού.

5.4. Μάγδα μου, σου γράφω από την Ύδρα. Όλη την εβδομάδα βρέχει και δε βγαίνω καθόλου. Οι γνωστοί μας λείπουν όλοι. Ξεκουράζομαι. Διαβάζω ένα άθλιο βιβλίο και λύνω αινίγματα. Σε φιλώ γλυκά, Θράσος. Υ.Γ. Έχω επιτέλους τηλέφωνο! Ο αριθμός είναι: 22980 12340.

5.7. 1. Το κλίμα είναι στο χέρι σου 2. Έξοδος κινδύνου 3. Δημόσια Επιχείρηση Ηλεκτρισμού 4. Κέντρα Εκπαίδευσης Ενηλίκων 5. Κέντρο Εξυπηρέτησης Πολιτών 6. Κώδικας Οδικής Κυκλοφορίας 7. Το ανθοπωλείο 8. Το κρεοπωλείο 9. Το βενζινάδικο 10. Πέμπτο Γυμνάσιο Ρόδου 11. Το αμφιθέατρο 12. Άλσος Φιλαδέλφειας 13. Μνημείο Λυσικράτη.

5.8. 1. Η ακμή του Κυκλαδικού πολιτισμού: περίπου 2600 – 2300 π.Χ. 2. Ο εκφωνητής του δελτίου ειδήσεων της ΕΡΤ είναι καταπληκτικός. 3. Ο αρχιτέκτονας του κτιρίου της Βουλής ήταν Γερμανός. 4. Τι ωραία έκπληξη! Καλώς ήρθες! 5. Στέλνω ένα γράμμα στη Φινλανδία. 6. Το περιστέρι, σύμβολο ειρήνης. 7. Χάλκινο άγαλμα αγνώστου άνδρα βρέθηκε στην Κόρινθο. 8. Ώρες μεσημβρινής ησυχίας: 15.00 ως 17.30. 9. Ρομπότ τρέχει σαν άνθρωπος. 10. Κλείνω το παράθυρο, γιατί κάνει πολύ κρύο. 11. Την Πέμπτη θα πάμε εκδρομή στους Δελφούς. 12. Ο αδελφός μου είναι ηλεκτρολόγος και η αδελφή μου έχει ανθοπωλείο.

Παραρτήματα
Appendix

5.11. 1. Υπουργείο Πολιτισμού 2. Ίδρυμα Κοινωνικών Ασφαλίσεων 3. Οργανισμός Απασχόλησης Εργατικού Δυναμικού 4. Πανεπιστήμιο Αιγαίου 5. Βοήθεια στο σπίτι 6. Υπουργείο Παιδείας, Δια Βίου Μάθησης και Θρησκευμάτων 7. Ο φούρνος. Το αρτοποιείο 8. Το ζαχαροπλαστείο 9. Το εστιατόριο 10. Στην παλιά ταβέρνα 11. Η στάση 12. Το περίπτερο 13. Το φαρμακείο.

5.12. [z]: 1. σβήνω 3. σγουρός 8. σμηνίτης 9. σμήνος 12. Σμύρνη 13. προσγείωση 15. Ισραήλ 16. σβούρα 18. μεθυσμένη 20. κουρασμένος 21. ζαλισμένος.
[s]: 2. σχάρα 4. σθεναρός 5. κασκέτο 6. άσχετος 7. σνομπάρω 10. άσχημος 11. Σλοβενία 14. Ισλάμ 17. σφυρί 19. σπαθί 22. ασφάλεια.

5.13. 1. Πάω στο σπίτι για ύπνο. 2. Όταν παρκάρω, πληρώνω με κάρτα. 3. Σκέπτομαι, άρα υπάρχω. 4. Έγχρωμη TV, ασπρόμαυρη ζωή. 5. Προσοχή! Στροφή λεωφορείου. 6. Μία πρόσκληση από το Υπουργείο Τουρισμού για τη Γιορτή Καρπουζιού Μεσσηνίας. 7. Το πρωί έχασα την πτήση για το Στρασβούργο. 8. Πότε αρχίζετε μαθήματα στο σχολείο; 9. Περιμένω στη στάση όρθιος εδώ και μία ώρα. 10. Τι όμορφη χώρα η Νορβηγία!

5.16. 1. Το αστυνομικό τμήμα. 2. Ιατρικός Σύλλογος Αθηνών. 3. Ο σχολικός τροχονόμος. 4. Τα φθινοπωρινά φρούτα. 5. Τεχνολογικό Εκπαιδευτικό Ίδρυμα. 6. Το Χρηματιστήριο Αθηνών. 7. Το ιχθυοπωλείο. 8. Ο τραγουδιστής Αλκίνοος Ιωαννίδης. 9. Το Εθνικό Θέατρο παρουσιάζει την *Τρικυμία* του Ουίλιαμ Σαίξπηρ σε μετάφραση Βασίλη Ρώτα. 10. Καλά Χριστούγεννα! Καλή χρονιά! Χρόνια πολλά!

5.17. 1. Ο χρόνος είναι χρήμα. 2. Ο καφές φραπέ πρέπει να είναι παγωμένος, ποτέ χλιαρός! 3. Τι ώρα φτάνει το τρένο; 4. Χτες πήγα στο ιχθυοπωλείο για φρέσκο και φτηνό ψάρι. 5. Καλά Χριστούγεννα και χρόνια πολλά! 6. Χτυπάει το κουδούνι! Τρέχα να ανοίξεις την πόρτα! 7. Προσέχω τη διατροφή μου: τρώω συχνά λαχανικά στον ατμό και άφθονα φρούτα. 8. Ο ελληνικός καφές πίνεται πάντα σε μικρό φλιτζάνι. 9. Ξαφνικά τα φώτα με τύφλωσαν και παραλίγο να τρακάρω. 10. Είναι ο χρόνος εχθρός;

5.18. 1. Το αερόστατο 2. Το αεροπλάνο 3. Το ελικόπτερο 4. Το πλοίο 5. Το υποβρύχιο 6. Η βάρκα 7. Το σκάφος 8. Το μετρό 9. Το φορτηγό 10. Το πούλμαν 11. Το τρόλεϊ 12. Η μοτοσικλέτα 13. Το τραμ 14. Το τρένο.

5.19. Ιανουάριος, Φεβρουάριος, Μάρτιος, Απρίλιος, Μάιος, Ιούνιος, Ιούλιος, Αύγουστος, Σεπτέμβριος, Οκτώβριος, Νοέμβριος, Δεκέμβριος.

5.20. Βλέπε ΛΥΣΗ 5.4. See ANSWER KEY 5.4.

5.21. δ, τ ή ντ; 1. ντροπή - τροπή 2. πέτρα - μάντρα 3. αποδρώ - εξαντλώ 4. κέντρο - κάδρο.
β, π ή μπ; 5. μπράτσα - βράχια 6. βράζω - μπράβο 7. πλέκω - μπλέκω 8. μπλε - βλέπω.
γ, κ ή γκ; 9. κρεμώ - γκρεμός 10. έγκλημα - κλίμα 11. γκρενά - κρέμα 12. γλάστρα - γκλάμουρ.

5.23. 1. το τσάι, η νεράιδα, παίζω, η μαϊμού, τα παιδάκια
2. τα παϊδάκια, το φαΐ, φαίνεται, η Αϊτή, η ταινία
3. το σαΐνι, ο Μάιος, του Μαΐου, χαϊδεύω, χαίρομαι
4. το γαϊδούρι, καίει, η Αγλαΐα, το παιδί, το παΐδι
5. η λαϊκή, ο μαϊντανός, αθηναϊκός, το καΐκι

5.27. 1. Αγγλία 2. Αυστρία 3. Βέλγιο 4. Βουλγαρία 5. Γερμανία 6. Εσθονία 7. Ιρλανδία 8. Ισπανία 9. Κύπρος 10. Λουξεμβούργο 11. Αλβανία 12. Ολλανδία (Κάτω Χώρες) 13. Πορτογαλία 14. Σλοβακία 15. Σλοβενία 16. Φινλανδία 17. Τουρκία 18. Ουκρανία.

5.28. β. Θέατρο - το βράδυ - την τραγωδία / Αύριο - στο στάδιο - θα γίνει - μεταξύ - για το κύπελλο.

5.29. Άρνηση

Στο περιγιάλι το κρυφό
κι άσπρο σαν περιστέρι
διψάσαμε το μεσημέρι·
μα το νερό γλυφό.

Πάνω στην άμμο την ξανθή
γράψαμε τ' όνομά της·

ωραία που φύσηξεν ο μπάτης
και σβήστηκε η γραφή.

Με τι καρδιά, με τι πνοή,
τι πόθους και τι πάθος,
πήραμε τη ζωή μας· λάθος!
κι αλλάξαμε ζωή.

Παραρτήματα
Appendix

5.30. Αθανασία

Τι ζητάς, Αθανασία,
στο μπαλκόνι μου μπροστά;
Δε μου δίνεις σημασία
κι η καρδιά μου πώς βαστά;

Σ' αγαπήσανε στον κόσμο
βασιλιάδες, ποιητές
κι ένα κλωναράκι δυόσμο
δεν τους χάρισες ποτές.

Είσαι σκληρή σαν του θανάτου τη γροθιά
μά 'ρθαν καιροί που σε πιστέψαμε βαθιά.

Κάθε γενιά δική της θέλει να γενείς,
ομορφονιά που δε σε κέρδισε κανείς.

Τι ζητάς, Αθανασία,
στο μπαλκόνι μου μπροστά;
Ποια παράξενη θυσία
η ζωή να σου χρωστά;

Ήρθαν διψασμένοι Κροίσοι,
ταπεινοί προσκυνητές
κι απ' του κήπου σου τη βρύση
δεν τους δρόσισες ποτές.

5.31. 1. κέντρα - έδρα 2. ντροπαλός - τρελός 3. χύτρα - χάντρα 4. εντάξει - ενδιαφέρον 5. αντλώ - άτλας 6. Αντρέας - Άνδεις 7. ανδρεία - αντλία 8. δέντρο - κέδρος 9. σπονδή - χοντρή 10. άντρας - ανδριάντας.

5.32. 1. αμπέλι - καρβέλι 2. πλούσια - μπλούζα 3. εμπρός - αβρός 4. διαπλοκή - συμπλοκή 5. μπλοκ - πλώρη 6. καπνός - κάμπος 7. γαμπρός - Έβρος 8. μπρίο - πλοίο 9. βρώμικα - μπρούμυτα 10. μπρίζα - πρίσμα.

5.33. 1. γκρίζος - γρίφος 2. γράμμα - γκριμάτσα 3. κράτα - αγκράφα 4. γκραβούρα - γραβάτα 5. γκρινιάζω - κρυώνω 6. γρυλλίζω - γκρεμίζω 7. γλίτσα - γκλίτσα 8. έγκλειστη - έκλειψη 9. γκράφιτι - γράφετε 10. εγκρίνω - κρίνω 11. αγγλικά - άγρια 12. άγραφο - έγγραφο 13. αγρός - Ούγγρος 14. Άγγλος - άκρο.

5.34. 1. βράση - πλάση - φράση 2. πρωινό - βραδινό - φρούτο 3. ξαφνικός - άπλυτος - έβδομος 4. πληγή - φλόγα - βλέμμα 5. βδέλλα - φτέρνα - πταίσμα 6. πλένει - βρέχει 7. πτήση - βρύση 8. φρύδι - βράδυ 9. πλοίο - βρύο 10. βγάζω - φτάνω.

5.35. 1. ένθετο - ενδέχεται 2. ανθίζω - ενδιαφέρω 3. ένδυμα - ενθύμιο 4. επενδύω - ανθοδοχείο 5. αθροίζω - αδρανώ 6. αδρό - άρθρο 7. άνδρας - άνθρωπος.

5.36. 1. το βόλεϊ, θεϊκός, ο θείος, το ποίημα 2. το Μπαχρέιν, το Σίντνεϊ, κλαίει, η ιστιοπλοΐα 3. το μέιλ, το τρόλεϊ, το κοινό, το ρολόι 4. το κομπολόι, το σόι, ευνοϊκός, το προϊόν.

5.37. 1. τρόμος - δρόμος - θρόνος 2. δράκος - θράσος - τρίτος 3. θραύσμα - δράμα - τραύμα 4. έθνη - Αίτνα - έχιδνα 5. τμήμα - θνητός 6. θρόμβος - τρούλος 7. τρέμω - θρέφω 8. αθροίζω - τρίζω 9. θρύλος - τρύγος 10. θλιβερό - τρυφερό 11. ατμός - αριθμός 12. θράκα - τράκα 13. θρησκεία - τρικυμία 14. δρυς - τρεις 15. τριγμός - δρυμός.

5.38. 1. φράγμα - θρόισμα 2. αθροίζω - αφρίζω 3. άμφια - άνθος 4. φλύαρος - θλιβερός 5. άθραυστος - άφραγκος 6. φράση - θραύση 7. θρυμματίζω - φρυγανίζω 8. άθλος - τυφλός.

5.39. 1. αχνός - αγνός 2. γνωστός - Κνωσός 3. κλειδί - χλιδή 4. χλωμή - γνώμη 5. κλώσσα - γλώσσα 6. χνούδι - κλουβί 7. χλιαρός - γλυκός 8. γλυφός - κλειστός 9. ακμή - πάχνη 10. αχνάρι - αγνάντι 11. κλονίζω - γνωρίζω 12. κλήση - χτίστης.

5.40. 1. γράμμα - χρώμα 2. γρίσος - χρήμα 3. χρήματα - γρήγορα 4. γρίπη - χρήση 5. γράφω - χρωστώ 6. χράμι - γρανάζι 7. άγραφος - άχρωμος 8. άχρηστος - αγρότης 9. αγροίκος - αχρείος 10. γρίλια - χρίσμα.

5.41. 1. χρήμα - κρίμα 2. κράμα - χράμι 3. χρωστώ - κροτώ 4. κρύβω - χρίζω 5. κρυώνω - χρεώνω 6. ακριβός - άχρηστος 7. αχρείος - ακραίος 8. κρυφός - χρυσός 9. χρόνος - Κρόνος 10. κρύα - χρεία 11. χρήσιμος - κρίσιμος.

5.42 1. κράμα - γράμμα 2. γρύλος - κροίσος 3. κράνος - γράσο 4. κρίνος - γρίφος 5. κρασί - γραφή 6. άκριτος - άγριος 7. άγραφος - άκρατος 8. γρόσι - κρόσσι 9. ακρίβεια - αγρύπνια 10. κρουστά - γρουσουζιά.

137

Παραρτήματα
Appendix

6. Λεξιλόγιο
Greek - English vocabulary

αβαθής-ής-ές 3.35.	shallow
άβολος-η-ο 3.35.	uncomfortable
αβρός-ή-ό 5.32.	courteous
αγαθό, το 4.37.	good, possession
άγαλμα, το 5.5	statue
Αγαμέμνων, ο 5.28.	Agamemnon
άγαμος-η-ο 4.9.	single, not married
αγάπη, η 4.9.	love
αγγείο, το 4.35.	pottery vase
αγγειοπλάστης, ο 4.5.	potter
άγγελος, ο 4.2.	angel
αγγίζω 4. 9.	I touch / to touch
αγγλικά, τα 4.2.	English (language)
αγγούρι, το 4.23.	cucumber
αγελάδα, η 3.11.	cow
αγέλη, η 4.35.	herd
αγένεια, η 4.35.	rudeness
άγιος-ία-ιο 4.9.	saint
αγκάθι, το 4.9.	thorn
αγκινάρα, η 4.11.	artichoke
αγκράφα, η 5.33.	clasp, buckle
αγκύλη, η 4.35.	bracket
άγκυρα, η 4.2.	anchor
αγκώνας, ο 4.35.	elbow
Αγλαΐα, η 5.23.	Aglaia (name)
αγνάντι, το 5.39.	scanning the sea/ the horizon, a bird's eye view, looking far away
αγνός-ή-ό 5.39.	pure
άγονος-η-ο 4.35.	infertile, barren
αγορά, η 1.9.	market
αγοράζω 2.2.	I buy / to buy
αγόρι, το 4.15.	boy
άγραφος-η -ο 5.33.	unwritten, blank
άγριος-α -ο 5.10.	wild
αγροίκος-α-ο 5.40.	rude, coarse
αγρός, ο 5.33.	field
αγρότης, η 5.3.	farmer
αγροτικός-ή-ό 5.2.	agricultural
αγροτουρισμός , ο 5.10.	agricultural tourism
αγρύπνια, η 5.42.	sleeplessness
άγχος, το 1.13.	stress
αγχώδης-ns-ες 1.13.	anxious
αγχωμένος -η-ο 4.12.	stressed
αγώνας, ο 4.3.	match, game, fight
αδελφός, ο 5.5.	brother
αδένας, ο 4.33.	gland
αδέσμευτος-η-ο 5.26.	independent
άδετος-η-ο 3.39.	untied, loose
άδικα 3.17.	unfairly
αδικώ 3.39.	I am unfair / to be unfair
αδρανώ 5.35.	I am inactive, inert / to be inactive
αδρός-ή -ό 5.35.	crude, rugged
αδύνατος-η-ο 3.39.	thin, weak, impossible
αέρας, ο 3.2.	air
αεροδρόμιο, το 3.25.	airport
αερολιμένας, ο 3.25.	airport
αεροπλάνο, το 2.2.	airplane
αεροπορικός-ή-ό 4.19.	air (adj.)
αερόστατο, το 5.18.	hot-air balloon
αετός, ο 2.28.	eagle
άζυμος-η -ο 3.41.	unleavened
άζωτο, το 3.41.	azote, nitrogen
αηδόνι, το 1.11.	nightingale
αθανασία, η 3.38.	immortality
αθάνατος-η-ο 3.39.	immortal
άθεος-η-ο 3.39.	atheist, godless
αθετώ 3.39.	I break (a promise), I violate (an oath) / to break (a promise), to violate (an oath)
Αθήνα, η 1.3.	Athens
αθηναϊκός-ή-ό 5.23.	Athenian (adj.)
Αθηναίος, ο 5.15.	Athenian
Αθηνόραμα (όνομα περιοδικού), το 3.3.	Athinorama (magazine title)
αθλητής, ο 5.1.	athlete
αθλητικός-ή-ό 5.26.	athletic
αθλητισμός, ο 5.2.	Athletics/sports
άθλος, ο 5.38.	feat
άθραυστος-η-ο 5.38.	unbreakable
αθροίζω 5.35.	I add / to add, I sum up / to sum up
Αιγαίο, το (πέλαγος) 2.28.	Aegean (sea)
αιθέρας, ο 3.38.	ether, air
αίμα, το 1.11.	blood
αισθητική, η 1.11.	aesthetics
Αισχύλος, ο 5.28.	Aeschylus
Αίσωπος, ο 4.3.	Aesop
Αίτνα, η 5.37.	Aetna
αιχμή, η 5.14	point, peak
ακίνητο, το 3.25.	property
ακμή, η 5.5.	peak, acme
ακουμπώ 4.14.	I touch / to touch
ακούω 2.5.	I hear / to hear I listen / to listen
ακραίος-α-ο- 5.41.	extreme, borderline
άκρατος-η-ο 5.42.	extreme, pure
ακρίβεια, η 5.42.	precision, high price
ακριβός-ή-ό 5.41.	expensive
άκριτος-η-ο 5.42.	thoughtless, unwise
άκρο, το 5.33.	end, extreme
ακτοπλοϊκός-ή-ό 4.19.	coastal
άκυρος-η-ο 3.37.	invalid, void
αλάτι, το 4.30.	salt
αλήθεια, η 1.9.	truth
αλλά 3.10.	but
αλλαγή, η 5.6.	change
αλλάζω 4.37.	I change / to change
άλλαξα 4.37.	I changed
αλλαξιά, η 4.37.	change of clothes
άλλος-η-ο 3.15.	other
άλλοτε 5.18.	then
αλογάκι, το (μικρό άλογο) 2.28.	small horse
άλογο, το 2.28.	horse
άλσος, το 5.5.	grove
αλχημεία, η 5.5	alchemy
άμαξα, η 4.39.	coach, wagon
αμάξι, το 4.36.	car
αμέσως 3.15.	right away, immediately
αμνηστία, η 5.6.	amnesty
αμπάρι, το 4.34.	hold
αμπέλι, το 4.9.	vineyard
αμπελουργός, ο/η 4.5.	vine-growner
αμφιθέατρο, το 5.7.	amphitheatre
άμφιο, το 5.38.	vestments
αναβολικά, τα 5.2.	drugs (Anabolic Steroids)
ανάλυση, η 2.7.	analysis
Ανατολή, η 3.29.	East, dawn
ανατολή, η 3.40.	dawn
αναχώρηση, η 3.25.	departure
Άνδεις, οι 5.31.	Andes
άνδρας, ο 1.9.	man
ανδρεία, η 5.31.	bravery
ανδριάντας, ο 5.31.	statue
άνεμος, ο 1.10.	wind
ανεξάρτητος-η-ο 5.26.	independent
άνθος, ο 3.19.	dill
ανθίζω 5.35.	I blossom / to blossom
ανθοδοχείο, το 5.35.	vase
ανθοκομικός-ή -ό 5.6.	floricultural
ανθοπωλείο, το 5.7.	flower shop, florist's
άνθος, (=το λουλούδι) το 1.5.	flower
άνθρωπος, ο 5.5.	person, man, human
ανίψι, το 4.39.	nephew, niece
ανιψιά, η 1.5.	niece
ανιψιός, ο 1.5.	nephew
Άννα, η 1.9.	Anna
άνοιξη, η 3.16.	spring
αντένα, η 4.33.	antenna
αντί 4.33.	instead of
αντίθετος-η -ο 4.33.	opposite
αντίκα, η 2.12.	antique
αντλία, η 5.31.	pump
αντλώ 5.31.	I pump / to pump
άντρας, ο 5.31.	man
Αντρέας, ο 5.31.	Andrew
ανώτατος-η -ο 5.15.	advanced
άξενος-η-ο 3.43.	inhospitable
αξεσουάρ, το 3.16.	accessory
απαγορεύεται 2.23.	not allowed, forbidden
απαγορεύω 2.23.	I forbid / to forbid
απάθεια, η 3.33.	apathy
απασχόληση, η 5.11.	occupation
απαυδώ 1.11.	I have enough / to have enough
απηύδησα 1.11.	I had enough
απεργία, η 5.10.	strike
άπλυτος-η-ο 5.34.	unwashed
από 1.16.	from
από πού είσαι; 3.4.	Where do you come from, where are you from?
απογείωση, η 4.35.	take off
απόγευμα, το 2.24.	afternoon
απογευματινός-ή-ό 5.26.	afternoon (adj.)
αποδρώ 5.21.	I escape / to escape
αποκαλυπτικός-ή-ό 5.26.	revealing
άπορος-η-ο 3.33.	poor, needy
απόρρητος-η-ο 3.33.	confidential
απορώ 3.33.	I wonder / to wonder
αποσκευή, η 3.25.	luggage
αποτέλεσμα, το 5.6.	result
αποτύπωμα (οικολογικό), το 5.10.	footprint (ecological)
αποχωρισμός, ο 4.17.	separation
Απρίλιος, ο 5.6.	April
αργά 1.19.	slow
άρθρο, το 5.9.	article
αριθμός, ο 1.9.	number
Αριστοφάνης, ο 1.15.	Aristophanes
αρκούδα, η 2.28.	bear
αρκτικός-ή-ό 5.9.	arctic
αρσενικός-ή-ό 5.9.	male
αρτοποιείο, το 5.11.	bakery
αρχαιολογικός –ή-ό 4.1.	archaeological
αρχαίος-α-ο 4.20.	ancient
αρχαιότητα, η 4.29.	antiquity
αρχείο, η 2.12.	file, records
αρχή, η 4.20.	beginning
αρχίζω 5.9.	I start, I begin / to start, to begin
αρχιτέκτονας, ο/η 5.5.	architect
αρχοντιά, η 4.36.	nobility
αρωματικός-ή-ό 3.19.	aromatic
ασημένιος-α-ο 4.24.	silver

138

Παραρτήματα
Appendix

άσημος –η – ο 3.41.	insignificant, not famous, unknown
άσθμα, το 5.9	asthma
Ασία, η 2.11.	Asia
άσκηση, η 2.2.	exercise
ασπρόμαυρος-η-ο 5.2.	black and white
άσπρος-η-ο 5.9.	white
αστυνομία, η 5.16.	police
ασφάλεια, η 5.9.	security
ασφάλιση, η 5.11.	insurance
άσχετος-η-ο 5.12.	irrelevant
άσχημος-η-ο 5.12.	ugly
άσωτος-η-ο 3.41.	dissolute
αταξία, η 3.38.	disorder, mischief, misconduct
άτλας, ο 5.15.	atlas, map
ατμός, ο 5.18.	steam
αττικός-ή-ό 5.16.	of Attica
Αύγουστος, ο 1.11.	August
αυλή, η 2.24.	yard
αύριο 1.11.	tomorrow
αυστηρά 2.23.	strictly
αυτί, το 1.11.	ear
αυτοκίνητο 1.11.	car
αυτός-αυτή-αυτό 4.20.	he, she, it
αφάνεια, η 3.33.	obscurity
αφανής-ής- ές 3.35.	obscure, invisible
αφήνω 3.44.	I leave, I let / to leave, to let
άφιξη, η 3.25.	arrival
άφοβος-η-ο 3.33.	fearless
αφόρητος-η-ο 3.33.	unbearable
αφορώ 3.33.	I concern / to concern
αφού 3.33.	since
άφραγκος-η-ο 5.38.	penniless
αφρίζω 5.38.	I foam / to foam
Αφρική, η 2.8.	Africa
άφωνος-η-ο 3.35.	speechless
αχνάρι, το 5.39.	footprint
αχνός-ή-ό 5.39.	faint, pale
αχούρι, το 3.36.	stable, stall (a messy place)
αχρείος-α-ο 5.40.	villain
άχρηστος-η-ο 5.40.	useless
άχρωμος-η-ο 5.40.	colourless
άχυρο, το 3.37.	straw
άψητος-η-ο 3.43.	raw, non cooked
αψίδα, η 3.43.	arch
βαγόνι, το 4.34.	wagon
βάζο, το 1.2.	vase
βάζω 4.39.	I put / to put
βαθιά 4.37.	deep
βάθος, το 3.34.	depth
βαθύς-ιά-ύ 4.36.	deep
βαλεριάνα, η 3.19.	valeriana
βαλίτσα, η 2.14.	baggage
βαρέλι, το 3.35.	barrel
βαρετός-ή-ό 4.14.	boring
βάρκα, η 4.28.	boat
βάρος, το 3.35.	weight
βασιλαετός, ο 2.28.	imperial eagle
βασιλικός, ο 3.8.	basil
βάφλα, η 2.15.	waffle
βαφτίσια, τα 4.13.	baptism, christening
βγάζω 5.34.	I take off / to take off
βγαίνω 5.1.	I go out / to go out
βδέλλα, η 5.34.	leech
βεβαίως 3.15.	certainly
βενζινάδικο, το 5.7.	gas station
βέρα, η 4.12.	wedding ring
βήμα, το 3.2.	step, tribune
βήχας, ο 3.19.	cough
βιάζομαι 4.13.	I am in a hurry / to be in a hurry
βιαστικός- ή-ό 4.14.	hasty, in a hyrry
βιβλίο, το 5.6.	book
βιβλιοδεσία, η 2.10.	bookbinding
βιβλιοπωλείο, το 5.2.	bookshop
βίδα, η 4.9.	screw
βίντεο, το 2.19.	video
βιολί, το 1.5.	violin
βιολόγος, ο/η 4.16.	biologist
βίος, ο 5.11.	life
διά βίου μάθηση	life long learning
βλέμμα, το 5.34.	look, glance
βλέπω 1.9.	I see, I look, I watch / to see, to look, to watch
βόδι, το 4.34.	ox
βοή, η 3.35.	clamour, noise, rumble
βοήθεια, η 5.11.	help
βόλεϊ, το 5.36.	volleyball
βολή, η 4.37	shot
βολικός-ή-ό 3.35.	comfortable
βόλος, ο 3.34.	marble
Βόλος, ο 5.2. (πόλη της Κεντρικής Ελλάδας)	Volos: city in in central Greece.
Βορράς, ο 3.29.	North
βότανο, το 3.19.	herb
βότκα, η 2.14.	votka
βουβός-ή-ό 3.35.	mute
Βουλή, η 2.23.	parliament
βουνό, το 3.2.	mountain
βούτυρο, το 2.3.	butter
βραδινό, το 5.34.	dinner
βράδυ, το 5.1.	night
βράζω 5.21.	I boil / to boil
βράση, η 5.34.	boil, simmer
βράχος, ο 5.21.	cliff, rock
βρέχει 5.34.	it is raining
βρέχω 5.34.	I wet / to wet
βρίσκω 5.26.	I find / to find
βρύο, το 5.34.	fetus
βρύση, η 5.34.	tap
βρώμικος-η-ο 5.32.	dirty
βυθός, ο 3.35.	seabed, bottom of the sea
γάζα, η 3.41.	gayze
γάιδαρος, ο 1.11.	donkey
γαϊδούρι, το 5.23.	donkey
γάλα, η 1.16.	milk
γαλάζιος-η-ο 1.5.	light blue
γαλόνι, το 4.35.	gallon
γαμήλιος-α-ο 4.16.	bridal, wedding
γάμος, ο 2.23.	wedding
γαμπρός, ο 4.12.	groom
γάντι, το 4.2.	glove
γάτα, η 1.3.	cat
γατί, το 3.13.	kitten
γαυγίζω 4.35.	I bark / to bark
γδύνομαι 5.1.	I undress / to undress
γεγονός, το 4.9.	fact
γεια [ja] 3.18.	hello
γεια σας [jasas] 2.4.	hello (to you –plural or polite form)
γεια σου 3.18. [jasu]	hello (to you)
γείτονας, ο 5.9	neighbour
γειτονιά, η 4.24.	neighbourhood
γέλιο, το 1.5.	laught, laughter
γεμάτος-η-ο 3.37.	full
γεμίζω 3.36.	I fill / to fill
γεμιστά, τα 3.19.	stuffed vegetables
γένος, το 3.10.	gender
γερνώ 2.13.	I grow old / to grow old
γέρνω 2.13.	I lean / to lean
γέρος, ο 2.13.	old
γερός-ή-ό 2.13.	strong, healthy
γεύμα, το 1.11.	lunch, meal
γεύση, η 2.23.	taste, flavour
γέφυρα, η 3.11.	bridge
γεωμετρία, η 2.5.	geometry
γη, η 4.9.	land, earth
για 1.16.	for
γιαγιά, η 1.5.	grandmother
Γιάννης (Ιωάννης) 4.22.	John, Yiannis (Ioannis)
γιαούρτι, το 1.9.	yogurt
γιατί 4.14.	why, because
γιατρός, ο/η 5.15.	doctor
γίγας, ο 3.10.	giant
γιλέκο, το 2.14.	vest
γίνομαι 3.37.	I become / to become
γιορτή, η 4.1.	celebration, festival
γκάζι, το 4.35.	accelarator
γκάλοπ, το 4. 9.	gallop
γκαράζ, το 2.14.	garage
γκαρίζω 4.35.	I bray / to bray
γκαρνταρόμπα, η 2.14.	wardrobe
γκαρσόνι, το 1.11.	waiter
γκάφα, η 4. 9.	mistake, blunder
γκέτο, το 4.2.	ghetto
γκι, το 4.9.	mistletoe
γκιόνης, ο 4.37.	small owl
γκλάμουρ, το 5.21	glamour
γκλίτσα, η 5.33	shepherd's crook
γκολ, το 2.19.	goal
γκραβούρα, η 5.33	engraving
γκράφιτι, το 5.33.	grafiti
γκρεμίζω 5.33.	I demolish, I pull down / to demolish, to pull down
γκρεμός, ο 5.21.	precipice
γκρενά 5.21.	crimson red
γκρίζος-α-ο 4.8.	grey
γκριμάτσα, η 5.33.	grin, grimace
γκρινιάζω 5.33.	I grumble/ to grumble, I grin / to grin
γλάρος, ο 2.28.	seagull
γλάστρα, η 5.21.	flower pot
γλίτσα, η 5.33.	slime, sludge
γλυκό, το 4.29.	sweet
γλυκό του κουταλιού, το 4.29.	fruit preserve
γλυκός-ιά-ό 5.39.	sweet
γλυφός-ή-ό 5.39.	brackish (briny)
γλώσσα, η 5.1.	tongue
γνώμη, η 5.39.	opinion
γνωρίζω 5.1.	I know / to know
γνωστός-ή-ό 5.39	known
γόμα, η 3.10.	rubber
γοργόνα, η 4.17.	mermaid
γούβα, η 2.14.	pothole, cavity
γούνα, η 3.11.	fur
γούρι, το 3.37.	luck, charm
γραβάτα, η 2.14.	tie
γράμμα, το 1.19.	letter
γρανάζι, το 5.40.	gear, cogwheel
γράσο, το 5.42.	grease
γραφείο, το 4.20.	office
γραφή, η 5.42.	writing

Παραρτήματα
Appendix

γράφω 5.1.	I write / to write
γρήγορα 5.40.	fast, quickly
γρίλια, η 5.40.	venetian blind
γρίπη, η 5.40.	flu
γρίφος, ο 5.33.	riddle, puzzle
γρόσι, το 5.42.	piaster
γρουσουζιά, η 5.42.	bad luck, jinx
γρυλλίζω 5.33.	I grunt, I growl, I snarl / to grunt, to growl, to snarl
γρύλος, ο 5.42.	cricket
γυαλί, το 4.24.	glass
γυαλιά, τα 4.24.	glasses
γυμνάσιο, το 5.7.	High school
γυναίκα, η 3.11.	woman
γύρος, ο 3.36.	tour
δάδα, η 4.33.	torch
δαδί, το 3.42.	punk
δακρύζω 5.28.	I weep / to weep
δακτυλογράφηση, η 2.10.	typing
δαμάζω 4.39.	I tame / to tame
δανείζομαι 3.23.	I borrow / to borrow
δανεικός-ή-ό 4.33.	borrowed
δανεικά, τα 4.33.	loan
δάνειο, το 3.39.	loan
δαντέλα, η 4.33.	lace
δασαρχείο, το 2.25.	forest authority
δασκάλα, η 4.17.	teacher
δάσος, το 1.8.	forest
ΔΕΗ: Δημόσια Επιχείρηση Ηλεκτρισμού 5.7.	Public Electricity Company
δειλός-ή-ό 3.23.	coward
Δεκέμβριος, ο 5.19.	December
δελτίο (καιρού), το 5.5.	(weather) forecast
δελτίο, το 5.6.	card, pass
δέμα, το 3.17.	parcel
δεν 3.15.	not
δέντρο, το 5.31.	tree
δένω 3.17.	I tie / to tie
δέος, το 3.40.	awe
Δευτέρα, η 1.11.	Monday
δεύτερος-η-ο 5.6.	second
δηλαδή 3.40.	namely, that is (to say)
δηλητήριο, το 4.33.	poison
Δήλος, η 3.42.	Delos
δηλώνω 3.39.	I declare / to declare
Δημαρχείο, το 2.10.	Town hall
δήμιος, ο 3.40.	executioner
δημιουργώ 4.16.	I create / to create
δημοκρατία, η 5.6.	democracy
δήμος, ο 3.2.	municipality
δημόσιος-α-ο 5.7.	public
δημοτικός-ή-ό 4.17.	folk
δημοτικά (τραγούδια), τα 4.17.	folk songs
διά βίου μάθηση, η 5.11.	life long learning
διαβάζω 1.5.	I read / to read
διαγνωστικός-ή-ό 5.2.	diagnostic
διαδοχή, η 3.40.	succession
διαδρομή, η 4.16.	rute
δίαιτα, η 3.19.	diet
διάλογος, ο 4.28.	dialogue
διαπλοκή, η 5.32.	interweaving
Δίας, ο 3.17.	Zeus
διατροφή, η 2.23.	nutrition, diet
διεθνής-ής-ές 4.3.	international
διευθύνω 1.11.	I direct / to direct, I manage / to manage
διηύθυνα	I directed, I managed
δίνω 4.9.	I give / to give
Δίφωνο (όνομα περιοδικού), το 3.3.	Diphono (magazine title)
δίφωνος-η-ο 3.3.	duet
δίχως 3.17.	without
δίψα, η 4.39.	thirst
διψώ 3.42.	I am thirsty / to be thirsty
διώροφος-η-ο 3.25.	two-floor
δοκιμάζω 5.10.	I try / to try
δοκιμάστε 5.10.	try
δόλος, ο 3.40.	deceit, intent
δομή, η 3.42.	structure
δόντι, το 4.37.	tooth
δουλειά, η 4.5.	work, job
δουλεύω 2.22.	I work / to work
δούλος, ο 3.40.	slave
δράκος, ο 5.37.	dragon
Δράμα, η 5.2. (πόλη της Β. Ελλάδας)	Drama (city in northern Greece)
δράμα, το 5.2.	drama
δρομέας, ο 5.2	runner
δρομολόγιο, το 4.16.	itinerary
δρόμος, ο 5.1.	street
δρυμός, ο 5.37.	forest
δρυς, η 5.37.	oak tree
δύναμη, η 5.16.	strength, power
δυναμικό, το 5.11.	potential
δυσμός, ο 3.19.	spearmint
δύση, η 3.17.	sunset
Δύση, η 3.29.	West
δωμάτιο, το 4.9.	room
δώρο, το 1.3.	gift, present
εβδομάδα, η 5.1.	week
εβδομαδιαίος-α-ο 1.18.	weekly
έβδομος-η-ο 5.28.	seventh
έβενος, ο 4.34.	ebony
Έβρος, ο 5.32.	Evros
εγγονή, η 4.35.	granddaughter
εγγονός, ο 4.9.	grandson
έγγραφο, το 5.33.	document
εγγύηση, η 4.9.	guarantee
εγκαίνια, τα 4.35.	inauguration
εγκαίρως 4.2.	in time
έγκλειστος-η-ο, το 5.33.	confined
έγκλημα, το 5.21.	crime
εγκρίνω 5.33.	I approve / to approve
εγχείρηση 1.13.	operation, surgery
έγχρωμος-η-ο 5.2.	coloured
εγώ-εσύ-αυτός/ή/ό 2.4.	I – you – he/she/it
έδρα, η 5.31.	desk, chair
εδώ 3.23.	here
εθνικός-ή-ό 1.10.	national
έθνος, το 1.9.	nation
είδηση, η 5.26.	piece of news
ειδήσεις, οι 5.26.	news
είδος, το 2.28.	species
είμαι 1.9.	I am / to be
ειρήνη, η 2.2.	peace
Ειρηνικός (ωκεανός), ο 2.6.	pacific
εισιτήριο, το 2.25.	ticket
είσοδος, η 2.23.	entrance, admission
έκδοση, η 5.6.	edition
εκδότης, ο 5.5.	editor
εκδρομή, η 5.5.	excursion
εκεί 4.6.	there
έκθεση, η 5.5.	exhibition
εκθεσιακός-ή-ό 4.16.	exhibition
έκλειψη, η 5.33.	eclipse
εκλογή, η 5.6.	election
εκλογές, οι 5.6.	elections
εκπαίδευση, η 2.24.	education
εκπαιδευτικός-ή-ό 5.16.	educational
έκπληξη, η 5.5.	surprise
εκπρόσωπος, ο/η 5.5.	representative
έκπτωση, η 5.5.	sale, discount
οι εκπτώσεις 5.6.	sales
έκσταση, η 5.5.	ecstasy
εκστρατεία, η 5.5.	campaign, expedition
έκφραση, η 5.5.	expression
εκφωνητής, ο 5.5.	announcer/newscaster
έλα 4.36.	come
ελαιόλαδο, το 4.29.	olive oil
ελάφι, το 2.28.	deer
ελεγκτής, ο 4.2.	controller, inspector
ελέγχω 1.5.	I check / to check
έλεγξα 1.5.	I checked
ελευθερία, η 2.24.	freedom
ελεύθερος-η-ο 2.23.	free
ελευθεροτυπία, η 5.26.	Freedom of the press Free press
ελέφαντας, ο 2.11.	elephant
ελιά, η 4.13.	olive
ελικόπτερο, το 5.18.	helicopter
Ελλάδα, η 1.3.	Greece, Hellas
Έλληνας - Ελληνίδα 1.12.	Greek
ελληνικά, τα 2.2.	Greek
ελληνικός-ή-ό 4.29.	Greek
ελπίδα, η 5.5.	hope
εμβαδόν, το 1.5.	area (in geometry)
έμβλημα, το 5.5.	emblem
εμείς 4.20.	we
εμπόριο, το 4.11.	trade
έμπορος, ο/η 4.34.	merchant
εμπρός 5.32.	ahead
ένα 2.3.	one
εναλλακτικός-ή-ό 5.10.	alternative
έναρξη, η 5.9.	opening, beginning
ένας-μία-ένα 3.15.	a, one
ενδέχεται 5.35.	it is possible, likely
ενδιαφέρον, το 5.31.	interest
ενδιαφέρω 5.35.	I interest / to interest
ένδυμα, το 5.35.	garment
ενέργεια, η 4.16.	energy
ένζυμο, το 5.5.	enzyme
ενήλικας, ο 5.7.	adult
ένθετο, το 5.35.	inset
ενθύμιο, το 5.35.	souvenir
ενοικιάζεται 3.25.	to let
ενοικιάζω 3.25.	I let / to let
ενοικίαση, η 3.25.	rental
εντάξει 4.2.	ok
έντεκα 4.2.	eleven
ενώνομαι 5.26.	I join, I unite / to join, to unite
ενωθείτε 5.26.	join, unite
εξαντλώ 5.21.	I exhaust, use up / to exaust, to use up
έξοδος, η 1.9.	exit
εξυπηρέτηση, η 5.7.	service
εξωτερικό, το 4.19.	abroad
επάγγελμα, το 4.5.	occupation, profession
επάνω 3.8.	on, over
επειδή 3.42.	because
επενδυτής, ο 5.26.	Investor
επενδύω 5.35.	I invest / to invest
επιτροπή, η 5.26.	committee
επιχείρηση, η 5.7.	business, company

Παραρτήματα
Appendix

εποχή, η 2.7.	season, epoch
επτά 2.3.	seven
επώνυμο, το 2.4.	surname
εργασία, η 5.9.	work, labour
εργατικός-ή-ό 5.11.	industrious, hard-working
έργο, το 5.16.	work
έρευνα, η 5.2.	research, investigation, survey
ερπετό, το 5.9.	reptile
έρχομαι 4.36.	I come / to come
ερωτευμένος-η-ο 2.24.	in love
εσένα 3.4.	you
εστία, η 5.26.	hearth
εστιατόριο, το 5.11.	the restaurant
εσωτερικό, το 4.19.	domestic
εταζέρα, η 2.14.	shelf
Εύα, η 1.14.	Eva (name)
ευγενικός-ή-ό 2.24.	polite
ευεξία, η 2.23.	well being, wellness
ευκαιρία, η 5.26.	opportunity
ευνοϊκός-ή-ό 5.36.	favourable
ευρώ, το 2.19.	euro
Ευρώπη, η 1.11.	Europe
ευτυχία, η 2.24.	happiness
ευτυχώς 2.24.	fortunately
ευχαριστώ 1.11.	thank you
εύχομαι 2.24.	I wish / to wish
ευφυής-ής-ές 2.22.	intelligent
εφημερίδα, η 5.26.	newspaper
εχθρός, ο 5.14	enemy
έχιδνα, η 5.37.	viper
έχω 4.24.	I have / to have
έως 5.6.	up to, until
ζάλη, η 3.41.	dizziness
ζαλίζομαι 3.23.	I feel dizzy / to feel dizzy
ζαλισμένος-η-ο 5.12.	dizzy
ζάρα, η 3.41.	wrinkle, crinkle
ζάρι, το 3.22.	dice
ζάχαρη, η 3.22.	sugar
ζάχαρο, το 3.19.	diabetes
ζαχαροπλαστείο, το 5.11.	pastry-shop, sweet-shop
ζεν, το 3.42.	zen
ζευγάρι, το 2.24.	pair, couple
ζηλεύω 3.41.	I envy / to envy, I am jealous / to be jealous
ζήλος, ο 3.42.	zeal
ζημιά, η 4.14.	damage
ζητείται 3.25.	It is asked
ζητώ 3.25.	I ask, I demand, I seek / to ask, to demand, to seek
ζιβάγκο, το 2.14.	turtleneck blouse
ζιζάνιο, το 3.41.	weed
ζυγαριά, η 1.5.	scales, balance
ζυγίζω 3.22.	I weigh / to weigh
ζυγός-ή-ό 3.22.	even (number)
ζυγά, τα 3.22.	even
ζύμη, η 3.23.	plough
ζυμώνω 3.41.	I knead / to knead
ζω 3.23.	I live / to live
έζησαν 4.20.	they lived
ζώδιο, το 3.3.	zodiac sign
ζωή, η 5.2.	life
ζώνη, η 4.8.	belt
ζώο, το 1.3.	animal
ζωολογία, η 1.9.	zoology
ή 1.9.	or
ήθος, το 3.38.	ethos, morals
ήθη, τα 3.38.	manners, ways of living
ηλεκτρικό, το 2.2.	electric
ηλεκτρισμός, ο 5.7	electricity
ήλιος, ο 1.5.	sun
ημέρα, η (& μέρα) 1.2.	day
ημερήσιος-ια-ιο 5.26.	daily
ήπιος-α-ο 4.16.	mild
ήρωας, ο 1.3.	hero
Ηρώδειο, το (Ωδείο Ηρώδου του Αττικού) 1.15.	Herodeion (Odeon of Herodes Atticus)
θα γίνει 5.28.	will be
θάλασσα, η 1.9.	sea
θαλάσσιος-α-ο 2.28.	sea
θαμώνας, ο 3.38.	regular customer
θάρρος, το 3.27.	courage
Θάσος, η 3.38.	Thassos (the island)
θαύμα, το 1.11.	miracle
θεά, η 3.18.	godess
θέα, η 3.25.	view
θεατρικός-ή-ό 5.16.	theatrical
θέατρο, το 1.3.	theatre
θεϊκός-ή-ό 5.22.	divine
θείος, ο 3.17.	uncle
θέλω 3.17.	I want / to want
θέμα, το 2.7.	theme, subject, issue, topic
θεολογία, η 3.44.	theology
θεός, ο 3.17.	god
θερμόμετρο, το 4.28.	thermometer
θέρος, το 3.38.	summer
θέση 3.17.	seat, position, location
Θεσσαλονίκη, η 5.6.	Thessaloniki
θήκη, η 3.17.	case
θηλιά, η 3.44.	eyelet, noose
θηλυκός-ή-ό 3.44.	feminine
θηρίο, το 3.44.	wild beast
θησαυρός, ο 3.17.	treasure
θλιβερός-ή-ό 5.37.	sad
θνητός-ή-ό 5.37.	mortal
θόλος, ο 3.44.	dome
θράκα, η 5.37.	cinder
θράσος, ο 5.37.	impudence
θραύση, η 5.38.	(make) havoc
θραύσμα, το 5.37.	fragment
θρέφω 5.37.	I feed / to feed
θρησκεία, η 5.37.	religion
θρήσκευμα, το 5.11.	religion
θρόισμα, το 5.38.	rustling
θρόμβος, ο 5.37.	clot
θρόνος, ο 5.37.	throne
θρύλος, ο 5.37.	legend
θρυμματίζω 5.38.	I shatter / to shatter
θυμάμαι 3.27.	I remember / to remember
θυμάρι, το 1.16.	thyme
θυμαρίσιος-ά-ό 4.29.	of thyme
θυμός, ο 3.27.	anger
θυμώνω 3.39.	I am angry / to be angry, I am cross / to be cross
Ιανουάριος, ο 5.19.	January
ιατρείο, το 2.10.	surgery, doctor's office
ιατρικός-ή-ό 5.16.	medical
ιδέα, η 2.11.	idea
ίδρυμα, το 5.2.	institution
ΙΚΑ: Ίδρυμα κοινωνικών ασφαλίσεων 5.11.	Social security services
Ίνκας, οι 5.5.	Incas
Ιούλιος, ο 5.19.	July
Ιούνιος, ο 5.19.	June
ίσιος-α-ιο 4.36.	straight
Ισλάμ, το 5.9.	Islam
ίσος-η-ο 4.39.	equal
ιστιοπλοΐα 5.18.	sailing
ιστιοφόρο, το 5.18.	sailing boat
ιστορία, η 2.11.	history
ιχθυοπωλείο, το 5.15.	fish market
κάβος, ο 3.34.	cable
καδένα, η 4.33.	chain
κάδρο, το 5.21.	frame
καθηγητής, ο 3.11.	subject teacher, professor (masc.)
καθηγήτρια, η 3.11.	subject teacher, professor (fem.)
καθημερινός-ή-ό 3.29.	daily
καθρέφτης, ο 5.9.	mirror
και 3.15.	and
καΐκι, το 5.23.	caique, boat
καιρός, ο 3.37.	weather
καίω 5.23.	I burn / to burn
καίει 5.23.	It burns
κακοντυμένος-η-ο 4.12.	badly dressed
κακός-κιά-κό 1.5.	bad, evil
καλά 4.20.	good, well
Καλά Χριστούγεννα 5.16.	Merry Christmas
καλαμάκι, το 4.18.	straw
καλαμιά, η 1.5.	reed
κάλαντα, τα 5.16.	Christmas carols
Καλές Τέχνες, οι 5.15.	Fine Arts
καλεσμένος, ο 4.12.	guest
Καλή χρονιά 5.16.	Happy New Year
καλημέρα 2.3.	good morning
κάλλος, το 2.13.	beauty
καλοκαίρι, το 1.15.	summer
καλοριφέρ, το 2.14.	radiator
καλός-ή-ό 2.13.	good, good looking (in context 4.12)
κάλτσα, η 4.8.	sock
καλτσόν, το 2.14.	tights
καλύτερα 4.20.	better
καλώς ήρθατε 1.10.	welcome
κάμπια, η 4.13.	caterpillar
κάμπος, ο 4.2.	plain
κανάτα, η 3.11.	jug
κανένας-καμιά-κανένα 4.37.	no one, nobody
κάνω 2.3.	I do / to do
καπέλο, το 3.8.	hat
κάπνισμα, το 2.23.	smoking
καπνός, ο 5.32.	smoke
κάπου 3.33.	somewhere
κάπως 3.34.	somehow
καράβι, το 4.18.	boat
καρβέλι, το 5.32.	loaf of bread
καρότσα, η 4.36.	coach
καρότσι, το 4.36.	trolley, pram
καρπούζι, το 2.14.	watermelon
κάρτα, η 1.3.	card
καρφί, το 4.38.	nail
κασκέτο, το 5.12.	cap
καταλαβαίνω 1.19.	I understand / to understand
κάτι 3.15.	something
κάτοικος, ο/η 2.6.	resident
κάτοπτρο, το 5.9.	mirror
καφέ 2.28.	brown
καφενείο, το 3.7.	café, coffee-house

Παραρτήματα
Appendix

καφές, ο 2.14.	coffee
καφετέρια, η 3.7.	cafeteria
καφετζής, ο 4.5.	coffee-shop owner
κάψα, η 4.37.	heat
κέδρος, ο 5.31.	cedar
ΚΕΕ: Κέντρο Εκπαίδευσης Ενηλίκων 5.7.	Adult Education Center
κέικ, το 5.22.	cake
κελάρι, το 3.36.	cellar
κενός-ή-ό 2.3.	empty
κεντρικός-ή-ό 5.26.	central
κέντρο, το 2.8.	centre
κεντώ 4.9.	I embroider / to embroider
ΚΕΠ: Κέντρο Εξυπηρέτησης Πολιτών 5.7.	Citizen Service Centre
κεράσι, το 3.11.	cherry
κερασιά, η 4.15.	cherry tree
κέρασμα, το 4.29.	treat
κερδοσκοπικός-ή-ό 5.10.	profitable
μη κερδοσκοπικός-ή-ό 5.10.	non profitable
κερί, το 3.10.	wax, candle
κέρμα, το 5.9.	coin
κεσές, ο 3.36.	pot
κέφι, το 3.13.	cheerfulness, merry mood
κεφτές, ο 2.14.	meatball
κήπος, ο 3.11.	garden
κι = και 3.15.	and
κιλό, το 1.5.	kilo
κιμάς, ο 3.11.	minced meat
κίνδυνος, ο 5.5.	danger
κινηματογράφος, ο 5.28.	cinema
κίνηση, η 2.7.	movement
κινητό, το 1.7.	mobile phone
κιόλας 4.14.	already
κίτρινος-η-ο 4.8.	yellow
κλαίω 5.36.	I cry / to cry
κλειδί, το 1.11.	key
κλείνω 5.5.	close
κλειστός-ή-ό 5.39.	closed
κλήση, η 5.39.	call
κλίμα, το 5.7.	climate
κλιματικός-ή-ό 5.6.	climate
κλονίζω 5.39.	I shake, I unsettle / to shake, to unsettle
κλουβί, το 5.39.	cage
κλώσσα, η 5.39.	brood hen
Κνωσός, η 5.5.	Knossos
κοιλιά, η 4.37.	belly
κοινός-ή-ό 3.37.	common
κοινωνικός-ή-ό 5.11.	social
Κ.Ο.Κ.: Κώδικας Οδικής Κυκλοφορίας 5.7.	Traffic code (also motor vehicle code)
κόκκινος-η-ο 4.8.	red
κολιέ, το 4.24.	necklace
κόλλα, η 4.14.	glue
κολοκυθάκι, το 1.16.	zucchini, courgette
κολοκυθιά, η 4.37.	squash
κολύμβηση, η 2.25.	swimming
κολύμπι, η 4.34.	swimming
κόμικ, ο 2.14.	comics
κόμμα, το 3.13.	comma, political parti
κομμουνιστικός-ή-ό 5.26.	communist
κομπανία, η 4.2.	group of musicians
κομπιούτερ, το 2.14.	computer
κομπλιμέντο, το 4.2.	compliment
κομπολόι, το 5.36.	rosary
κομψός-ή-ό 5.5.	elegant
κοντά 4.6.	near
κοντός-ή-ό 4.8.	short
κοπή, η 3.37.	cut, cutting
κόπος, ο 3.33.	effort
κόπωση, η 3.19.	tiredness
κοράλλι, το 2.28	coral
κοριτσάκι, το 4.12.	little girl
κορίτσι, το 1.12.	girl
κορόιδο, το 1.11.	fool
κοσμικός-η-ο 1.5.	social, secular, cosmic
κόσμος, ο 5.9.	world
κοτόπουλο, το 3.11.	chicken
κουδούνι, το 3.40.	bell
κουζίνα, η 3.3.	cuisine, kitchen
κουκλοθέατρο, το 4.3.	puppet show
κουλουράκι, το 4.13.	cookie
κουλούρι, το 2.3.	biscuit
κουμπάρα, η 4.12.	best woman
κουμπάρος, ο 4.12.	best man
κουμπί, το 4.14.	button
κουπί, το 4.38.	paddle / oar
κουρασμένος-η-ο 5.12	tired
κουρδιστός-ή-ό 5.28	clockwork
κουτάλι, το 3.11.	spoon
κουταλιά, η 4.30.	spoonful
κουτί, το 2.2.	box
κούφιος-ια-ιο 4.36.	hollow
κουφός-ή-ό 3.35.	deaf
κραγιόν, το 2.14.	lipstick
κράμα, το 5.41.	mixture
κράνος, το 5.42.	helmet
κρασί, το 5.42.	wine
κρατώ 5.33.	I hold / to hold
κράτα 5.33.	hold
κρέμα, η 5.21.	cream
κρεμώ 5.21.	I hang / to hang
κρεοπωλείο, το 5.7.	butcher's shop
κρέπα, η 2.15.	crepe
κρητικός-ιά-ό 4.29.	Cretan
κρίμα, το 5.40.	pitty
κρίνος, ο 5.42.	lily
κρίνω 5.33.	I judge, I critisize / to judge, to critisize
κρίσιμος-η-ο 5.41.	critical
κροίσος, ο 5.42.	rich man
Κρόνος, ο 5.41.	Kronus
κρόσσι, το 5.42.	fringe
κροτώ 5.41.	I make noise / to make noise
κρουαζιέρα, η 4.19.	cruise
κρουστά, τα 5.42.	percussion
κρύβω 5.41.	I hide / to hide
κρύο, το 5.5.	cold
κρύος-α-ο 5.41.	cold
κρυφός-ή-ό 5.41.	secret, hidden
κρυώνω 5.33.	I feel cold / to feel cold
κτίριο, το 4.16.	building
Κυβέλη, η 4.9.	Kyveli (name)
κυκλοφορία, η 5.7.	traffic, circulation
κύμα, το 3.36.	wave
κυνήγι, το 2.25.	hunting
κύπελλο, το 5.28.	cup
Κυριακή, η 1.18.	Sunday
κύριος, ο 4.16.	gentleman
κώδικας, ο 5.7.	code
κωδικός, ο (τηλεφωνικός) 1.20.	area code
κωμωδία, η 3.25.	comedy
Κωνσταντίνος, ο 5.5.	Konstantinos
λάδι, το 4.29.	oil
λάθος, το 3.17.	mistake, error, false
λαϊκή (αγορά), η 1.14.	open market
λαϊκός-ή-ό 5.22.	popular
λαογραφικός-ή-ό 2.23.	folklore
λαχανικό, το 4.11.	vegetable
λέγομαι 1.19.	my name is
λεμόνι, το 2.5.	lemon
λεμονιά, η 4.15.	lemon tree
λέξη, η 3.3.	word
λεξικό, το 2.12.	dictionary
λέω 1.19.	I say / to say, I tell / to tell
λεωφορείο, το 3.8.	bus
λιανοτράγουδο, το 4.17.	couplet (small songs)
λιαστός-ή-ό 4.29.	sun-dried
λιβάδι, το 5.28.	meadow
λιβυκός-ή-ό 3.34.	Libyan
λιμάνι, το 3.2.	port
λιμεναρχείο, το 2.25.	port authority
λίμνη, η 5.5.	lake
λιπαρός-ή-ό 3.34.	Fatty, greasy
λίπος, ο 3.33.	fat
λογική, η 2.8.	logic
λογοτεχνία, η 5.15.	literature
λογότυπος, ο 1.3.	logo
λουΐζα, η 3.19.	lemon verbena
λουκουμάς, ο 2.15.	doughnut
λουκούμι, το 4.29.	delight
λουλούδι, το 1.11.	flower
λούνα παρκ, το 2.14.	fun fair
λόφος, ο 3.33.	hill
λύκος, ο 2.28.	wolf
μαγαζί, το 3.42.	shop
μαγεία, η 4.35.	magic
μαγειρεύω 2.23.	I cook / to cook
μαγικός-ή-ό 2.11.	magical
μαγιό, το 2.19.	swimsuit
μάζα, η 3.22.	mass
μάζεμα, το 4.29.	picking
μαζί 3.42.	together
μαθαίνω 2.3.	I learn / to learn
μάθημα, το 2.3.	lesson
μαθηματικά, τα 2.11.	mathematics
μάθηση, η 5.11.	learning
μαία, η 5.22.	midwife
μαϊμού, η 5.23.	monkey
μαϊντανός, ο 3.19.	parsley
Μάιος, ο 5.15.	May
μακάρι 4.12.	I wish / to wish
μαλακά 4.37.	softly
μαλακός-ιά-ό 4.37.	soft
μαλλί, το 4.24.	hair
μαλλιά, τα 4.24.	hair
μαμά, η 4.12.	mummy, mum
μάνα, η 4.39.	mum
μανταρίνι, το 4.11.	tangerine
μαντίλι, το 4.8.	scarf
μάντρα, η 5.21	wall
μάραθος, ο 3.19.	fennel
μαρμελάδα, η 1.8.	jam, marmelade
Μάρτιος, ο 5.19.	March
μάσα, η 3.41.	nosh (food)
μαστίχα, η 5.15.	mastic
μάτι, το 4.13.	eye
ματιά, η 4.37.	look, glance
μαύρο, το 2.24.	black
μαύρος-η-ο 4.8.	black
μαχαίρι, το 1.12.	knife
με 1.8.	by, with

Παραρτήματα
Appendix

με λένε 2.4.	my name is
με τα πόδια 4.24.	on foot
μεγάλος-η-ο 3.8.	big
μέδουσα, η 2.7.	jelly fish
μεζεδοπωλείο, το 3.21.	mezedopolio (restaurant where appetizers are served)
μεζές, ο 3.21.	mezes (appetizer)
μεθάνιο, το 3.39.	methane
μέθοδος, η 4.28.	method
μεθυσμένος-η-ο 5.12.	drunk
μέιλ, το 1.14	mail
μελαγχολία 1.13.	melancholy
μελαψός-ή -ό 4.14.	swarthy
μέλι, το 1.8.	honey
μελιτζάνα, η 4.1.	eggplant, aubergine
μελιτζανοσαλάτα, η 4.30.	aubergine puree' salad
μελωδία, η 2.11.	melody
μένω 4.6.	I stay / to stay, I live / to live
μέρα, η 1.18.	day
μεριά, η 4.37.	side
μέρμηγκας, ο 4.3.	ant
μυρμήγκι, το 4.3.	ant
μέσα 4.36.	inside
μεσημβρινός-ή-ό 5.5.	midday-meridian
μέσο, το 5.18.	means
μεσογειακός-ή-ό 2.28.	Mediterranean
Μεσόγειος, η 1.15.	Mediterranean
μεταξύ 5.28.	in between
μεταξωτός-ή-ό 3.43.	silky
μεταφορικός-ή-ό 5.18.	transport
μεταφορικά μέσα, τα 5.18.	means of transport
μετάφραση, η 5.16	translation
μέτρο, το 1.3.	metre
μετρό, το 5.18.	metro
μηλιά, η 4.15.	apple tree
μήλο, το 1.9.	apple
μήνας, ο 5.19.	month
μήνυμα, το 4.28.	message
μητέρα, η 2.2.	mother
μια χαρά 4.22.	fine
μικρός-ή-ό 4.24.	small
μισός-ή -ό 3.22	half
μίτος, ο 3.38.	vital lead, clue
μνημείο, το 4.1.	monument
μοβ 3.8.	mauve
μόδα, η 4.36.	fashion
μοιάζω 4.13.	I resemble / to resemble, I look like / to look like
μολόχα, η 3.19.	mallow
μολύβι, το 4.34.	pencil
μοναξιά, η 1.5.	solitude, loneliness
μονόγραμμα, το 2.11.	monogram
μονοκατοικία, η 3.25	detached house
μονότονος-η-ο 1.3.	monotonous
μοντέλο, το 4.5.	model
μοτοσικλέτα, η 5.18.	motorcycle
μου 1.8.	my
μουγγά 4.36.	mute
μουγγός-ή-ό 4.36.	mute
μουσείο, το 2.7.	museum
μουσική, η 2.7.	music
μουσικός, ο/η 4.24.	musician
μουσικός-ή-ό 3.21.	musical
μπάζω 4.34.	I put in, let in / to put in, to let in
μπαίνω 4.34.	I enter / to enter
μπήκα 4.34.	I entered
μπακάλης, ο 2.14.	grocer
μπάλα, η 4.9.	ball
μπαλαλάικα, η 2.14.	balalaika (musical instrument)
μπαλαρίνα, η 4.5.	ballet dancer
μπαλκόνι, το 2.14.	balcony
μπαλόνι, το 4.8.	balloon
μπαμπάς, ο 4.12.	dad
μπανάνα, η 4.11.	banana
μπάνιο, το 4.22.	bath
μπαξές, ο 2.14.	vegetable garden
μπαρ, το 2.14.	bar
μπεζ 4.8.	beige
μπέιμπι σίτερ, η 2.14.	baby-sitter
μπερές, ο 4.8.	beret
μπερντές, ο 2.14.	curtain
μπέσα, ο 2.14.	word of honor
μπίρα, η 1.11.	beer
μπλε 5.21.	blue
μπλέκω 5.21.	I complicate, I tangle up / to complicate, to tangle up
μπλοκ, το 5.32.	block
μπλούζα, η 1.11.	blouse
μπόι, το 4.34.	height
μπόρα, η 4.9.	cloud burst, rain, shower
μπορντό 4.8.	crimson
μπότα, η 4.8.	boot
μπουκάλι, το 1.16.	bottle
μπουκέτο, το 2.14.	bouquet
μπουρνούζι, το 2.14.	bathrobe
μπουφάν, το 4.8.	jacket
μπράβο 4.1.	well done, bravo
μπράτσο, το 5.21.	arm
μπρίζα, η 5.27.	socket
μπρίο, το 5.32.	zest, brio
μπρόκολο, το 4.11.	broccoli
μπρούμυτα 5.32.	prone
μπρούτζος ο 2.8.	bronze
μυθιστόρημα, το 4.17.	novel
μυθολογικός-ή-ό 5.15.	mythological
μύθος, ο 3.38.	myth, legend, fable
μύλος, ο 4.14.	mill
μυρίζω 4.29	I smell / to smell
μυρίζει 4.29.	smells
μύτη, η 3.38.	nose
μωρό, το 4.37.	baby
νάζι, το 4.37.	affection
νάζια, τα 4.37.	affections
Ναύπλιο, το (πόλη) 4.16.	Nafplio (the city)
ναυτικός, ο 2.24.	seaman
ναυτικός-ή-ό 2.24.	marine, naval
νέα, τα 5.26.	news
νεοελληνικός-ή-ό 5.15.	modern Greek
νεολιθικός-η-ο 1.3.	neolithic
νέος-α-ο 5.15.	young, new
νεότητα, η 5.2.	youth
νεράιδα, η 5.22.	fairy
νεράντζι, το 4.38.	bitter orange
νερό, το 3.8.	water
νεύρο, το 4.1.	nerve
νησί, το 1.5.	island
νησιώτικα (τραγούδια), τα 4.17.	island songs
νησιώτικος-η-ο 4.17.	island
νιάτα, τα 1.5.	youth
νιότη, η 4.13.	youth
Νοέμβριος, ο 5.6.	November
νοίκι, το 1.9.	rent
νομενκλατούρα, η 2.14.	nomenclature, nepotism
νομός, ο 2.13.	prefecture
νόμος, ο 2.13.	law
νόστιμα 2.23.	tasty (adv.)
νόστιμος-η-ο 2.23.	tasty
νότα, η 4.36.	note
Νότος, ο 3.29.	South
νούμερο, το 2.2.	number
ντάλια, η 4.33.	dahlia
νταλίκα, η 4.33.	truck
ντελίριο, το 4.33.	delirium
ντιβάνι, το 4.9.	bed
ντοκιμαντέρ, το 2.19.	documentary
ντομάτα, η 1.11.	tomato
ντόμινο, το 1.11.	domino
ντροπαλός-ή-ό 5.31.	shy
ντροπή, η 5.21.	shyness, shame
ντύνω 4.9.	I dress / to dress
νύφη, η 4.12.	bride
νυφικό, το 3.8.	wedding dress
νύχι, το 4.18.	nail
νύχτα, η 2.2.	night
ξανά 4.37.	again
ξανθός-ιά-ό 4.24.	blond
ξαφνικά 5.14.	suddenly
ξαφνικός-ή-ό 5.34.	sudden
ξεναγός, ο/η 3.26.	tour - guide
ξένη, η 3.26.	foreigner
ξενιτιά, η 4.17.	foreign lands
ξενοδοχείο, το 3.26.	hotel
ξένος, ο 3.26.	foreigner
ξενοφοβία, η 2.11.	xenophobia
ξενώνας, ο 3.26.	guest room, guest house
ξηλώνω 3.43.	I unstitch / to unstitch
ξηρά, η 3.43.(η στεριά)	land
ξίδι, το 4.30.	vinegar
ξινός-ή-ό 3.43.	sour
ξίφος, το 3.43.	sword
ξύλινος-η-ο 3.43.	wooden
ξύλο, το 3.26.	wood
ο, η, το 3.2.	the
ΟΑΕΔ Οργανισμός Απασχόλησης Εργατικού Δυναμικού 5.11.	Work-force and Employment Organisation
οδικός-ή-ό 5.7.	road, street
οδοντίατρος, ο/η 4. 5.	dentist
οδός, η 2.23.	street
Οδύσσεια, η 2.6.	odyssey
οικογένεια, η 1.11.	familly
οικολογικός-ή-ό 5.10.	ecological
οικονομία, η 1.11	economy
οικονομικός-ή-ό 2.2.	financial
οικοτουρισμός, ο 5.10.	ecotourism
Οκτώβριος, ο 2.23.	October
όλος-η-ο 5.26.	all
Ολυμπιακοί Αγώνες, οι 4.3.	olympic games
ολυμπιακός-ή-ό 4.3.	olympic
ομάδα, η 5.26.	team
ομελέτα, η 2.5.	omelet
όμιλος, ο 2.23.	club
όμορφα 4.14.	fine, well, beautifully
ομορφιά, η 1.5.	beauty
όμορφος-η-ο 4.14.	beautiful
ομπρέλα, η 2.8.	umbrella
ονειρεμένος-η-ο 3.16.	dreamy
όνομα, το 2.4.	name
οξιά, η 4.15.	beech tree
όραμα, το 3.3.	vision
οργανισμός, ο 5.11.	organisation

Παραρτήματα
Appendix

όργανο, το 5.26.	instrument
όρθιος-α-ο 5.9.	standing
ορχήστρα, η 2.11.	orchestra
όταν 1.9.	when
ουζερί, η 3.21.	ouzeri (restaurant where ouzo and appetizers are served)
ούζο, το 3.21.	ouzo
ουρανός, ο 1.11.	sky
όχι 4.22.	no
οχιά, η 4.37.	viper
πάγκος, ο 4.2.	bench
παγκόσμιος-α-ο 5.16.	world (adj)
παγωμένος-η-ο 3.8.	cold, frozen, iced
παγωτό, το 2.15.	ice cream
παζάρι, το 3.33.	bazaar, market
παζλ, το 2.19.	jigsaw puzzle
πάθος, το 3.34.	passion
παιδάκι, το 5.22.	little child
παϊδάκι, το 5.22.	cutlet
παιδεία, η 2.2.	education
παιδί, το 1.16.	child
παΐδι, το 5.23.	rib (human rib or animal rib)
παίζεται 3.33.	it is played
παίζω 2.3.	I play / to play
παίρνω 1.16.	I get / to get, I take / to take
πάρε 1.16.	take
πακέτο, το 5.6.	package
παλαιός-ά-ό 2.23.	old
παλιός-ιά-ιό 4.24.	old
Παναγιά, η (και Παναγία) 4.17.	Virgin Mary
πανεπιστήμιο, το 5.10.	university
πανεπιστημιούπολη, η 5.10.	university campus
πανί, το 4.37.	sail
πανό, το 2.13.	banner
πανσέληνος, η 4.1.	full moon
πάντα 4.37.	always
παντελόνι, το 4.8.	trousers
παντομίμα, η 4.3.	mime
παντοπωλείο, το 4.29.	grocery
παντρεύομαι 4.12.	I marry / to marry
πάνω 2.13.	up, on, over
παξιμάδι, το 4.29.	rusk
παπάς, ο 4.12.	priest
πάπια, η 4.13.	duck
παπούτσι, το 2.14.	shoe
παππούς, ο 2.3.	grandfather
παράδειγμα, το 5.1	example
παραδοσιακός-ή-ό 3.7.	traditional
παράθυρι, το 3.38.	window
παράθυρο, το 3.27.	window
παρακαλώ 1.19.	please
παραλαβή, η 3.25.	delivery, collection, receipt
παραλία, η 3.2.	beach
παραλιακός-ή-ό 3.8.	coastal, seaside
παραμυθένιος-ια-ιο 3.16.	fabulous, fairy-like
παραμύθι, το 1.5.	fairy tale
παράξενος-η-ο 4.19.	strange
Παρασκευή, η 1.11.	Friday
παρκινγκ, το 2.23	parking
Πάρος, η (νησί) 3.2.	Paros (island)
παρουσιάζω 5.28.	I present / to present
πάσα, η 3.22.	pass
πατέρας, ο 3.38.	father
πατητήρι, το 3.38.	wine-press
πάτος, ο 3.33.	bottom
πατρίδα, η 4.17.	country, homeland
παύση, η 1.14.	pause
πάχνη, η 5.39.	frost
πάω 1.9.	I go / to go
πεζό, το 2.13.	prose
πεζόδρομος, ο 3.21.	pedestrian street
πεζός-ή-ό 3.22.	pedestrian
πείνα, η 3.33.	famine
πεινάω - πεινώ 2.7.	I am hungry / to be hungry
Πειραιάς, ο (λιμάνι) 3.2.	Piraeus (port)
πείτε 1.19.	tell, say
Πέμπτη, η 1.18.	Thursday
πέμπτος-η-ο 5.7.	fifth
πένσα, η 5.5.	pliers
πέντε 4.2.	five
πεπόνι, το 4.39.	melon
πέρασμα, το 5.10.	cross, pass
περιβάλλον, το 5.10.	environment
περιοδικό, το 3.3.	magazine
περίπατος, ο 3.40.	walk, promenade
περίπτερο, το 5.11.	the kiosk
περνώ 2.13.	I pass / to pass
πέστροφα, η 2.14.	trout
πέτρα, η 5.21.	stone, rock
πεύκο, το 1.11.	pine-tree
πέψη, η 3.19.	digestion
Πήλιο, το 3.8.	Pelion
πηλός, ο 3.33.	clay
πιάνο το 1.5.	piano
πιάνω 4.12.	I catch / to catch
να πιάσω 4.12.	to catch
πιάτο, το 4.37.	plate
πικρός-ή-ό 4.17.	bitter
πίνω 2.13.	I drink / to drink
πιο 1.19.	more
πιο αργά 1.19.	slowly
πιόνι, το 4.14.	pawn
πιπέρι, το 4.30.	pepper
πιπεριά, η 4.29.	pepper
πιροσκί, ο 2.14.	piroski (kind of meat pie)
πιρούνι, το 4.18.	fork
πισίνα, η 3.25.	swimming pool
πιτζάμα, η 2.14.	pyjamas
πίτσα, η 2.15.	pizza
πλάνο, το 1.18.	plan
πλάση, η 5.34.	universe
πλατεία, η 3.21.	square
πλέκω 5.21.	I knit / to knit
πλένω 5.9.	I wash / to wash
πληγή, η 5.34.	wound
πλήρης-ns-es 2.23.	full
πληρώνω 5.9.	I pay / to pay
πλοίο, το 2.2.	ship
πλούσιος-α-ο 5.32.	rich
πλούτος, ο 1.14.	wealth
πλώρη, η 5.32.	bow, prow
πνεύμονας, ο 2.24.	lung
πογκρόμ, το 2.14.	pogrom, prosecution
ποδήλατο, το 1.8	bicycle
πόδι, το 3.39.	leg, foot
ποδόσφαιρο, το 5.28.	Football
πόζα, η 3.22.	pose
πόθος, ο 3.39.	desire, lust
ποίημα, το 1.14.	poem
ποίηση, η 4.17.	poetry
ποιητής, ο 2.7.	poet
ποιος-α-ο; 1.9.	who?
ποιότητα, η 4.13.	quality
πόλη, η 1.8.	city, town
πολίτης, ο/η 3.3.	citizen
πολιτική, η 3.16.	politics, policy
πολιτικός-ή-ό 5.26.	political
πολιτισμός, ο 3.16.	civilisation, culture
πολιτιστικός-ή-ό 2.10.	cultural
πόλος, ο 3.34.	pole
πολύ 2.13.	very, a lot
πολυθρόνα, η 2.14.	armchair
πολυϊατρείο, το 2.10.	medical centre
πολυκατοικία, η 2.5.	block of flats
πολύς-πολλή-πολύ 5.16.	very, a lot
ποντίκι, το 5.26.	mouse
πορτοκάλι, το 1.9.	orange
πόσα; 3.22.	how many
πόστερ, το 2.14.	poster
ποταμός, ο 3.2.	river
ποτέ 2.13.	never
πότε 2.13.	when
ποτήρι, το 3.8.	glass
ποτίζω 3.8.	I water / to water
ποτό, το 4.14.	drink
που 5.28.	that
πού; 1.9.	where
πουγκί, η 4.13.	poucher, purse
πουκάμισο, το 3.8.	shirt
πουλάω 4.37.	I sell / to sell
πουλί, το 3.34.	bird
πούλμαν, το 2.14.	pullman, coach
πουλόβερ, το 2.14.	sweater
πράσινος-η-ο 4.8.	green
πριγκιπέσα, η (& πριγκίπισσα), 4.3.	princess
πρίζα, η 5.32.	socket
πρίσμα, το 5.32.	prism
προβάλλομαι 5.28.	I am being showed, projected / to be showed, projected
πρόβλημα, το 1.3.	problem
προβολή, η 5.28.	show
πρόγραμμα, το 1.10.	programme, schedule
προϊόν, το 4.29.	product
προλετάριος, ο 5.26.	proletarian
προς 2.10.	to
προσγείωση, η 5.12.	landing
προσδοκώ 5.9.	I expect, I hope / to expect, to hope
πρόσκληση, η 5.9.	invitation
προσοχή, η 5.10.	attention
προσπέρασμα, το 2.25.	overtaking
προστασία, η 5.10.	protection
προστατευόμενος-η-ο 2.28.	protected
πρωινό, η 2.15.	breakfast
πταίσμα, το 5.34.	error, fault, mistake
πτήση, η 5.9.	flight
πυξίδα, η 3.43.	compass
πωλείται 3.25.	for sale
πώληση, η 3.25.	sale
πωλώ 3.25.	I sell / to sell
πώς; 1.19.	how?
ράβω 1.2.	I sew / to sew
ράφι, το 4.13.	shelf
ραψωδία, η 1.3.	rhapsody
ρεμπέτικος-η-ο 4.1.	rebetikos
ρίγανη, η 3.19.	oregano
ριζοσπάστης, ο 5.26.	radical
ρόδα, η 3.42	wheel
ρολόι, το 1.14.	watch, clock

Παραρτήματα
Appendix

ρομαντικός-ή-ό 2.12.	romantic
ρούχο, 2.3.	garment
ρύζι, το 3.23.	rice
ρυθμός, ο 2.12.	rhythm
Σάββατο, το 1.18.	Saturday
σαΐνι, το 5.23.	sharp-witted person
Σαίξπηρ, ο 5.16.	Shakespeare
σακάκι, το 4.38.	jacket
σάλα, η 3.41.	living room
σαλάτα, η 1.3.	salad
σαλεύω 3.41.	I move / to move
σάλι, το 3.41.	shawl
σάντουιτς, το 2.19.	sandwich
σατιρικός-ή-ό 5.26.	satirical
σαύρα, η 1.11.	lizard
σαφάρι, το 3.22.	safari
σβέρκος, ο 2.14.	neck
σβήνω 5.9.	I switch off, I turn off / to switch off, to turn off I erase / to erase, I extinguish / to extinguish
σβούρα, η 5.12.	spin
σγουρός-ή-ό 5.9.	curly
σε λένε 3.4.	your name is
σέλινο, το 3.19.	celery
σενάριο, το 3.41.	scenario
Σεπτέμβριος, ο 5.19.	September
σερβιτόρος, ο 3.15.	waiter
σημαία, η 1.12.	flag
σήμερα 1.18.	today
σθεναρός-ή-ό 5.12.	vigorous
σιγά 3.22.	slowly
σιδηροδρομικός-ή-ό 5.2.	railway
Σικελία, η 2.12.	Sicily
σιμώνω 3.41.	I approach / to approach
σινεμά, το 3.3.	cinema
σκάφος, το 5.18.	craft, boat
σκελίδα, η 4.30.	clove
σκέπτομαι 5.9.	I think / to think
σκόρδο, το 4.30.	garlic
σκυριανός-ή-ό 2.28.	of Skyros (Greek island)
Σλάβος, ο 5.9.	Slav
σμηνίτης, ο 5.12.	airman
σμήνος, το 5.12.	swarm
Σμύρνη, η 5.12.	Smyrna
σνομπάρω 5.12.	I snob / to snob
σοβαρός-ή-ό 3.4.	serious
σόι, το 5.36.	family
σοκολάτα, η 2.15.	chocolate
σουβενίρ, το 2.14.	souvenir
σούπα, η 2.14.	soup
σούπερ-μάρκετ, το 2.19.	supermarket
σοφά 4.39.	wisely
σοφέρ, ο 2.14.	chauffeur
σοφία, η 3.35.	wisdom
σοφός-ή-ό 4.39.	wise
σπαθί, το 4.38.	sword
σπανακόπιτα, η 3.19.	spinach-pie
σπίτι, το 5.9.	house
σπλήνα, η 5.9.	spleen
σπονδή, η 5.31.	libation
στάδιο, το 5.28.	stadium
στάθμευση, η 2.25.	parking
σταθμός, ο 5.1.	station, railway
στάση, η 5.9.	stop, position, the bus stop
σταυρός, ο 2.24.	cross
σταφύλι, το 4.39.	grape
στέλνω 5.5.	I send / to send
στην υγειά μας 3.18.	to our health
στην υγειά σας 3.18.	to your health (plural or polite form)
στην υγειά σου 3.18.	to your health
στον-στην-στο 4.6.	in, to, at
στρογγυλός-ή-ό 4.30.	round
στροφή, η 5.9.	turn
συγγραφέας, ο/η 4.2.	writer, author
συγκινημένος-η-ο 4.12.	emotional, touched
συγυρίζω 3.22.	I tidy up / to tidy up
συγχαρητήρια 1.13.	congratulations
σύγχρονος-η-ο 4.3.	contemporary, modern, contemporary
συγχωρώ 1.13.	I forgive / to forgive
σύκο, το 3.22.	fig
σύλλογος, ο 5.16.	association
σύμβολο, το 5.5.	symbol
συμπλοκή, η 5.32.	fight, encounter
σύμπτωμα, το 2.12.	symptom
σύμφωνοι 5.5.	agreed
σύμφωνος-η-ο 5.5.	agreed
συναυλία, η 2.23.	concert
συνάχι, το 3.19.	cold
συνθέτης, ο 2.23.	composer
συννεφιά, η 4.37.	cloudy
σύννεφο, το 3.2.	cloud
συνοικία, η 2.6.	neighbourhood
σύνορο, το 5.15.	border
συνταγή, η 4.30.	recipe
Σύρος, η (νησί) 4.29.	Syros (island)
συσκευή, η 2.24.	device, appliance
σύστημα, το 4.28.	system
σφραγίδα, η 5.9.	stamp, seal
σφυρί, το 5.12.	hammer
σχάρα, η 5.12.	grate, rack
σχέδιο, το 2.10.	sketch, drawing, design
σχολείο, το 1.16.	school
σχολή, η 5.15.	school
σχολικός-ή-ό 5.16.	school (adj.)
ταβάνι, το 4.34.	ceiling
ταβέρνα, η 5.11.	tavern
ταινία, η 5.23./5.28.	film, movie
ταξί, το 1.5.	taxi
ταξιδεύω 2.24.	I travel / to travel
ταξίδι, το 4.19.	trip
ταξιδιώτης, ο 4.19.	traveller
ταξιδιωτικός-ή-ό 4.19.	travel(ing)
τάρτα, η 3.15.	tart
Τάσος, ο 3.38.	Tassos (male name)
τατουάζ, το 2.14.	tattoo
τάφος, ο 3.17.	grave, tomb
ταχυδρομείο, το 5.2.	post office
ταψί, το 4.18	baking pan
ΤΕΙ: Τεχνολογικό Εκπαιδευτικό Ίδρυμα 5.16	Technological Educational Institution
τελικός-ή-ό 5.28.	final
τέλος, το 3.38.	end
τέρας, το 3.40.	monster
τέσσερα 2.3.	four
τέσσερις 5.19.	four
Τετάρτη, η 1.18.	Wednesday
τέχνη, η 5.14.	art
τεχνολογία, η 5.14.	technology
τεχνολογικός-ό 5.16.	technological
τέως 3.40.	ex-
Τζια, η (νησί) 4.2.	Jia (the island of Jia)
τζιν, το 2.17.	jeans
τζιπ, το 1.11.	jeep
τζίτζικας, ο 1.11.	cicada
τηγάνι, το 3.17.	frying pan
τηλεόραση, η 3.17.	television
τηλέφωνο, το 1.3.	telephone
τι 1.18.	what
τι δουλειά κάνεις; 4.5.	What's your job?
τι κάνεις; 4.22.	How are you? What are you doing?
τίμιος-ια-ιο 3.40.	honest
τίτλος, ο 5.14.	title
τμήμα (αστυνομικό), το 5.16.	police station
τμήμα, το 5.6.	section, part
τοίχος, ο 2.7.	wall
τόνος, ο 3.33.	accent
τόνωση, η 3.19.	strengthening
τόξο, το 4.36.	arc
τόσο 4.12.	so much
τοστ, το 2.15.	toast
τούλι, το 3.40	tulle, voile
τουλίπα, η 3.8.	tulip
τουρισμός, ο 5.10.	tourism
τραγί, το 4.38.	billy - goat
τραγούδι, το 4.17.	song
τραγουδιστής, ο 5.15.	singer
τραγουδώ 2.6.	I sing / to sing
τραγωδία, η 2.7.	tragedy
τράκα, η 5.37.	sponging
τραμ, το 5.18.	tram
τράπεζα, η 1.10.	bank
τραπέζι, το 4.18.	table
τραύμα, το 5.37.	wound
τρεις 5.37.	three
τρελός-ή-ό 5.31.	fool, crazy
τρέμω 5.37.	I tremble / to tremble
τρενάκι, το 5.18.	little train
τρένο, το 2.14.	train
τριγμός, ο 5.37.	cracking
τρίζω 5.37.	I squeak / to squeak
τρικυμία, η 5.16.	tempest
τριλογία, η 5.28.	trilogy
Τρίτη, η 1.18.	Tuesday
τρίτος-η-ο 5.15.	third
τρόλεϊ, το 2.19.	trolley bus
τρόμος, ο 5.37.	terror
τροπή, η 5.21.	change, turn
τρούλος, ο 5.37.	dome
τροχονόμος, ο/η 5.16.	traffic police
τρύγος, ο 5.37.	grape-harvest
τρυφερός-ή-ό 5.37.	tender
τρώω 5.14.	I eat / to eat
τσαγκάρης, ο 4.5.	cobbler
τσάι, το 4.1.	tea
τσακώνικος-η-ο 4.1.	from / of Tsakonia
τσάντα, η 2.3.	bag
τσέπη, η 1.11.	pocket
τυπικός-ή-ό 3.34.	typical, formal
τυρί, το 3.40.	cheese
τυρόπιτα, η 3.8.	cheese pie
τυφλός-ή-ό 5.38.	blind
τυφώνας, ο 3.38.	typhoon
τύχη, η 3.17.	luck
τώρα 5.18.	now

Παραρτήματα
Appendix

υγεία, η 2.2.	health
υγιεινά 2.23.	healthy (adv.)
υγιεινός-ή-ό 2.23	healthy
υδραυλικός, ο 2.24.	plumber
υιοθεσία, η 1.11.	adoption
υιοθετώ 1.11.	I adopt / to adopt
υλικό, το 4.30.	ingredient
υπάλληλος, ο/η 3.25.	employee
υπάρχω 2.7.	I exist / to exist, I am / to be
υπέρ 2.7.	in favour of, for, pro
υπέροχος-η-ο 3.8.	marvellous, wonderful
ύπνος, ο 1.3.	sleep
υποβρύχιο, το 5.18.	submarine
υπουργείο, το 5.10.	ministry
υφαίνω 3.44.	I weave, I spin / to weave, to spin
ύφος, το 3.33.	style, attitude
φάβα, η 3.8.	pea puree
φαγητό, το 2.3.	food
φαΐ, το 1.14.	food
φαίνεται 3.33.	it appears / to appear, it looks like / to look like
φάκα, η 4.39.	(mouse) trap
φακός, ο 3.33.	torch, lens
φάλαινα, η 3.27.	whale
φανάρι, το 3.33.	lantern
φανέλα, η 4.17.	vest
φαξ, το 2.19.	fax
φάρμα, η 1.9.	farm
φαρμακείο, το 5.11.	the pharmacy
φάρος, ο 3.27.	lighthouse
φασολάδα, η 3.8.	bean soup
φάτνη, η 5.14.	crib
Φεβρουάριος, ο 5.15.	February
φεγγάρι, το 1.11.	moon
φέσι, το 3.44.	fez, tarboosh
φεστιβάλ, το 4.3.	celebration, festival
φθινοπωρινός-ή-ό 5.15.	autumn (adj)
φθινόπωρο, το 5.14.	autumn
φίδι, το 3.23.	snake
φιλάκι, το 1.16.	kiss
φιλικός-ή-ό 3.44.	friendly
φιλμ, το 2.19.	film
φιλολογία, η 2.7.	literature, philology
φίλος, ο 3.27.	friend
φίνος-α-ο 3.33.	fine
φιστίκι, το 4.29.	peanut
φλιτζάνι, το 4.1.	cup
φλόγα, η 5.34.	flame
φλογέρα, η 2.14.	flute
φλύαρος-η-ο 5.38.	garrulous, wordy
φοβάμαι 3.27.	I am afraid, I fear / to be afraid, to fear
φοβία, η 3.35.	phobia
φόβος, ο 3.34.	fear
φονικός-ή-ό 3.35.	murderous, lethal
φόνος, ο 3.33.	murder
φορά, η 4.20.	time
φοράω 4.8.	I wear / to wear
φορείο, το 3.44.	stretcher
φόρεμα, το 3.16.	dress
φορτηγό, το 5.18.	truck
φούρνος, ο 2.2.	oven, bakery
φούστα, η 2.14.	skirt
φράγμα, το 5.38.	dam
φράουλα, η 5.15.	strawberry
φράση, η 5.14.	phrase
φρούτο, το 1.8.	fruit
φρυγανίζω 5.38.	I toast / to toast
φρύδι, το 5.34.	eyebrow
φτάνω 5.14.	I reach, I get / to reach, to get
φτέρνα, η 5.34.	heel
φύκι, το 3.44.	seaweed
φύλλο, το 3.27.	leaf
φύση, η 3.2.	nature
φυσικός-ή-ό 5.10.	natural
φυτό, το 3.2.	plant
φώκια, η 2.28.	seal
φωλιά, η 3.44.	nest
φωνή, η 3.35.	voice
φως, το 1.3.	light
φωτιά, η 4.14.	fire
φωτοτυπία, η 2.10.	photocopy
χαϊδεύω 5.23.	I caress, I stroke / to caress, to stroke
χαίρομαι 5.23.	I am happy / to be happy
χαλαρώνω 4.1.	I relax / to relax
χαλάρωση, η 3.19.	relaxation
χαλί, το 3.13.	carpet, rug
χαλκός, ο 5.5.	copper
χαμομήλι, το 3.19.	camomile
χαμός, ο 3.13.	loss, doom
χάντρα, η 5.31.	bead
χάνω 3.37.	I lose / to lose, I miss / to miss
χαρά, η 1.2.	joy
χάρακας, ο 3.11.	ruler
χαρέμι, το 2.8.	harem
χάρη, η 3.10.	grace
χάρος, ο 3.13.	death
χάρτης, ο 3.2.	map
χαρτί, το 1.5.	paper
χασάπης, ο 2.14.	butcher
χείλια, τα 3.36.	lips
χειμώνας, ο 3.10.	winter
χελώνα, η 2.28.	turtle
χέρι, το 1.5.	hand
χημικός, ο 2.11.	chemical
χήνα, η 3.37.	goose
χθες (& χτες) 5.14.	yesterday
χιόνι, το 1.5.	snow
Χιώτης, ο 4.37.	Chiotis (man from Chios)
Χιώτικος-η-ο 4.29.	of Chios (island)
χλιαρός-ή-ό 5.14.	lukewarm
χλιδή, η 5.39.	luxury
χλωμός-ή-ό 5.39.	pale
χνούδι, το 5.39.	fluff
χολ, το 4.28.	hall
χοντρός-ή-ό 5.31.	fat
χορευτικός-ή-ό 2.23.	dancing
χορεύω 2.22.	I dance / to dance
χορός, ο 3.11.	dance
χράμι, το 5.40.	rug, blanket
χρεία, η 5.41.	need, necessity
χρεώνω 5.41.	I charge / to charge
χρήμα, το 5.14.	money
χρηματιστήριο, το 5.16.	stock exchange
χρήση, η 5.40.	use
χρήσιμος-η-ο 5.41.	useful
χρίζω 5.41.	I nominate, I anoint / to nominate, to anoint
χρίσμα, το 5.40.	nomination, unction
Χριστούγεννα, τα 5.16.	Christmas
Χρόνια πολλά 5.16.	Many Happy Returns
χρονιά, η 5.16.	year
χρόνια, τα 5.16.	the years
χρόνος, ο 5.16.	the year, time
χρυσός-ή-ό 4.17.	gold
χρώμα, το 5.22.	colour
χρωστώ 5.40.	I owe / to owe
χτίστης, ο 5.39.	builder
χτυπώ 5.14.	I knock, I hit / to knock, to hit
χυλός, ο 3.37.	pap, porridge
χυμός 3.11.	juice
χύνομαι 3.37.	I flow, I boil over / to flow, to boil over
χύτρα, η 5.31.	pressure cooker
χώμα, το 3.13.	soil, earth
χωνάκι, το 3.11.	cone
χωνί, το 3.37.	cone, funnel
χώρα, η 1.3.	country
χωριάτικος-η-ο 4.23.	country, rustic
χωριό, το 4.39.	village
χωρίς 2.25.	without
χώρος, ο 4.1.	space, place, site
ψάθα, η 4.37.	rattan
ψαλίδι, το 3.26.	scissors
ψαράς, ο 3.26.	fisherman
ψάρεμα, το 2.25.	fishing
ψαρεύω 2.22.	I fish / to fish

Παραρτήματα
Appendix

ψάρι, το 1.7.	fish	ψητός-ή-ό 3.43.	roast	ωδή, η 1.3.	ode, song
ψάχνω 5.26.	I search / to search	ψήφος, η 3.43.	vote	ωκεανός, ο 2.2.	ocean
ψείρα, η 3.43.	louse	ψιλά, τα 3.26.	change	ώρα, η 2.2.	time, hour
ψέμα, το 3.43.	lie	ψιλοκομμένος-η-ο 4.30.	finely cut	ωραίος-α-ο 4.12.	nice, good looking
ψεύτης, ο 3.25	liar	ψύλλος, ο 3.43.	flea	ωροσκόπιο, το 4.16.	horoscope
ψηλός-ή-ό 3.26.	tall	ψωμί, το 1.16.	bread		
ψηλώνω 3.43.	I raise, I grow taller / to raise, to grow taller	ψώνια, τα 1.16.	shopping		
ψήσιμο, το 3.43.	roasting, grilling, baking	ωδείο, το 1.14.	conservatory		

7. Η προφορά της ελληνικής γλώσσας
Το Διεθνές Φωνητικό Αλφάβητο
Greek language pronunciation
The International Phonetic Alphabet

Φωνήεντα / Vowels

a	e	i	o	u
αέρας	ελληνικά, αίμα	ησυχία, υγεία, οικία, είμαι	ομάδα, ώρα	ουρανός

Σύμφωνα / Consonants

#	IPA	Example	#	IPA	Example	#	IPA	Example
1.	v	βαπόρι	11.	ʎ	ήλιος	21.	t	τυρί
2.	ɣ	γάτα	12.	m	μολύβι	22.	f	φωνάζω
3.	ɟ	γιαγιά	13.	ɱ	έμφαση	23.	x	χώρα
4.	ɟ	γέφυρα	14.	n	νόμος	24.	ç	χέρι
5.	ð	δώρο	15.	ɲ	λεμονιά	25.	ps	ψάρι
6.	z	ζώο	16.	ŋ	άνθος	26.	b	μπίρα
7.	θ	θέμα	17.	ks	ξένος	27.	d	ντομάτα
8.	k	κουτάλι	18.	p	παπάς	28.	g	γκάζι
9.	c	κήπος	19.	r	ρήμα	29.	ɟ	γκιόνης
10.	l	λουλούδι	20.	s	σαλάτα	30.	dz	τζάκι
						31.	ts	τσάντα

σημειώσεις

σημειώσεις

CD A0
Περιεχόμενα
Table of contents

⊙	📖	⊙	📖	⊙	📖
ΒΗΜΑ 1		59.	3.20.	**Θέλω κι άλλες ασκήσεις!**	
1.	Ελληνικά για σας	60.	3.21.	119.	4.33.
		61.	3.22.	120.	4.34.
2.	1.1.	62.	3.23.	121.	4.35.
3.	1.3.	63.	3.24.	122.	4.36.
4.	1.5.	64.	3.25.	123.	4.37.
5.	1.9.α.	65.	3.26.	124.	4.38.
6.	1.9.β.	66.	3.27.	125.	4.39.
7.	1.10.	67.	3.28.α.		
8.	1.11.	68.	3.29.α.	**ΒΗΜΑ 5**	
9.	1.13.	69.	3.29.β.	126.	5.1.
10.	1.14.	70.	3.29.γ.	127.	5.2.
11.	1.15.	71.	3.31.	128.	5.3.
12.	1.16.	72.	3.32.	129.	5.4.
13.	1.17.α.			130.	5.5.
14.	1.17.β.	**Θέλω κι άλλες ασκήσεις!**		131.	5.6.
15.	1.18.	73.	3.33.	132.	5.7.
16.	1.19.	74.	3.34.	133.	5.8.
17.	1.20.α.	75.	3.35.	134.	5.9.
		76.	3.36.	135.	5.10.
ΒΗΜΑ 2		77.	3.37.	136.	5.11.
18.	2.1.	78.	3.38.	137.	5.12.
19.	2.3.	79.	3.39.	138.	5.13.
20.	2.4.	80.	3.40.α.	139.	5.14.
21.	2.7.	81.	3.40.β.	140.	5.15.
22.	2.8.	82.	3.41.	141.	5.16.
23.	2.11.	83.	3.42.	142.	5.17.
24.	2.12.	84.	3.43.	143.	5.18.
25.	2.13.	85.	3.44.	144.	5.19.
26.	2.14.			145.	5.20.
27.	2.16.	**ΒΗΜΑ 4**		146.	5.21.
28.	2.17.	86.	4.1.	147.	5.22.
29.	2.18.	87.	4.2.	148.	5.23.
30.	2.19.	88.	4.3.	149.	5.24.
31.	2.20.	89.	4.5.	150.	5.25.
32.	2.21.	90.	4.6.	151.	5.26.
33.	2.22.α.	91.	4.7.	152.	5.27.
34.	2.22.β.	92.	4.8.	153.	5.28.α.
35.	2.23.α.	93.	4.9.	154.	5.29.
36.	2.23.β.	94.	4.10.	155.	5.30.
37.	2.24.	95.	4.11.		
38.	2.26.	96.	4.12.α.	**Θέλω κι άλλες ασκήσεις!**	
39.	2.27.	97.	4.13.	156.	5.31.
40.	2.28.	98.	4.14.	157.	5.32.
41.	2.29.	99.	4.15.	158.	5.33.
42.	2.30.	100.	4.16.	159.	5.34.
		101.	4.17.	160.	5.35.
ΒΗΜΑ 3		102.	4.18.	161.	5.36.
43.	3.1.	103.	4.19.	162.	5.37.
44.	3.3.	104.	4.20.	163.	5.38.
45.	3.4.	105.	4.21.	164.	5.39.
46.	3.5.	106.	4.22.	165.	5.40.
47.	3.6.	107.	4.23.	166.	5.41.
48.	3.7.	108.	4.24.	167.	5.42.
49.	3.8.	109.	4.25.		
50.	3.9.	110.	4.26.	**ΠΑΡΑΡΤΗΜΑΤΑ**	
51.	3.10.	111.	4.27.	168.	Παράρτημα 1.1.
52.	3.11.	112.	4.28.α.	169.	Παράρτημα 1.2.
53.	3.12.	113.	4.28.β.	170.	Παράρτημα 1.3.
54.	3.13.	114.	4.28.γ.	171.	Παράρτημα 1.4.
55.	3.14.	115.	4.29.	172.	Παράρτημα 1.5.
56.	3.15.	116.	4.30.	173.	Παράρτημα 1.6.
57.	3.17.	117.	4.31.	174.	Παράρτημα 4.
58.	3.19.	118.	4.32.		